齐文化与稷下学论丛（2019）

主　编／郑　开
副主编／任传斗　毕雪峰

齊魯書社

图书在版编目（CIP）数据

齐文化与稷下学论丛. 2019/郑开主编. --济南：齐鲁书社，2020.9

ISBN 978-7-5333-4359-0

Ⅰ.①齐… Ⅱ.①郑… Ⅲ.①稷下学派—研究 Ⅳ.①B229.95

中国版本图书馆CIP数据核字(2020)第162210号

责任编辑：邵明凡
装帧设计：刘羽珂

齐文化与稷下学论丛（2019）

QIWENHUA YU JIXIAXUE LUNCONG

郑　开　主编

任传斗　毕雪峰　副主编

主管单位　山东出版传媒股份有限公司
出版发行　齊魯書社
社　　址　济南市英雄山路189号
邮　　编　250002
网　　址　www.qlss.com.cn
电子邮箱　qilupress@126.com
营销中心　(0531)82098521　82098519
印　　刷　山东华立印务有限公司
开　　本　880mm×1230mm　1/32
印　　张　12.5
插　　页　2
字　　数　275千
版　　次　2020年9月第1版
印　　次　2020年9月第1次印刷
印　　数　1-1300
标准书号　ISBN 978-7-5333-4359-0
定　　价　58.00元

目　录

执一：黄老政治哲学的核心旨趣

郑　开
（北京大学教授）

“一”乃道家文献中屡见不鲜的语词或概念，黄老文献尤其反复讨论“太一”“执一”“抱一”（或“抟一”），呈现出复杂的理论语境，值得深入探究。拙稿拟从宇宙论、政治哲学以及养生学与心性论交互影响诸层面予以分析，力图揭示其多维视角和多重进路。

《老子》多次讨论了“一”，例如，“载营魄抱一，能无离乎?”（第10章）“道生一，一生二，二生三，三生万物”（第42章），“天得一以清，地得一以宁，神得一以灵，谷得一以盈，万物得一以生，侯王得一以为天下贞”（第39章），“圣人抱一，为天下式”（第22章）。这些多样化的说法表明了《老子》从不同层面阐释“一”，“一”的概念具有多维度、多层次的含义，可谓纵贯了天道与人道；同时，我们也应该从不同层面分析和把握之，如出现于第10章的“抱一”可以从养生学与心性论的交互关系中予以把握，而第22章的“抱一”更应该从政治哲学的角度进行分析。总体来说，老子哲学中的“一”，往往就是“道”的别名，或者至少可以说与“道”密切相关。黄老学文献（包括《庄子》中的黄老篇什）也从多重视角和多元路径进一步阐释了“一”的概念，下面试详论之。

一、太一：宇宙论语境中的分析

《老子》所谓“一”，显然具有原始统一性（混沌）的含义。道与物之间的关系，犹如“一”与“多”之间的关系；换言之，作为万物本原的“道”，既可以合逻辑地理解为万物之所由生之“始”，亦可以解释为万物之所同之“一”，即原初统一性或原始同一性。《老子》曰：“混而为一。”（第 14 章）《庄子》曰：“道通为一。”（《庄子・齐物论》）又曰：“通天下一气。”（《庄子・知北游》）皆在表明“一”的原始统一性或原初同一性（混沌）。前引《老子》第 42 章“道生一，一生二，二生三，三生万物”，则表明“道”或“一”作为万物之始的含义。“道”亦称“一”，“一”乃“道”的别名，这种意义上的“一”几乎成为早期思想界的普遍观念。例如，《说文解字》曰：“惟初太始，道立于一，造分天地，化成万物。”马王堆帛书《道原》曰：“恒先之初，迵同大虚。虚同为一，恒一而止。湿湿梦梦，未有明晦。”又曰：“无形者，一之谓也。”《文子・九守》曰：“天地未形，窈窈冥冥，浑而为一。”《文子・道原》曰：“万物之总，皆阅一孔。百事之根，皆出一门。故圣人一度循轨，不变其故，不易其常。”

另外，《庄子》也特别重视“一”，其中有两点尤其值得注意：第一，是“道通为一”（《庄子・齐物论》）的思想①，以及

---

① 另外，《庄子》中还有“万物皆一”（《庄子・德充符》）、“通天下一气”（《庄子・知北游》）、“游乎天地之一气”（《庄子・大宗师》）、“通于一而万事毕”（《庄子・天地》）等说法。

濡染了上述观念的种种说法，如：

泰初有无，无有无名。一之所起，有一而未形。物得以生，谓之德。(《庄子·天地》)

察其始而本无生，非徒无生也，而本无形，非徒无形也，而本无气。杂乎芒芴之间，变而有气，气变而有形，形变而有生，今又变而之死。(《庄子·至乐》)

这两段引文似乎都包含了宇宙论的意味，而“气”的概念与理论确是宇宙论的重要基石。

第二，《庄子》几次提到了“太一”：

知大一，知大阴，知大目，知大均，知大方，知大信，知大定，至矣。大一通之，大阴解之，大目视之，大均缘之，大方体之，大信稽之，大定持之。(《庄子·徐无鬼》)

太一形虚。(《庄子·列御寇》)

建之以常无有，主之以太一。(《庄子·天下》对关尹、老聃之学的记叙)

庄子提到的“太一”显然属于哲学概念。当然，《庄子·天下》还记叙了惠施“历物之意”中的一个重要提法——“至大无外，谓之大一；至小无内，谓之小一”。前引《庄子·徐无鬼》提到的“大一”应读作“泰一”，惠施所谓“大一”能否读作“泰一”？笔者认为，惠施所谓“大一”只能读如字，因为这个“大一”是相对“小一”而言的。更重要的是，《庄子·天下》概括关尹、老聃之学时提到的“太一”，迥然不同于惠施所谓“大一”与“小一”。我们如何理解和分析这一问题呢？可以说，《庄子·天下》所分析的关尹、老聃之学正出现于梳理、分析黄老学派的脉络。恰好“太一”又是黄老学文献中屡见不鲜的概念，而它的出现，乃继承和发展了自老庄以来道家哲学关于“一”的讨论，同时也扬弃了惠施所谓“大一”“小一”之说。①

实际上，惠施所谓“大一”“小一”（即“至大无外”“至小无内”）之说影响甚深。《庄子》屡曰：“至精无形，至大不可围。”“无形者，数之所不能分也；不可围者，数之所不能穷也。”（《庄子·秋水》）又曰：“精至于无伦，大至于不可围。”（《庄子·则阳》）蒙文通早已注意到了这一点，并指出了名家与道家之间的思想联系，可谓孤明先发。② 兹枚举数例如下：③

> 大之无外，小之无内。（《管子·宙合》）
>
> 道在天地之间也，其大无外，其小无内，故曰不远而难极也。（《管子·心术上》）
>
> 灵气在心……其细无内，其大无外。（《管子·内业》）
>
> 深闳广大，不可为外；析毫剖芒，不可为内。（《文子·道原》）
>
> 以道为宗，与物变化而无所终穷，精充天地而不竭，神覆宇宙而无望，莫知其始，莫知其终，莫知其门，莫知其端，莫知其源，其大无外，其小无内，此之谓至贵。（《吕氏春秋·下贤》）
>
> 无外之外至大，无内之内至贵。能知大贵，何往不

---

① 魏启鹏说：“‘其大无外，其小无内’，应是老子关尹‘太一’学说的重要内容。”（魏启鹏:《〈太一生水〉札记》，载《中国哲学史》2000年第1期。）未详何据，不足为训。

② 蒙文通：《古学甄微》，巴蜀书社1987年版，第77页；蒙默编：《蒙文通学记》，生活·读书·新知三联书店1993年版，第13页。

③ 《礼记·中庸》亦曰：“故君子语大，天下莫能载焉；语小，天下莫能破焉。”可见，“至大”“至小”概念曾影响广泛。

遂。(《文子·九守》)

道可受兮不可传，其小无内兮其大无垠。(《楚辞·远游》)

无内之中，微物潜生。比之无象，言之无名。蒙蒙灭景，昧昧遗形。超于太虚之域，出于未兆之庭。……视之则眇眇，望之则冥冥。(宋玉《小言赋》)

我们也应该注意到，黄老学诸文献更多地热衷于讨论“太一”，而不是“大一”与“小一”。甚至可以说，黄老学的“太一”概念已褪尽了“大一”“小一”概念的痕迹，同时亦克服了“大一”“小一”概念的局限性，因为“大一”和“小一”意味着“两本”，割裂了“一”的概念本身蕴含的原始统一性或原初同一性之思想。例如：

大一生水，水反辅大一，是以成天；天反辅大一，是以成地。天地复相辅也，是以成神明；神明复相辅也，是以成阴阳；阴阳复相辅也，是以成四时。……四时者，阴阳之所生；阴阳者，神明之所生也；神明者，天地之所生也；天地者，大一之所生也。是故大一藏于水，行于时，周而或（始，以己为）① 万物母。(郭店楚简《太一生水》)

帝者体太一，王者法阴阳，霸者则四时，君者用六律。体太一者，明于天地之情，通于道德之伦，聪明照于日月，精神通于万物，动静调于阴阳，喜怒和于四时。(《文子·下德》，《淮南子·本经训》略同)

太一出两仪，两仪出阴阳。阴阳变化，一上一下，合

① 阙文依丁四新补，详见丁四新：《郭店楚墓竹简思想研究》，东方出版社2000年版，第88页。

而成章。浑浑沌沌，离则复合，合则复离，是谓天常。……万物所出，造于太一，化于阴阳。……道也者，视之不见，听之不闻，不可为状。有知不见之见、不闻之闻、无状之状者，则几于知之矣。道也者，至精也，不可为形，不可为名，强为之（名）谓之太一。（《吕氏春秋·大乐》）

是故圣王之德，融乎若日之始出，极烛六合，而无所穷屈；昭乎若日之光，变化万物而无所不行。神合乎太一，生无所屈，而意不可障。精通乎鬼神，深微玄妙，而莫见其形。（《吕氏春秋·勿躬》）

洞同天地，浑沌为朴，未造而成物，谓之太一。同出于一，所为各异，有鸟、有鱼、有兽，谓之分物。方以类别，物以群分，性命不同，皆形于有。隔而不通，分而为万物，莫能及宗。故动而谓之生，死而谓之穷。皆为物矣，非不物而物物者也，物物者亡乎万物之中。稽古太初，人生于无，形于有，有形而制于物。能反其所生，若未有形，谓之真人。真人者，未始分（物）于太一者也。（《淮南子·诠言训》）

可见，黄老学旨在运用“太一”概念建构起某种宇宙论，解释“道”是“物”的本原。同时，黄老学宇宙论并没有落入“至大”“至小”概念的窠臼，比如说《吕氏春秋·大乐》点化了“至精无形”的意思，更充分地论证了“道”即“太一”的思想。这一点也许是黄老学哲学理论推陈出新的独特贡献吧。①

① 《礼记·礼运》亦曰：“是故夫礼必本于大一，分而为天地，转而为阴阳，变而为四时，列而为鬼神。”也是“太一”观念影响儒学的例证。

《鹖冠子》所载的“泰一”思想特别值得重视，不仅因为“泰一”乃“太一”的代名词，更因为其中融合了宇宙论、政治哲学和黄老心性学的复杂内容，如下：

> 泰一者，执大同之制，调泰鸿之气，正神明之位者也。故九皇受傅，以索其然之所生。傅谓之得天之解，傅谓之得天地之所始，傅谓之道得道之常，傅谓之圣人。圣人之道与神明相得，故曰道德。纳始穷初，得齐之所出。九皇殊制，而政莫不效焉，故曰泰一。（《鹖冠子·泰鸿》）
>
> 入论泰鸿之内，出观神明之外，定制泰一之衷，以为物稽。天有九鸿，地有九州，泰一之道，九皇之傅，（请成于泰始）之末，见不详事于名理之外。（《鹖冠子·泰录》）

可见，“太一”一词中杂糅了不少复杂的内容与动机，同时也呈现出不同的面相和层次，这是值得特别注意和深入探究的。众所周知，“太一”（神）崇拜流行于秦汉之世，“太一”之名也用以称呼北斗星①，与哲学语境中出现的“太一”不尽相同。“太一”（神、星）崇拜和黄老哲学语境中的“太一”固然不同，但两者之间是否具有微妙联系十分耐人寻味，也就是说，黄老思潮和太一崇拜或许交互并行，值得进一步研讨。

二、执一：围绕政治哲学语境的讨论

黄老学的“执一”思想比较复杂，因为它既包含了“天下

① 钱宝琮：《太一考》，见中国科学院自然科学史研究所编《钱宝琮科学史论文选集》，科学出版社 1983 年版；李零：《“太一”崇拜的考古研究》，见《中国方术续考》，东方出版社 2000 年版；王煜：《汉代太一信仰的图像考古》，载《中国社会科学》2014 年第 3 期。

归一”的现实诉求，又呈现为“圣人抱一，为天下式”（《老子》第22章）的哲学视境，也体现了政治层面（“主术之道”）“执一而不失”的核心要求（如法治、集权、独断），同时还部分地涉及了抱一守静、定其形神的养生及心性论之复杂语境。

前引《鹖冠子》的两段文字已经提示出了“太一”的政治哲学意味。实际上这种政治哲学旨趣由来已久。老子曰：“圣人抱一，为天下式。”（《老子》第22章）简帛诸本作“圣人执一以为天下牧”（马王堆汉墓帛书《老子》甲、乙本，北京大学汉简《老子》本）。一方面足以说明这段话表达了老子的政治哲学思想，另一方面证明了《老子》第22章的“抱一”与《老子》第10章的“载营魄抱一”的“抱一”含义不同。而黄老学诸书中屡见“抱一”，其中的政治哲学意味十分明显：

> 一者其号也，虚其舍也，无为其素也，和其用也。……抱道执度，天下可一也。（黄老帛书《道原》）
>
> 能执一，则百物不失；如不能执一，则百物具失。如欲执一，仰而视之，俯而察之，毋远求度，于身稽之。得一（而）图之，如并天下而抯之；得一而思之，若并天下而治之。守一以为天地稽。是故一，咀之有味，嗅（之有臭），鼓之有声，近之可见，操之可操，握之则失，败之则槁，贼之则灭。执此言，起于一端。（上博楚简《凡物流形》）
>
> 一言而终不穷，一言而有众，一言而万民之利，一言而为天地稽。握之不盈握，敷之无所容。大之以知天下，小之以治邦。（黄老帛书《凡物流形》）①

---

① 文字考释参见曹峰：《近年出土黄老思想文献研究》，中国社会科学出版社2015年版，第326～327页。

一物能化谓之神，一事能变谓之智。化不易气，变不易智。惟执一之君子能为此乎！执一不失，能君万物。君子使物，不为物使，得一之理。(《管子·内业》)

慕选而不乱，极变而不烦，执一之君子。执一而不失，能君万物，日月之与同光，天地之与同理，圣人裁物，不为物使。(《管子·心术下》)

道不同于万物，德不同于阴阳，衡不同于轻重，绳不同于出入，和不同于燥湿，君不同于群臣。凡此六者，道之出也。道无双，故曰一。是故明君贵独道之容。君臣不同道。(《韩非子·扬权》)

故圣人执一以静，使名自命，令事自定。(《韩非子·扬权》)

万物之总，皆阅一孔。百事之根，皆出一门。故圣人一度循轨，不变其故，不易其常。(《文子·道原》)

(圣人) 听于无声，视于无形，不拘于世，不系于俗。(《文子·精诚》)

故圣王执一，以理物之情性。夫一者至贵，无适于天下。圣王托于无适，故为天下命。(《文子·下德》)

立天下之道，执一以为保。反本无为，虚静无有，忽恍无际，远无所止。视之无形，听之无声，是谓大道之经。(《文子·自然》)

故圣王执一而勿失，万物之情既矣，四夷九州服矣。夫一者至贵，无适（敌）于天下。(《淮南子·齐俗训》)①

① 《淮南子·诠言训》亦曰："夫无为，则得于一也，一也者，万物之本也，无敌之道也。"

那么，黄老政治哲学语境中的“执一”究竟是什么意思呢？实际上，它的含义错综复杂。概括地说，它既包含了老庄政治哲学中的“道”的理论基础，又蕴含了黄老学（道法家）和法家孜孜以求的“法”的具体内容。换言之，我们应该从“道”与“法”之间的必要张力中分析和把握“执一”。① 此外，“执一”折射了集权政治和明君独断的政治主张，这当然是针对战国末年天下纷争的失序状况而提出的“救世之弊”理论。但另一方面，它同时也是“天下归一”“天下可一”的理论表述，也许它还是最早的“现代化理念”呢！

总之，黄老政治理论中所说的“一”，就是以不变应万变的“道”“法”②；“执一”是以“道”“法”为根本原则的政治理念，如韩非子所说的“以法为本”“以道为常”。黄老学者普遍认为，作为最高统治者的“执一之君子”，拥有绝对的政治权威，其政治号令就是“一言而止”“一言之解”，仿佛“一言堂”：

> 昔天地既成，正若有名，合若有刑，□以守一名。上捡之天，下施之四海。吾闻天下成法，故曰不多，一言而止。循名复一，民无乱纪。……一者，道其本也，胡为而

---

① 《尹文子》曰：“故人以度审长短，以量受少多，以衡平轻重，以律均清浊……万事皆归于一，百度皆准于法。归一者，简之至，准法者，易之极。”简政与因俗源于太公封齐以来的传统，这也是黄老学滋生、发育的背景之一。相对于礼的烦冗、刻板，“归一”“趋简”无异于快刀斩乱麻，所谓“快刀”就是“法”。黄老道家特别强调事少而功多，亦以此。

② 例如，《鹖冠子》曰：“守一道制万物者，法也。”（《鹖冠子·度万》）“一为之法，以成其业，故莫不道。一之法立，而万物皆来属。”（《鹖冠子·环流》）

无长？□□所失，莫能守一。一之解，察于天地；一之理，施于四海。何以知紃之至，远近之稽？夫唯一不失，一以驺化，少以知多。夫达望四海，困极上下，四向相抱，各以其道。夫百言有本，千言有要，万言有总。万物之多，皆阅一空。夫非正人也，孰能治此？彼必正人也，乃能操正以正奇，握一以知多，除民之所害，而持民之所宜。总凡守一，与天地同极，乃可以知天地之祸福。（黄老帛书《十六经·成法》）

是故圣人一言解之，上察于天，下察于地。①（《管子·心术下》）

一言得而天下服，一言定而天下听，公之谓也。……一言之解，上察于天，下极于地，蟠满九州。（《管子·内业》）

是故一之理，施四海；一之解，际天地。（《淮南子·原道训》）

进而，黄老学派和法家都试图在政治上强调君主集权，“独见”“独明”“独断”折射出了这种人文动机和政治诉求。《韩非子·扬权》曰：“道无双，故曰一。是故明君贵独道之容。君臣不同道。”黄老学派把“独见之明”比拟于对“道的真理”的洞见（或体道境界）。黄老学派著作中经常能看到这样的论述：

知天之所始，察地之理，圣人弥纶天地之纪，广乎独见，□□独□□□□□□□□独在。②（黄老帛书《称》）

① 王念孙认为，“一言解之”当作“一言之解”。

② 按，释文中的通假字、异体字已从魏启鹏《马王堆汉墓帛书〈黄帝书〉笺证》校改，以省眉目。

申子曰：独视者谓明，独听者谓聪。能独断者故可以为天下主。(《韩非子·外储说右上》)

必有独闻之耳，独见之明，然后能擅道而行矣。(《淮南子·氾论训》)

独见者，见人所不见也；独知者，知人所不知也。见人所不见，谓之明；知人所不知，谓之神。(《淮南子·兵略训》)

可见，黄老学派谈到“君道”时，总是强调“独立不偶”“独见之知”“独闻之听”，用《管子》的话说就是“夫王者有所独明”(《管子·霸言》)。《管子·白心》曰：“一以无贰，是谓知道。”君人之“独立”“独见”“独闻”，其实就是圣人“体道境界”的另一种表述。那么，从另一方面说，君人或圣人之“独见”“独闻”能够洞见无形之上、无声之中的奥秘，而“通天地之精”“通于神明之德”。例如：

故唯圣人能察无形，能听无声。知虚之实，后能大虚；乃通天地之精，通同而无间，周袭而不盈。……明者固能察极，知人之所不能知，服人之所不能服。(黄老帛书《道原》)

世人之所职者精也，去欲则宣，宣则静矣。静则精，精则独立矣。独则明，明则神矣。(《管子·心术上》)

神则以视无不见，以听无不闻也，以为无不成也。(《淮南子·精神训》)

立天下之道，执一以为保。反本无为，虚静无有，忽恍无际，远无所止。视之无形，听之无声，是谓大道之经。(《文子·自然》)

静则平，平则宁，宁则素，素则精，精则神。至神之

极，见知不惑。帝王者，执此道也。（黄老帛书《经法·论》）

由此可见，黄老学派盛称的“明君”“圣王”就是他们心目中的“体道者”“得道者”。这当然仅仅是一种理想而已，但其中的人文动机值得玩味。“道”“法”作为政治理论的最高范畴出现于黄老学，岂是偶然？“道”“法”理念“肉身化”为“明君”“圣王”的形象，恰恰又表明了黄老政治理论的特征。黄老学所谓“主术”，虽然是“治之礬”“御礬之术”，但从某种意义上说，它是“道德之意”的“贯彻落实”，因为：

神通乎六合，德耀乎海外，意观乎无穷，誉流乎无止，此之谓定性于大湫，命之曰无有。（《吕氏春秋·审分》）

是以官人不官，事人不事，独立而无稽者，人主之位也。先王之在天下也，民比之神明之德。（《管子·君臣上》）

既然能够使“天下归一”的“帝王”“明君”是“道”的化身，那么他们亦自然具有“道”投射世间万物之中的属性与权能。比如说，“道”包裹天地，“一”“精”流行于天地，覆载万物，难道不是“普天之下，莫非王土”的写照吗？黄老帛书《经法·大分》：“王天下者有玄德，有□□独知□□□□王天下而天下莫知其所以。……唯王者能兼覆载天下，物曲成焉。”表明黄老政治哲学通过“道论”阐述了它的“王权”理论。再比如说，黄老学标榜的“明君”“明王”“圣人”，“藏形匿影，群下无私”（《邓析子·无厚》），“处无为之事，行不言之教”（《老子》第2章），犹如“道”视之不见（“无形”）、听之不闻（“无声”）、抟之不得（“无朕”）。① 值得注意的是，法家据此论证政治上的“独断”（集权专制），进而求售他们的御下治术，如李斯说：“明君独断，故权不在臣也。然后能灭仁义之涂，掩驰说之口，困烈士之行，塞聪掩明，内独视听，故外不可倾以仁义烈士之行，而内不可夺以谏说忿争之辩。”（《史记·李斯列传》）

三、抱一：养生理论与心性之学交互纠结的理论语境

黄老学著作所讨论的“一”呈现出一种多重视境、多元思考与多元进路的特点，它广泛出现于各种层次的理论语境，包括宇宙论、政治哲学（含伦理学）、心性论甚至养生学理论等，而“一”的思想逻辑体现了黄老理论的各个方面、各个层面，且交互纠结，形成了异常复杂的思想脉络。下面我们讨论一下交互纠结于心性论与养生学理论语境中的“抱一”或“抟一”。老子说：

载营魄抱一，能无离乎？专气致柔，能婴儿乎？涤除玄览，能无疵乎？爱民治国，能无知乎？天门开阖，能无

① 张舜徽指出，董仲舒深得黄老学的精髓，其曰：“天高其位而下其施，藏其形而见其光。高其位，所以为尊也；下其施，所以为仁也；藏其形，所以为神；见其光，所以为明。”（《春秋繁露·离合根》）“为人君者，其要贵神。神者，不可得而视也；不可得而听也。是故视而不见其形，听而不闻其声。”（《春秋繁露·立元神》）“为人君者，居无为之位，行不言之教。寂而无声，静而无形。执一无端，为国源泉。”（《春秋繁露·保位权》）都表明了这一点。张舜徽：《周秦道论发微》，中华书局1982年版，第75～76页。

此雌乎？明白四达，能无为乎？（《老子》第10章）

"抱一"表明了形神相合而不离的思想，魏源把"抱一"理解成"形神相依"①，很有见地。这难道不正是司马谈《论六家要旨》所畅论的"定其形神"吗？上引《老子》第10章文本，被《庄子》称为"卫生之经"加以转述和诠释：

能抱一乎？能勿失乎？能无卜筮而知吉凶乎？能止乎？能已乎？能舍诸人而求诸己乎？（《庄子·庚桑楚》）

《庄子》不但以逍遥精神来诠释"卫生之经"，更把它归于"身若槁木之枝而心若死灰""彻志之勃，解心之谬"的心性问题，而且还延伸到"知止乎其所不能知"（《庄子·庚桑楚》）的知识语境。我们可以在《管子》四篇（《内业》和《心术下》）以及马王堆黄老帛书（《十六经》）里面，找到与上述引文一脉相承的文字：

抟气如神，万物备存。能抟乎？能一乎？能无卜筮而知吉凶乎？能止乎？能已乎？能勿求诸人而之己乎？思之思之，又重思之。思之而不通，鬼神将通之。非鬼神之力也，精气之极也。（《管子·内业》）

专于意，一于心，耳目端，知远之证〈近〉。能专乎？能一乎？能毋卜筮而知凶吉乎？能止乎？能已乎？能毋问于人而自得之于己乎？故曰：思之思之，［思之］不得，鬼

① 魏源《老子本义》（第9章，按通行本乃第10章）把"抱一"解释为魂魄相守，形神相依，其曰："心之精爽，是谓魂魄，本非二物，然魂动而魄静。苟心为物役，离之为二，则神不守舍而血气用事。惟抱之为一，使形神相依而动静不失，则魂即魄、魄即魂。"魏氏还把"专"解释成"专一纯固"之"纯气之守"。

神教之。非鬼神之力也，其精气之极也。（《管子·心术下》）

能一乎？能止乎？能毋有己，能自择而尊理乎？（黄老帛书《十六经》）

这里反复提到的“能专（抟）乎”“能一乎”，简单地说就是抟意于心，犹如“通于神明”。“思之思之”意味着诉诸心、智，所谓“思索生知”（《管子·内业》）；但是，“思”“知”（包括“智”）和“心”总是囿于物，而且止于物，这就是“思之而不通”的思维困境，因为以思、谋、察、智为特征的知性思维不能把握形而上的“道”，所谓“莫之能思”。值得注意的是，《十六经》那段以治身为主旨的论述之末，“尊理”两字十分触目；黄老和法家却通过“理”来论证天道和人道中的“秩序”，所以说“理”的观念是黄老和法家以天道推衍人事的重要环节，因此“尊理”两字的出现有着重要意义，它意味着“心术”联系于“主术”、心性论联系于政治哲学之端倪或萌芽。①

重要的是，“抟一”“抱一”概念出现于复杂的知识—养生—心性之理论语境，因为它指向了某种神秘体验或实践智慧。对此《庄子》中的黄老篇什的论述比较详备，例如：

---

① 如果我们从《管子》中多处与上述文字语式相似的段落中见出“主术”与“心术”之间的关系，如：“立常行政，能服信乎？中和慎敬，能日新乎？正衡一静，能守慎乎？废私立公，能举人乎？临政官民，能后其身乎？能服信政，此谓正纪。能服日新，此谓行理。守慎正名，伪诈自止。”（《管子·正》）“孰能法无法乎？始无始乎？终无终乎？弱无弱乎？……孰能亡已乎？”“置常立仪，能守贞乎？常事通道，能官人乎？”（《管子·白心》）

其动也天，其静也地，一心定而王天下；其鬼不祟，其魂不疲，一心定而万物服。言以虚静推于天地，通于万物，此之谓天乐。天乐者，圣人之心，以畜天下也。（《庄子·天道》）

黄帝之治天下，使民心一，民有其亲死不哭而民不非也。尧之治天下，使民心亲，民有为其亲杀其杀而民不非也。舜之治天下，使民心竞……是以天下大骇，儒、墨皆起。（《庄子·天运》）

纯素之道，惟神是守，守而勿失，与神为一，一之精通，合于天伦。（《庄子·刻意》）

若正汝形，一汝视，天和将至；摄汝知，一汝度，神将来舍。（《庄子·知北游》）

可见政治哲学、养生理论和心性之学是杂糅、镶嵌于一体的。《庄子》又说：

官天地，府万物，直寓六骸，象耳目，一知之所知，而心未尝死者乎！（《庄子·德充符》）

什么是“官天地，府万物”？郭象解释说：“冥然无不体。”可谓精确不磨；“体”自然是“体道”的“体”，即体验性证悟，即“直寓六骸，象（似）耳目”的精神体验。那么，“一知之所知”究竟是什么意思呢？旧注歧解纷纭，笔者认为，“一知”之“一”是动词，“一知之所知”意味着透过纷乱的“知”（感性和知性所产生的知识），在“神明来舍”的精神状态下，勘破物的表象，洞见“道通为一”的澄明之境，也就是说，它一方面将“知”提升为“一知”（即神明之能制，智也），同时也由此洞见“万物皆一”的形而上真理。上引《庄子·人间世》“若一志”云云，正是这种“一知之所知”；《管子》用

“抟气如神”来描摹它，《庄子》以“用志不分，乃凝于神”（《庄子·达生》）来阐述它。

《老子》曰：“天得一以清，地得一以宁，神得一以灵，谷得一以盈，万物得一以生，侯王得一以为天下贞。”（第39章）这段话表明“一”的概念具有多维、多层次的含义，可谓纵贯了天道与人道，既富于哲学—宇宙论意味，又显示出强烈的政治哲学动机，还包含了养生理论和心性之学的展开向度，其多元思考和多维展开具有十分鲜明的特色。

四、天下归一：时代精神与现实诉求

诸子百家皆以“救世之弊”为鹄的。而“周德衰微”“王道陵迟”“礼崩乐坏”不正是时代危机的集中表现吗？“旧制度与大革命”可谓诸子百家时代的精神焦虑。“礼崩乐坏”形容了政治社会秩序的瓦解，“周德衰微”“王道陵迟”则是“天下不一”的同义词；从思想理论层面看，《庄子·天下》指出的“道术将为天下裂”“道德不一”表明了思想混乱、精神迷惘的病态。针对这种“天下不一”“道德不一”的可悲状况，孔子提出了“克己复礼，天下归仁焉”（《论语·颜渊》）的主张，这既是一个价值判断，也是一种政治期望。孟子也在回答“天下恶乎定？”这样的问题时，表达了“定于一”的强烈希冀，同时又在回答“孰能一之？”的问题时，强调了“不嗜杀人者能一之”（《孟子·梁惠王上》）。① 如果说儒家所鼓吹的“天下归一”即“天下归

① 孟子曾提及并批判了“执一（之道）”，而更加推崇“执中（之道）”。（《孟子·尽心上》）

仁”的话，那么黄老学所追求的“天下归一”，则是建立于道与法之间的思想张力的思考。这一点，我们前面已经分析过了。

作为一种思想形式或理论形式，黄老学反映了战国中晚期以来结束纷争而“天下归一”的政治诉求，超越夷夏文化与种族的敌对而进行民族融合的社会期望。春秋战国时期“礼崩乐坏”“王道陵迟”的政治解构、社会失序经历了数百年的悲剧过程，恢宏而无情；“周德衰微”“王道微缺”乃不可挽回而无可奈何的现实，诸侯强国一方面僭用王号（名），一方面竞相“变法”，以富国强兵。宏观地看，春秋战国时期的种种社会政治变动都直接或间接地反映并酝酿着“天下归一”的政治诉求，因为“礼崩乐坏”“王道陵迟”的另一种表现形式就是制度层面上的新创设，始于春秋中晚期的“变法运动”集中体现了这一点，同时，战国时期规模空前的兼并战争又极大地促进了政治扩张、民族融合和文化认同。从某种意义上说，“黄帝”就是上述政治诉求的“象征符号”，它（“黄帝”）背后隐含的人文动机异常复杂。司马迁说：“《尚书》独载尧以来；而百家言黄帝，其文不雅驯，荐绅先生难言之。”（《史记·五帝本纪》）。所谓“百家言黄帝”恐怕就是诸子时代以来文献关于黄帝的载记①，从体裁或文体上说，这些载记不是“春秋”（史）而是“语”——

① 吴光指出：“自战国至魏晋，古籍所记黄帝故事颇多。《艺文类聚》卷十一与《太平御览》卷七九以及清人马绣《绎史》卷五均有详细辑录。”吴光：《黄老之学通论》，浙江人民出版社1985年版，第116页注脚。

“诸子百家语”（哲学）。[①] 我们知道，史册中出现的“黄帝”只是上古传说的残迹[②]，儒家宗师孔、孟以及儒家所传的《春秋》（《公》《穀》两传）都绝口不提“黄帝”，热衷于渲染黄帝故事的，反而是道家、法家和阴阳家。[③]《庄子》书中的“黄帝”形象呈现出比较复杂的“内部差异”现象，但总体来说，“黄帝”似乎喻示了治国以无为的政治理念，以及上古“黄金时代”的“至德之世”——远远超出了儒家信守的尧舜时代。（《庄子·胠箧》）《商君书》《韩非子》中的“黄帝”也是如此。[④] 司马迁说邹衍“语闳大不经”，“先序今以上至黄帝……推而远之，至天地未生，窈冥不可考而原也”（《史记·孟子荀卿列传》），“诸子百家语”虽然蔓衍不经，却深具意味。比如说，黄帝几乎被塑造成为华夏民族的远祖、“共祖”，“辈份”高于尧、舜、

---

① 这并不是说《春秋》（史册）中没有关于黄帝的记载，实际上《左氏春秋》和《国语》都记载了黄帝传说。儒家所传的文献《五帝德》《帝系姓》两篇，亦载黄帝，何以司马迁说“儒者或不传”？顾颉刚指出，《五帝德》《帝系姓》两篇，以及《史记·五帝本纪》，“都从神话中汰濯而来”（顾颉刚：《史林杂识初编》，中华书局 1963 年版，第 176 页）。神话与历史毕竟不同：如果说历史是人文科学里的逻各斯（logos）的话，那么神话就是诗性的秘索思（mythos）。作为“历史学家”，司马迁当然不会认为“百家言黄帝”的传说就是信史。

② 例如，《左传·僖公廿五年》《左传·昭公十七年》《国语·鲁语上》《国语·晋语四》《逸周书·尝麦解》。

③ 吴光说：“战国中期以后，诸子百家几乎都言黄帝。道家如《庄子》《鹖冠子》《吕氏春秋》，法家如《商君书》《韩非子》，儒家如《尸子》《荀子》，兵家如《孙子》《尉缭子》，阴阳家如邹衍等，都或多或少地记载着黄帝治国之言或黄帝征伐之事。”吴光：《黄老之学通论》，浙江人民出版社 1985 年版，第 116 页。

④ 如《商君书·更法》《商君书·划策》《韩非子·扬权》。

禹、汤——传统意义上的帝王世系（政治）、氏族谱系（民族）的“端点”，那么诉诸黄帝的政治合法性与号召力就不言而喻了。再比如说，“黄帝”的名号——“帝”，也值得玩味，据顾颉刚说，古之“帝”“天”为互文，“然则何以称人王为‘帝’也？曰：《曲礼》有言：‘君天下曰“天子”；……崩曰“天王崩”；……措之庙、立之主曰“帝”。’王也而曰‘帝’者，臣子对于所崩之王，尊之至极，配天不足则上同于天，故假帝号以号之。商王之有帝甲、帝乙、帝辛，正如宋之有神宗，清之有圣祖耳。神宗、圣祖非神、圣，则帝甲、帝乙非帝可知。然战国时七国称王，王名已不足以威天下，故帝制运动起焉”。这就是战国末叶“王”（人王）升级为“帝”的缘故。① 银雀山汉墓竹简《孙子兵法》说黄帝是中央之帝，他“已胜四帝，大有天下”“天下四面归之”，所以黄帝具有“四面”形象。就是说，春秋战国以来，诸侯僭用“王号”，那么兼并天下、统一中国者，舍“黄帝”其谁也？这一点很重要。我们还知道，儒家文献中的尧、舜乃表示政治美德和政治合理性（如仁义、禅让）的“符号”，那么老庄道家以及黄老学派中的“黄帝”是否就是“玄德”的化身呢？再比如，《陈侯因資敦》标榜黄帝，目的在于为田陈纂齐张目：“陈侯因資曰：皇考孝武桓公（陈侯午）恭哉，大谟克成。其唯因資，扬皇考昭统，高祖黄帝，迩嗣桓、文，朝问诸侯，合扬厥德。”② 《越绝书》一反炎、黄“势不两

① 顾颉刚：《史林杂识初编》，中华书局1963年版，第176～177页。

② 兹依郭沫若《十批判书·稷下黄老学派的批判》中的释文，其中“铭文古字或假借字已改为今文”。郭沫若：《十批判书》，见郭沫若著作编辑出版委员会编《郭沫若全集·历史编》第二卷，人民出版社1982年版，第155页。

立”、征诛不已的古史传说，谓“炎帝有天下，以传黄帝”（《计倪内经》）。据顾颉刚推断，“疑出于田齐与姜齐嬗代之际”，“以禅让而不以征诛，与田齐之承姜齐更近似矣”①。

“黄帝本是皇帝或上帝的转变”②，从民族融合的角度看，尧、舜、禹自然要比殷祖契、周祖稷更具广泛的整合力与号召力。契、稷只是诸夏民族的宗神，尧、舜、禹乃四夷民族认同诸夏文化的符号，那么声名更加显赫的“黄帝”（以及炎帝）的“覆盖面”显然更广，从那些充满了意识形态意味的历史记叙——如《史记·匈奴列传》《汉书·东夷列传》《汉书·西南夷列传》《华阳国志》等——可以看出这一点，因为那些僻处华夏（“中国”）边缘的“夷狄”往往自称“炎黄之嗣”“尧、舜之后”，以此“攀附”华夏，以期“进于中国”。《管子》说得好，黄帝“欲陶天下而以为一家”（《管子·地势》），所以它（“黄帝”符号）能够打破地域、民族的藩篱，使原本“以邻为壑”的不同种族集团、文化传统整合在一起，更能够维系共同的政治、文化与精神信仰，反映“大一统”的政治诉求。③ 黄老学特别重视“一”“恒”（常）的观念，恐怕就是上述“天下归一”“大一统”政治诉求的抽象形式或哲学表达吧。

综上，黄老文献中“一”的含义复杂多歧，具有多层次、多维度的展开方向，这是一个不容忽视的重要特点。我们希望

---

① 顾颉刚：《史林杂识初编》，中华书局 1963 年版，第 180 页。

② 郭沫若：《青铜时代·宋钘尹文遗著考》，见郭沫若著作编辑出版委员会编《郭沫若全集·历史编》第一卷，人民出版社 1982 年版，第 155 页。

③ 实际上，古史传说中的蚩尤臣服于黄帝的故事，银雀山《孙子兵法·黄帝伐赤帝》的记叙，都表明了“黄帝”是战无不胜、天下归一的象征符号。

通过对其复杂脉络的梳理与分析，揭示出黄老政治哲学的特点。换言之，如果说“执一”概念及其理论是黄老政治哲学的一个基本原则的话，那么它必然纠结于“太一”（“泰一”）、“抱一”、“天下归一”等理论话语中而不能自拔。

进言之，黄老理论语境中的“执一”和“抱一”既密不可分，又形成了一定的张力；至于“太一”或“泰一”，正如我们前面分析的那样，也隐约兼具了“执一”和“抱一”两个层面的意思。可见，黄老政治哲学与心性论总是交织在一起，你中有我、我中有你。我们不妨进一步深究一下：为什么黄老学者会把政治哲学与心性论语境混为一谈？因为他们头脑不清、思维混乱，还是出于某种理论动机而致力于将两者融摄为一？笔者认为，后者也许更加合理，也更耐人寻味。实际上，政治哲学融摄于心性论既是道家（包括老庄和黄老）思想的重要特征，也呈现了其政治哲学的理论结构。老子诉诸“玄德”“无名”“无为”“自然”诸概念的政治哲学已经隐含了某种心性论的背景①；庄子讲论“浑沌”，艳称“至德之世”“建德之国”，很大程度上可以分析为政治哲学和心性论两个方面②；《管子》四篇、马王堆黄老帛书等黄老学文献就更不用说了。下面请看几段文献：

> 载营魄抱一，能无离乎？专气致柔，能婴儿乎？涤除玄览，能无疵乎？爱民治国，能无知乎？天门开阖，能为

① 郑开：《玄德论——关于老子政治哲学和伦理学的解读与阐释》，载《商丘师范学院学报》2013年第1期。

② 郑开：《〈庄子〉浑沌话语：哲学叙事与政治隐喻》，见陈鼓应主编《道家文化研究（第二十九辑）》，生活·读书·新知三联书店2015年版。

雌乎？明白四达，能无为乎？生之、畜之，生而不有，为而不恃，长而不宰，是谓玄德。(《老子》第10章)

卫生之经，能抱一乎？能勿失乎？能无卜筮而知吉凶乎？能止乎？能已乎？能舍诸人而求诸己乎？能翛然乎？能侗然乎？能儿子乎？儿子终日嗥而嗌不嗄，和之至也；终日握而手不掜，共其德也；终日视而目不瞚，偏不在外也。行不知所之，居不知所为，与物委蛇，而同其波。是卫生之经已。……夫至人者，相与交食乎地而交乐乎天，不以人物利害相撄，不相与为怪，不相与为谋，不相与为事，翛然而往，侗然而来。是谓卫生之经已。……“能儿子乎？”儿子动不知所为，行不知所之，身若槁木之枝而心若死灰。若是者，祸亦不至，福亦不来。祸福无有，恶有人灾也！(《庄子·庚桑楚》)

抟气如神，万物备存。能抟乎？能一乎？能无卜筮而知吉凶乎？能止乎？能已乎？能勿求诸人而之己乎？思之思之，又重思之。思之而不通，鬼神将通之。非鬼神之力也，精气之极也。(《管子·内业》)

专于意，一于心，耳目端，知远之证。能专乎？能一乎？能毋卜筮而知凶吉乎？能止乎，能已乎，能毋问于人而自得之于己乎？故曰：思之思之，不得，鬼神教之。非鬼神之力也，其精气之极也。(《管子·心术下》)

能一乎？能止乎？能毋有已，能自择而尊理乎？(黄老帛书《十六经》)

显而易见，《庄子》、《管子》四篇和马王堆黄老帛书都是对《老子》的改写与发挥。问题是，为什么《庄子》将老子这段话的主旨概括为“卫生之经”（字面意思就是“养生”的根本原则），并且还糅合了《老子》第55章的部分内容？应该说，庄子这里所说的“卫生”并不能仅理解为养生，也就是说“生”的含义除了生理、生命之外，还有更深刻的性或性命的意义，正如《庄子·养生主》中的“生”需要进一步理解为“性”一样。更重要的是，《庄子·庚桑楚》淡化了《老子》第10章原有的政治哲学意味，强化了沿着心性论展开的意味。这一点是我们更好地分析《管子》四篇和马王堆黄老帛书（唐兰先生以为《汉书·艺文志》所载之《黄帝四经》）的基础。如果说《管子》四篇中的《心术》《内业》渗入了更多的养生—心性论的理论话语，那么黄老帛书《十六经》则明确显示出它政治哲学的向度。因此我们有充足的理由认为，心性论乃黄老政治哲学理论结构中的有机部分，不可或缺。那么，从政治哲学与心性论相互交涉的角度分析和把握道家政治哲学就应该是理所当然的了。

无独有偶，儒家政治哲学也包含了心性论的向度。自战国中期以来，儒家学者致力于把政治哲学与心性论结合起来，而这一理论旨趣也不断得到强化和巩固。比如说，儒家所说的“中”既复杂且深刻，“中庸之道”不仅仅是影响习俗的伦理教诲，而且也是深刻的哲学思维方法和政治哲学原则，同时更是精神境界的展现。我们试借助“执中”概念及其理论予以具体讨论。

《尚书·大禹谟》既言“民协于中”，又曰“人心惟危，道心惟微，惟精惟一，允执厥中”。前语之“中”一直被理解为“大中之道”，即最高的政治原则。后一段话则是儒家极为重视的“十六字心传”，就是尧、舜相传的秘诀。《逸周书》也多次提及了“中”，都具有很强的政治含义。《论语》亦载“允执其中”（《论语·尧曰》）。皇侃疏曰：“执，持也。中，为中正之道。”而《易传》对“中正之道”“时中”的阐释，往往具有很强的政治哲学含义。清华简《保训》出现了“求中”“得中”（2次），表明“中道”的观念确乎是早期儒家十分重要的政治哲学理念。然而《中庸》首章对“中”“和”的诠释耐人寻味：

喜怒哀乐之未发，谓之中；发而皆中节，谓之和。中也者，天下之大本也；和也者，天下之达道也。

可以说，《中庸》展开了一个新的阐释方向，而且这一方向又被程朱理学所继承。《四书章句集注》引程子之言：“不偏之谓中，不易之谓庸。中者，天下之正道，庸者，天下之定理。”程颐的原话是说：“中者，只是不偏，偏则不是中。庸只是常。犹言中者是大中也，庸者是定理也。”① 朱熹则说，“中”“只是个恰好底道理”。这种诠释已经叠置了伦理学（含政治哲学）和心性论的双重意义。可见，儒家哲学语境中的“中”同样兼具了政治哲学和心性理论两个层面，它们分别代表了“内圣”和“外王”两个方面，而致力于内圣外王的贯通也就成为儒家思想孜孜以求的目标。

《孟子》曰：“杨子取为我，拔一毛而利天下，不为也。墨子兼爱，摩顶放踵利天下，为之。子莫执中，执中为近之。执中无权，犹执一也。所恶执一者，为其贼道也，举一而废百也。”（《孟子·尽心上》）孟子对杨、墨的批评，从理论上说，就是批斥他们偏于一端，昧于中道。徐幹《中论》把孔子所说的“仁”与孟子所说的“执中”联系起来，并诉诸“权衡”，

---

① 〔宋〕程颢、程颐著，王孝鱼点校：《二程集》，中华书局2004年版，第160页。

进一步解释了孟子的“执中”：

或曰：“然则仲尼曰：‘未知，焉得仁？’乃高仁耶？何谓也？”

对曰：“仁固大也，然则仲尼此亦有所激然，非专小智之谓也。若有人相语曰：‘彼尚无有一智也，安得乃知为仁乎？’昔武王崩，成王幼，周公居摄。管、蔡启殷畔乱，周公诛之，成王不达，周公恐之，天乃雷电风雨，以彰周公之德，然后成王寤。成王非不仁厚于骨肉也，徒以不聪睿之故，助畔乱之人，几丧周公之功，而坠文、武之业。召公见周公之既反政，而犹不知，疑其贪位。周公为之作《君奭》，然后悦。夫以召公怀圣之资，而犹若此乎？末业之士，苟失一行，而智略褊短，亦可惧矣。仲尼曰：‘可与立，未可与权。’孟轲曰：‘子莫执中，执中无权，犹执一也。’仲尼、孟轲可谓达于权智之实者也。殷有三仁，微子介于石，不终日；箕子内难而能正其志；比干谏而剖心。君子以微子为上，箕子次之，比干为下。故《春秋》大夫见杀，皆讥其不能以智自免也。且徐偃王知修仁义而不知用武，终以亡国；鲁隐公怀让心而不知佞伪，终以致杀；宋襄公守节而不知权，终以见执；晋伯宗好直而不知时变，终以陨身。”（《中论·智行》）

可见，“执中”乃原则性和灵活性的统一，是一触即发的均衡感，属于实践智慧，而不仅仅属于理性知识。宋儒对此深有体会。邵雍说：“汉儒以反经合道为权，得一端者也。权所以平物之轻重。圣人行权，酌其轻重而行之，合其宜而已。故执中无权者，犹为偏也。”（《宋元学案》卷九引）程颐亦曰：“执中而不通变，与执一无异。”（《宋元学案》卷一五引）因此这里所说的“执一”的准确含义乃执着于一点、走极端的意思，并不符合黄老政治哲学语境的“执一”。可是，孟子将它和“执中”并提，难道会轻易放弃利用修辞技巧讥诮一下当时流行的“执一”的机会吗？无论如何，“一”与“中”、“执一”与“执中”多少能够反映一部分道家和儒家政治哲学之特征和旨趣。

我们的结论其实很明确：道家政治哲学与心性论互为表里，交涉为用；从某种意义上说，道家心性论内在于其政治哲学中，甚至可以说是政治哲学的进深结构。儒家政治哲学也是如此。施特劳斯推崇备至的古希腊古典政治哲学的理论起点是追问“什么是德性”，表面上看，这一点诚与儒道两家的旨趣不异，然而无论是柏拉图、亚里士多德还是霍布斯、洛克的政治哲学，都没有中国哲学这种特色鲜明的心性论意味；而正是心性论深化了儒道两家的人性论，丰富了其德性理论。这是不是意味深长呢？现在，有的人标榜政治儒学，有的人自命心性儒学，难道将二者割而裂之还能自认是儒家哲学？要之，倘若我们希望建设性地探讨古代中国的政治哲学的话，就不能不正视其中内蕴的心性论。

“黄老帛书”的自然理法学说

吴展良
（台湾大学教授）

一、“黄老帛书”的性质与历史背景

（一）学派、区域与时代

“黄老”是秦汉之际的重要学派，《史记》《汉书》中有大量关于“黄老”的记载，然其典籍大多已失传。1973 年，长沙马王堆三号汉墓出土了《老子》甲、乙两种写本，乙本卷前附抄了《经法》《十六经》《称》《道原》四种古佚书，学界普遍认为这四篇帛书表现了秦汉之际与汉初流行的黄老或新道家思想。唐兰认为这四篇帛书就是《汉书·艺文志》所说的《黄帝四经》，且此名称颇为学者采用，但至今仍难有定论。因其未必来自同一本书，为了谨慎起见，本文称此四篇帛书为“黄老帛书”，不加书名号。过去我们对黄老之学的内涵、传承及影响始终不清楚，有赖“黄老帛书”的出土，才加深了学界对黄老之学以及各种相关文献之认识。

关于如何定性这批文献，有学者主张其为黄帝学，有学者主张其为新道家，本文倾向于称之为“黄老”学。① 首先，是因为这四篇帛书中只有《十六经》书写黄帝言行，所以不能据此说均为黄帝学或黄帝四经。而四篇帛书多载一种新形态的道家及黄帝之学，其内涵交融难分。只用新道家一词，似乎不足以说明这批文献的特质。帛书四篇是在汉文帝初期抄写的，记载了道家与黄帝之言，似反映了当时最为盛行的黄老学。汉初曹参为齐相，众人关于如何治国议论纷纭，曹参听说“胶西有盖公，善治黄老言”，乃延请盖公，闻其清静无为之论而大服，拜之为师，以其术治齐国，齐国因而大治。② 而后曹参为惠帝相，用黄老之术不生事，乃有萧规曹随之名训。到了文帝时，《隋书·经籍志》说：

> 自黄帝以下，圣哲之士，所言道者，传之其人，世无师说。汉时，曹参始荐盖公能言黄老，文帝宗之。自是相传，道学众矣。③

可见黄老是当时极为流行的学说。从内容观之，这四篇帛书应当是黄老之学。

黄老一词在文献上最有根据，比较能反映当时人的学术分类，

---

① 曹峰认为，可以从“道论”与“天道论”区分“老子类型的道论和政论”与“黄帝类型的道论和政论”，然而该学者同时指出，这两种论述“未必呈现于不同的文本”，也就是同时见于黄老帛书。丁四新、王博、曹峰、梁涛：《出土简帛文献与先秦思想世界》，载《中国社会科学》2013 年第 2 期。“道论”与“天道论”可分但又难以二分，而且事实上又经常呈现于同一批文本中，是以“黄帝学”是否能单独成立，依然是个问题。贸然将此四篇称为黄帝四经，也会产生类似的问题。熊铁基先生则主张新道家一说，参见熊铁基：《秦汉新道家略论稿》，上海人民出版社 1984 年版。

② 唐兰：《马王堆出土〈老子〉乙本卷前古佚书的研究——兼论其与汉初儒法斗争的关系》，载《考古学报》1975 年第 1 期。

③ 〔唐〕魏徵、令狐德棻撰：《隋书》，中华书局 1973 年版，第 1003 页。

比新创一词不容易出问题。《史记》记载：申不害之学“本于黄老”，韩非之学也“归本于黄老”。先秦诸子中，慎到、田骈、接子、环渊皆“学黄老道德之术，因发明序其旨意”。到了汉代还有盖公“善治黄老言”、陈平“本好黄帝、老子之术”。《史记》中共有几十处称“黄老”，可见这是当时一极重要学派。①

关于“黄老帛书”与黄老学的起源地，学界颇有不同的看法。从郭沫若以降，多数学者认为，黄老之学起源于田齐时期的稷下黄老学派。其关键论据在于身为陈国之后的田氏篡齐后，为了加强其统治的正当性，上追远祖黄帝，又建立稷下学宫，广招各地能人，黄老学从而大兴，成为稷下学术的主流，影响广大、深远，“黄老帛书”当出于稷下。② 也有学者提出异议，认为“黄老帛书”源出于楚，黄老之学虽大行于稷下却未必最早起源于稷下。老子本为楚人，李学勤、丁原明等学者主张“黄老帛书”表现了许多南方楚地的特色，除了思想内容和风格近于《国语·越语》《文子》《鹖冠子》等南方著作，书中又多江淮方言、楚音及楚韵。③ 所以

① 熊铁基：《秦汉新道家与黄老之学》，载《光明日报》2016 年 5 月 16 日。

② 姜齐祖炎帝，相传黄帝与炎帝同出于少昊，黄帝又曾打败炎帝，出于陈国的田氏是以追祖黄帝，以增强其“代齐”之合法性。老子又是田齐故乡陈国人，所以田齐大尊黄帝与老子。参见陈丽桂：《黄老与老子》，简帛网，http：//www. bsm. org. cn/show_ article. php？ id = 1290；李学勤：《简帛佚籍的发现与重写中国古代学术史》，载《河北学刊》2013 年第 1 期。

③ 李学勤主张：“马王堆帛书中的黄老典籍中，与《老子》并行的有《黄帝书》，其思想内容和风格近于《国语·越语》《文子》《鹖冠子》等书。这些都是南方的作品，代表了南方道家一派的传统。《老子》的作者是楚国苦县人……楚地黄老简帛的发现，正好可以弥补了这一缺环。”又说：“通过对楚帛书的研究，可以进一步揭示楚文化与黄老思想的联系。”李学勤：《简帛佚籍的发现与重写中国古代学术史》，载《河北学刊》2013 年第 1 期；龙晦：《马王堆出土〈老子〉乙本前古佚书探原》，载《考古学报》1975 年第 2 期。

这些篇章有很大的可能出于楚国人之手。然稷下先生亦有楚国人，《史记·孟子荀卿列传》明白记载："慎到，赵人。田骈、接子，齐人。环渊，楚人。皆学黄老道德之术。"上述学者又多著述，可见稷下黄老学之盛况。"黄老帛书"的内容与作为"稷下丛书"的《管子》之关系尤为密切。① 所以这个问题虽然依旧难有定论，黄老学与帛书起源于稷下的可能性或许更高。②

关于"黄老帛书"的成书时代，共有战国早中期之际、战国中期末、战国末年到秦汉之际、战国时期和汉初五说。③ 本文以为"黄老帛书"如同大多数先秦古书，是一个学派共同推尊的文本，但并非成于一人一时之手。其主体成书时代，可以采取以唐兰、余明光先生为代表的战国中期说。④

四篇帛书的成书时代颇有争议，很多学者研究的观点都不同，从战国前期到汉代，各种说法都有。笔者认为，这是因为现在我们所看到的书，基本上是学派长期传抄、学习的结果，因此在这个过程中会有一些后人的修订。黄老学派一直传承到汉初，不能

---

① 陈鼓应注译：《黄帝四经今注今译——马王堆汉墓出土帛书》，商务印书馆 2007 年版，第 6 ~ 7 页。

② 陈丽桂：《黄老与老子》，简帛网，http：//www. bsm. org. cn/show _ article. php？ id = 1290；［英］雷敦龢：《关于马王堆黄帝四经的版本和讨论》，见陈鼓应主编《道家文化研究（第十八辑）》，生活·读书·新知三联书店 2000 年版，第 362 ~ 363 页。

③ 李夏：《帛书黄帝四经研究》，山东大学 2007 年博士学位论文，第 2 ~ 3 页。

④ ［英］雷敦龢：《关于马王堆黄帝四经的版本和讨论》，见陈鼓应主编《道家文化研究（第十八辑）》，生活·读书·新知三联书店 2000 年版，第 360 ~ 362 页；李夏：《帛书黄帝四经研究》，山东大学 2007 年博士学位论文。战国中期说首见于唐兰：《马王堆出土〈老子〉乙本卷前古佚书的研究——兼论其与汉初儒法斗争的关系》，载《考古学报》1975 年第 1 期。

简单地说今天我们看到的“黄老帛书”都是战国中期的学说，其中颇有些是后来不断积累的结果。① 我们在《老子》一书的传承过程中就已经见到这种状况，郭店的《老子》与马王堆的《老子》的内容就显然不太一样。就其主体内容而言，唐兰所谓：“黄帝之言既然是继承〈老子〉而有所发展，又是申不害所本，那末，它的写作时代，其上限不能超过杨朱时代，其下限不能延到申不害时代，也可以定下来了。就是说最早不能到公元前五世纪中期，最晚也不能到公元前四世纪中期。”② 依然可采。

（二）道家、黄老与法家

黄老之学从老子之学发展而来。《史记·乐毅传》载：

> 乐臣公善修黄帝、老子之言，显闻于齐，称贤师。③

可见黄帝、老子之言有密切关系，而且至少从战国后期已闻名。李学勤曾指出：“黄老之学在战国中晚期具有相当大的势力。在几个诸侯国握有实权的法家人物多学习黄老，如韩国的申不害和韩非、齐稷下的赵人慎到等，都以其学归于黄老。汉代窦太后好黄老之术，司马谈《论六家要旨》，仍把黄老列为首位。”④《论六家要旨》是最早提出“道家”一词的历史文献，

---

① 例如，姜广辉主张：“‘唯余一人，兼有天下’‘矫抑苛暴’‘养民安治’等思想，可以在汉初政治的历史背景中得到印证。”（李夏：《帛书黄帝四经研究》，山东大学 2007 年博士学位论文。）“唯余一人，兼有天下”确实是秦汉时期才有的思想。所以有些论点也可能是秦汉时期才加入的。

② 唐兰：《马王堆出土〈老子〉乙本卷前古佚书的研究——兼论其与汉初儒法斗争的关系》，载《考古学报》1975 年第 1 期。

③ 〔汉〕司马迁撰：《史记·乐毅列传》，中华书局 1959 年版，第 2436 页。

④ 李学勤：《简帛佚籍的发现与重写中国古代学术史》，载《河北学刊》2013 年第 1 期。

然其内容所论是黄老非老子，由此可见，司马谈等汉初人所说的道家，其实就是黄老。① 由此可见，黄老之学从战国中晚期到汉初的巨大影响。

黄老之学不仅见于上述诸家，还见于稷下代表作《管子》中《心术》等四篇、《韩非子·解老》、《庄子》外杂篇，乃至《吕氏春秋》《淮南子》《鹖冠子》《文子》。另外，新出土的郭店楚简《太一生水》、上博楚简《恒先》《三德》《凡物流形》等篇，也带有一些早期黄老之学的特色。其中，如《三德》的语言与黄老帛书高度类似，不仅出现黄帝之名，而且黄帝是“以天道代言者的身份对人间的政治行为做出直接的指示”②。而《太一生水》《恒先》《凡物流形》三篇的内容虽与黄老帛书有所不同，所言之天道面向各异，但同样“以天道（主要是宇宙生成论）作为人事效法依据”③。重视天道，以天道作为人事所当效法的对象，是战国中晚期思想的一大特色。

黄老之学大行于稷下，与齐国文化有特别密切的关系，并发展出与老子之学不同的特性。诚如陈丽桂所指出：

> 齐自姜太公始封，迄于田氏篡接，始终都是走的尊贤

① 陈丽桂：《黄老与老子》，简帛网，http：//www. bsm. org. cn/show _ article. php？ id = 1290。

② 曹峰：《出土文献视野下的黄老道家研究》，载《中国社会科学》2013 年第 2 期。《三德》开宗明义说：“天供时，地供材，民供力，明王无思，是谓三德。卉木须时而后奋，天恶如忻。平旦毋哭，晦毋歌，弦、望斋宿，是谓顺天之常。敬者得之，怠者失之，是谓天常。”足以证明其重天道。

③ 曹峰：《出土文献视野下的黄老道家研究》，载《中国社会科学》2013 年第 2 期。《太一生水》《恒先》《凡物流形》从其篇名、开宗明义以及主体文字，亦足以证明其重天道。

容智、务实尚功的外王路线，重视对现实事物的处理，讲求知识学问的应世之用，不拘守理论，而要求经世。大别于鲁文化之崇礼乐、重教化、推德治，齐学重视领导统御，《老子》学说中一切玄虚、灵妙之道，自然无为之理，到此不能不转化为可操可作的经世之“术”。因此，不论从大时代的需求，还是齐学的传统看来，看似消极、出世、无为的老学，至此都不能不转化为积极、经世、尚功的黄老之学。①

“积极、经世、尚功”的稷下黄老之学固然以治国经世为中心，因其尚天道，重因应变化，所以同时发展至几乎所有领域。稷下学者推崇黄帝，在其推动下，黄帝传说在战国时期大行其道。依其传说，黄帝除建国与领导万国外，还发明了主要军事与民生器具、冠冕、宫室城邑、棺椁。他画洛书河图、铸鼎制镜、合符封禅、分别天文，其妃子嫘祖教桑，诸大臣发明各种军用、民用器物，其中仓颉造字、大桡作甲子、容成制历、隶首作数术、伶伦作乐、岐伯论医、马师皇为龙医（兽医），尤其开创了高等文化。依此说，黄帝君臣简直是所有古代文明的开创者。②

不仅如此，以稷下学宫为中心，还形成了一股巨大的附会风潮，它们均以黄帝为名。《汉书·艺文志》中有十二类依托为黄帝的作品，数量庞大。除“小说家”外，如天文、历谱、五行、杂占、房中、神仙、阴阳家、兵阴阳、医经与经方，或源

① 陈丽桂：《黄老与老子》，简帛网，http：//www. bsm. org. cn/show_article. php? id = 1290。

② 《中文百科》，黄老条。

于阴阳家与道家，或与阴阳家、道家有相当渊源，而它们均为齐文化的主流学术。由田齐所主导的黄帝之学，是以道家与阴阳家为主体，参以兵家。① 其中尤其以阴阳家与道家为基础，吸收了古代的神仙养生与方技之学，开启后代的医家、养生家、房中术与方技，影响极其宏大。黄老之学发展至此，已经包含了一个大文明的每一方面，难怪在汉初能够成为指导整个王朝的学说体系，其内涵早已超越“清净无为”四字，而成为一种宏大的文明体系论述。

从老子到黄老，陈丽桂曾归纳其思想主要有以下几种发展趋势：1. 由道到气（气化宇宙与精气养生）；2. 由道到理、法（理为分道、因道全法）；3. 由道到术（虚无静因无不为），其中包含（1）由卑下雌柔到蓄势因时，（2）由清静俭损到虚无静因，（3）道以刑名为核心。② 到了汉代，黄老道家的基本思想，若依司马谈《论六家要旨》可归纳为以下五点：1. 积极经世；2. 博大兼容；3. 治国、养生并讲；4. 重术尚用；5. 与时俱进，灵活弹性，崇古却不返古。③

关于黄老、道家与法家的关系，唐兰曾指出，《汉书·艺文志》的道家可以分成三类，而黄老之学代表道家最新的发展。他说：“第一类是古代政治家的著作，如：伊尹、太公、辛甲、鬻子、管子……第二类是以《老子》《庄子》为代表，讲道德，

---

① 陈丽桂：《黄老与老子》，简帛网，http：//www. bsm. org. cn/show _ article. php？ id = 1290。

② 陈丽桂：《黄老与老子》，简帛网，http：//www. bsm. org. cn/show _ article. php？ id = 1290。

③ 陈丽桂：《黄老与老子》，简帛网，http：//www. bsm. org. cn/show _ article. php？ id = 1290。

主张无为的道家。《文子》《关尹子》《列子》等，大概相近。"① 第三类则是以黄老帛书为代表的黄老派，并指出："《蜎子》（环渊）、《田子》（田骈）、《鹖冠子》、《捷子》（接子）、《郑长者》等大体都应属此派，是由老子学派发展出来的一个支派，是讲道法，主刑名的新型法家。"② 不仅如此，"《申子》《慎子》《韩非子》等都本黄老，而《艺文志》却又别列于法家"③。它们均与黄老有密切关系。其实《伊尹》《太公》《辛甲》《鬻子》《管子》等书多佚失或伪托，在《老子》《庄子》之前，并无真正的道家学派。而从老庄到黄老到法家，才是道家在当时最重要的一种发展。

作为战国中期以降盛行的一个学派，黄老之学对法家有根本性的影响，《史记·老子韩非列传》载：

> 申子之学本于黄老而主刑名。④
>
> 韩非者，韩之诸公子也，喜刑名法术之学，而其归本于黄老。⑤

作为法家最重要代表的申、韩之学均"本于黄老"。黄老之

---

① 按，《管子》不是管仲所作，其中黄老的成分很重，是很多后代人托名而著。早期版本的《老子》特重政教，与后期《老子》不同。唐兰此处仍受限于旧说。

② 唐兰：《马王堆出土〈老子〉乙本卷前古佚书的研究——兼论其与汉初儒法斗争的关系》，载《考古学报》1975 年第 1 期。

③ 唐兰：《马王堆出土〈老子〉乙本卷前古佚书的研究——兼论其与汉初儒法斗争的关系》，载《考古学报》1975 年第 1 期。

④ 〔汉〕司马迁撰：《史记·老子韩非列传》，中华书局 1959 年版，第 2146 页。

⑤ 〔汉〕司马迁撰：《史记·老子韩非列传》，中华书局 1959 年版，第 2146 页。

学，对于许多稷下学者以及法家，亦有根本性的影响，《史记·孟子荀卿列传》载：

慎到，赵人。田骈、接子，齐人。环渊，楚人。皆学黄老道德之术，因发明序其指意。故慎到著十二论，环渊著上下篇，而田骈、接子皆有所论焉。①

唐兰在研究黄老帛书时则曾指出："从战国中期到晚期，很多法家著作，如：《申子》《慎子》《管子》《鹖冠子》《韩非子》以及《国语·越语》等对此书都有引用，有的还引得很多，说明这书正是战国中期以后流传的黄帝之言。"② 可见此书能深刻地反映黄老之学与法家的许多重要内涵。

从老庄到黄老，发展出对"术"与"法"的新重视，对之后的申不害与韩非都有根本性的影响。③ 从道到"术"与"法"是个发展的过程，黄老和法家"术"与"法"的观念均源于道。《老子》讲道不讲"法"是表面，其实老子学派深观万物，所以容易发展出"术"与"法"的思想。而韩非的《解老》《喻老》就特别讲《老子》，可见这些思想一脉相承。

《老子》鉴于时代之乱，主张无为与内收以平天下，所以态度上比较消退，虽然其消退中也带有积极性。而黄老帛书以

---

① 〔汉〕司马迁撰：《史记·孟子荀卿列传》，中华书局 1959 年版，第 2346 页。

② 唐兰：《马王堆出土〈老子〉乙本卷前古佚书的研究——兼论其与汉初儒法斗争的关系》，载《考古学报》1975 年第 1 期。该文附录一，有详细古佚书引文。

③ 唐兰：《马王堆出土〈老子〉乙本卷前古佚书的研究——兼论其与汉初儒法斗争的关系》，载《考古学报》1975 年第 1 期。

"道法"为平天下之道，态度甚为积极。① 论法、论形名、"建七政"、"行七法"、论兵、论刑赏、论政治之得失、论国家之安危、论阴阳之理、论事物的规律，态度确实较《老子》更为积极，也符合黄老从战国中晚期到汉初的历史角色。②

二、"道生法"、形名与自然法理

《经法》开宗明义提出从道中生出"法"的概念：

道生法。法者，引得失以绳，而明曲直者殹也。故执道者，生法而弗敢犯殹（也），法立而弗敢废〔也〕。〔故〕能自引以绳，然后见知天下而不惑矣。虚无刑（形），其裻冥冥，万物之所从生。生有害，曰欲，曰不知足。生必动，动有害，曰不时，曰时而口。动有事，事有害，曰逆，曰不称，不知所为用。事必有言，言有害，曰不信，曰不知畏人，曰自诬，曰虚夸，以不足为有余。③

"道生法"不是老子的说法，也不是法家，而是从老子学派开始发展出法家内涵的黄老思想。从道生出法，法所以绳得失而明曲直，执道者"法立而弗敢废"，必须用法"自

---

① 唐兰曾指出："《老子》在政治上是消极的，这本《黄帝四经》则比较积极。"唐兰：《马王堆出土〈老子〉乙本卷前古佚书的研究——兼论其与汉初儒法斗争的关系》，载《考古学报》1975 年第 1 期。

② 唐兰归纳："第一篇《经法》，主要讲的是法。第二篇《十大经》，主要讲的是兵。第三篇《称》，主要讲的是朴素的辩证法。第四篇《道原》，讲的是道，即事物的客观规律。"唐兰：《马王堆出土〈老子〉乙本卷前古佚书的研究——兼论其与汉初儒法斗争的关系》，载《考古学报》1975 年第 1 期。

③ 陈彭应注译：《黄帝四经今注今译——马王堆汉墓出土帛书》，商务印书馆 2007 年版，第 2，5 页。

引以绳”，然后才能明白天下所有得失与曲直。万物生于无形之虚，致虚乃能大其生。是以有欲、不知足则害生，不以时而动则害动，逆、不称、或不知所为用则害事，不信、不知畏人、自诬等则害言。生、动、事、言都必须循道与法，保其虚寂，去其有欲不当之为，方能无害。

“虚无刑（形），其裻冥冥，万物之所从生。”强调道是虚无而寂冥的，必须虚无而寂冥才合于道。如此论道，自然带有无为而冷静的色彩，认为万有皆必须如此，方能合道。合道所以为法，所谓“道生法”，观其下文，此处所谓的法并不是指法律或法治，而是指生、动、事、言乃至万事万物所当遵循之法理或法度，因时因地而有所不同。①

紧接着，作者提出法的基础在于形名这一深刻的观念。法家韩非子以“循名责实”这一点为中心思想，看来源于黄老之学。②《经法》说：

> 见知之道，唯虚无有。虚无有，秋毫成之，必有刑（形）名，刑（形）名立，则黑白之分已。故执道者之观于天下殹（也），无执殹（也），无处也，无为殹（也），无私殹（也）。是故天下有事，无不自为刑（形）名声号

---

① 熊铁基指出，“黄老帛书”中的法应为法则、规律之意，而非法治或法令意，论者以为卓见。（熊铁基：《秦汉新道家略论稿》，上海人民出版社1984年版，第83～89页；阎鸿中：《试析〈黄老帛书〉的理论体系》，载《台大历史学报》1990年第15期。）“黄老帛书”中的法诚非法治或法令，然窃谓“法则、规律”二词仍太具普遍性，道家因时而变化，不如用法理或法度二字为宜。陈鼓应亦以“法度”释此处之法字。陈鼓应注译：《黄帝四经今注今译——马王堆汉墓出土帛书》，商务印书馆2007年版，第3页。

② 《韩非子·定法》：“术者，因任而授官，循名而责实，操杀生之柄，课群臣之能者也，此人主之所执也。”

矣。刑（形）名已立，声号已建，则无所逃迹匿正矣。①

“虚无刑（形），其裻冥冥”，所以能生万物与万异之法。执道者必虚其心以观天下之物，得秋毫必察之形名，如此万物黑白分明。执道者并应本其无处、无为、无私之虚，以观万事，得其“自为”之“形声号”，以验之于已立之形名，则万事“无所逃迹匿正”。这一段讲法非常深刻，关键在于虚其心以察形名与各自之实情，也正是“循名责实”。相较之下，儒家的正名思想，讲的是君臣父子等伦理与政治之名，此处的“形名”，则包含万事万物。虚心察物的形名，带有相当高的客观性与普遍性，容易让我们联想到西方近现代的法理思想。不过前文说“动有害，曰不时”，后文又说“贵贱有恒立（位）”“密察于万物之所终始”，可见此形名并非西方理性化、超越时空性的“名相”，而是安时处顺、万物万事各有其宜、不离有终有始之形而有的形名。

此种形名思想，源头上很深刻，可以无所不包，但落在现实运用上，容易偏重既有的形名，或者说“秩序”层面，而较不重视人心的情感与意欲。黄老强调“虚寂”，与儒家以情感、仁德、人伦为本不同。中国思想史上关于大道的性质有千万种争论，稍有偏移，就会产生不同的派别。黄老以“虚无”“寂冥”论道，倾向于认为“有欲”“动”或“言”“事”都容易产生患害，所以要尽量减少个人的“欲”“动”“言”“事”，以安天下，并以形名制其不法之处。

所谓：“刑（形）名立，则黑白之分已。故执道者之观于天

① 陈鼓应注译：《黄帝四经今注今译——马王堆汉墓出土帛书》，商务印书馆 2007 年版，第 10 页。

下殹（也），无执殹（也），无处也，无为殹（也），无私殹（也）。"① 执道者必须将"无执、无处、无为、无私"，以观道、法、形名。纯从心态论，"无执、无处、无为、无私"似与孔子的"勿意、勿必、勿固、勿我"差别甚少，然而"无处、无为"较偏重虚无其所在及其身份规定之所为而言，与儒家注重维持礼制与身份大不同。普遍之法，乃由此生。

唐兰曾指出，黄老思想重形名，比起老子有一种积极性。他说：

《老子》尽管也讲到"名"，但认为"无名天地之始，有名万物之母"，主张"镇之以无名之朴"，"始制有名，名亦既有，夫亦将知止，知止所以不殆"。②

老子对名较偏重无名的状态。唐兰认为"这是倒退的哲学"。而"古佚书四篇是进取的。它把'刑（形）'和'名'对称。'刑名'之说，是从黄帝之言才开始有详尽发挥的。古佚书四篇都讲刑名之说，这一条线是贯串全书的"③。老子既然认为"有名万物之母"与"始制有名"，就并非不肯定名，或完全是倒退的哲学。然而相较之下，黄老确实如唐兰所指出的比较看重形名在政治社会上的意义。

唐兰同时指出，黄老的形名说是一种具体的、为法家先导的观念：

---

① 陈鼓应注译：《黄帝四经今注今译——马王堆汉墓出土帛书》，商务印书馆 2007 年版，第 10 页。

② 唐兰：《马王堆出土〈老子〉乙本卷前古佚书的研究——兼论其与汉初儒法斗争的关系》，载《考古学报》1975 年第 1 期。

③ 唐兰：《马王堆出土〈老子〉乙本卷前古佚书的研究——兼论其与汉初儒法斗争的关系》，载《考古学报》1975 年第 1 期。

有物将来，其刑（形）先之，建以其刑（形），名以其名。

先有形、后有名，不是抽象、唯心的观念。① 所谓“刑（形）名立，则黑白之分已”。唐兰又指出：“此书前面说‘法者，引得失以绳，而明曲直者殹（也）’（一行）”。可见用审名察形的办法来明曲直，知得失，就可以立法，用法来治国，所以刑名之说是新的法家的主要论点。‘循名究理’，有了‘法’才能公正，‘使民之恒度，去私而立公’（七行）。”②

汉初，尤其是文景之治时期，并用黄老、形名之术。而法家的形名之术，正本于黄老。其基本思想是：如果能虚齐心以清楚地看到万物自然生具的形与名，并依其定法，则黑白、是非、得失皎然，可以用此客观清静的法理与形名治天下。这与儒家本于宗族与封建体制所建立的礼制与仁义之道有根本性的不同。黄老与法家一方面较无为、清静，另一方面严厉要求百姓守法。这与西方的法治较类似，但源头又颇为不同。

无论是黄老还是《韩非子》所论之法，均源于自然之理，而西方的“法”的源头是超越之理，核心来自宗教或理性的超越世界。自然之理与超越之理不同，前者是万物自身的理路，后者则源于神、上帝或理性所规定的超越之法则。二者都看重客观、普遍也较平等的理与法。汉初用黄老形名而大治，之后汉武帝虽然独尊儒学，但汉人为官，必先学法，而后达而学儒。

---

① 唐兰：《马王堆出土〈老子〉乙本卷前古佚书的研究——兼论其与汉初儒法斗争的关系》，载《考古学报》1975 年第 1 期。

② 唐兰：《马王堆出土〈老子〉乙本卷前古佚书的研究——兼论其与汉初儒法斗争的关系》，载《考古学报》1975 年第 1 期。

“黄老帛书”的发掘与研究，不仅使我们进一步了解汉文帝乃至汉代的治理方式，而且使我们进一步认识了整个中华王国背后的法系思想。

道生法与形名思想极为重要，因为这是中华法系的重要源头。中华法系的源头，除了早期法家的严刑峻法，另一个极重要的源头就是道家。从老子到黄老、再到法家，这条道路源于“道生法”，道是虚无的、“其寂冥冥”的。这是因为人间有太多欲望与不当的动，于是要以形名规定它的黑白，让：

> 公者明，至明者有功。至正者静，至静者圣。无私者知（智），至知（智）者为天下稽。称以权衡，参以天当，天下有事，必有巧验。①

这样立出的一套法，虽也诉诸“超越”的“天当”，却不是西方神学或存有学的超越源头，它不是神圣立法、不是《十诫》，而是在虚静的情况下所认识的天地恒常之道：

> 天地有恒常，万民有恒事，贵贱有恒立（位），畜臣有恒道，使民有恒度。天地之恒常，四时、晦明、生杀、鞣（柔）刚。万民之恒事，男农、女工。贵贱之恒立（位），贤不宵（肖）不相放。畜臣之恒道，任能毋过其所长。使民之恒度，去私而立公。变恒过度，以奇相御。正、奇有立（位），而名〔形〕弗去。凡事无小大，物自为舍。逆顺死生，物自为名。名刑（形）已定，物自为正。②

---

① 陈彭应注译：《黄帝四经今注今译——马王堆汉墓出土帛书》，商务印书馆2007版，第16页。

② 陈彭应注译：《黄帝四经今注今译——马王堆汉墓出土帛书》，商务印书馆2007版，第25页。

因为“天地有恒常”，所以推出“万民有恒事，贵贱有恒位，畜臣有恒道，使民有恒度”，乃至“男农、女工”“贤不宵（肖）不相放”“任能毋过其所长”“去私而立公”。重点是逆其名则死，顺其名则生，此所以“物自为名”。“名刑（形）已定，物自为正”，要让事物都能在其名形所规定的恰当的位置上。虽然他所认识到的恒常之道，仍深受臣、民、贵贱、男女等当时观念的影响，而且是从君位出发，但此种思维效法天地恒常之道，超越了封建宗法秩序，所以能超越宗族，建立直接统治全民的新形态帝王之国所需的普遍性，而符合秦汉帝王国家的需要。

“名刑（形）已定，物自为正”固然是黄老学极高的成就，然而“名形已定”日久，必然产生僵化、失实且失时的问题。要避免或矫正这种情况，就必须回到道原，回到无名无形的原初之地，才能使大道生生不息。《道原》开宗明义说：

> 恒无之初，迥同大（太）虚。虚同为一，恒一而止。湿湿梦梦，未有明晦，神微周盈，精静不巸（熙）。古（故）未有以，万物莫以。古（故）无有刑（形），大迥无名。天弗能覆，地弗能载。小以成小，大以成大。盈四海之内，又包其外。在阴不腐，在阳不焦。一度不变，能适规（蚑）侥（蛲）。鸟得而蜚（飞），鱼得而流（游），兽得而走。万物得之以生，百事得之以成。人皆以之，莫知其名，人皆用之，莫见其刑（形）。①

“恒无之初，迥同大（太）虚”，以无形、无名、无相之

① 陈彭应注译：《黄帝四经今注今译——马王堆汉墓出土帛书》，商务印书馆2007年版，第399页。

太虚为道之原。“虚同为一，恒一而止”，直指此原初一而不分、无任何分别名相的状态。“湿湿梦梦，未有明晦”，带有一种气化混沌，尚无阴阳明暗之别的意味。“神微周盈，精静不邸（熙）”，当指相应于此恒无与太虚的一种精神状态，或谓先天太虚之气的状态。“古（故）未有以，万物莫以”，指其若不存在，万物也似乎并不依赖它。太虚无形无名，在天地成形之先，所以“天弗能覆，地弗能载”。此道既可以精微地成就小物，也可以广袤地成就大物。既盈于四海之内，又包覆其外。在阴位不会腐朽，在阳位不会焦毁。专一贯彻其衡度，而宜于各种生物。以上申论大道的基本性状，而后接续讲鸟、鱼、兽、万事与人都得之以生以成，却莫知其名，也莫见其形。

相应于恒无之初与太虚，黄老与道家强调“守一”方能生物，同时必须要虚静才能看清万事万物。表面上看，这有点类似今人所谓的客观，因其强调去除一切主观立场与意念。然而西方所谓的客观，是透过超越主观情感的逻辑理性去论证事物的本质，并用合乎逻辑的语言去精密描述此本质。其客观性不离逻辑与理性。此处所形容的则是自然理路与天然理路。它企图抓住的是一种天然理路，“鸟得而蜚（飞），鱼得而流（游），兽得而走。万物得之以生”，所形容的都是天然理路。这些看法充分为后世的儒道两家所吸收。在原道的基础上，王者以其“虚而无欲之心，观天地万有之道”而立法，使万民各得其分，万物各正其名，则可以长治久安：

> 上虚下静而道得其正。信能无欲，可为民命；上信无事，则万物周扁：分之以其分，而万民不争；授之以其名，

而万物自定。不为治劝，不为乱解（懈）。①

学习黄老的法家重视“循名责实”。譬如，名为农，就当致力农事；名为工，就当致力工事。设官分职，这位臣子适合做什么事，那位臣子适合做什么事，“任能毋过其所长”，都要放在适当的位子上。如此为一切人与事定名，然后根据臣民所为是否名副其实加以刑赏，则天下一切事情自然办得妥帖如分。

这是秦汉以降中国官僚体制的思想起源，也是中国法系的起源。中国体制赖此顺利完成从封建到郡县王国的巨大转换，这不能不说是黄老与受其启发的法家思想之伟大贡献。若以现代的角度分析批评之，则黄老思想不能不说有其客观性，但缺乏“超越性”。换言之，它有较高的普遍性，但缺乏绝对的普遍性。

“法”的本字是“灋”，其义为：“刑也。平之如水，从水；廌，所以触不直者；去之，从去。”（《说文解字》）刑所以罚罪，引申为模范义。“道生法”，凡形（刑）与名都有它的客观性，执道者“平之如水”，合者存之，不合者触而去之，此所以为法。此种法的根源是自然的法理，或者说天地所生的形名自然内蕴的规范，与西方超越的法理观有本质性的差异。超越的法为上帝或神明所制定，人必须遵守。基督教的十诫与其法理学，背后还有强烈的原罪观念，与人性或物性之自然无关。从柏拉图到康德的法理学，则假设一超越存在的唯心论道德世界，为人类理性所依归。相较之下，自然的法理源于天地万物内蕴的道，顺生逆死，含义极其深远，而且不必建立在对于神明或理性所建筑的超越性世界的假设上。

① 陈鼓应注译：《黄帝四经今注今译——马王堆汉墓出土帛书》，商务印书馆 2007 年版，第 409 页。

中华法系源于李悝的法典，一开始就表现出统治者以严刑峻法维系社会秩序与治国的企图，其法缺乏道德性与自然性的基础。众人不敢犯法，主要是因为犯法的后果严重。等民智稍开之后，一般人容易“玩法”或“避法”，只求没有不好的后果，内心对法并无尊重。当治世时，如果刑法规定得很清楚、严明，人们会守法。这是因为王者或霸者规定如此，人民不得不这么做，且这守法也大有助于社会秩序，一般人会遵守。然而当政治与社会发生变乱，人们也很容易抛弃法规，回到自然人性与家族伦理。中国自古一治一乱，各朝之法难以长久，因此儒家从来认为家族伦理才能长久延续，是政治与社会秩序更为重要的根本。

初期法家的根本问题在于无法脱离王政或霸术，也就是无法脱离现实政治，缺乏可大可久的基础。到了黄老之学提出“道生法”，指出天地所生的万物，各有其可顺不可逆的形名，为万法的根基，应顺应自然。这就为法提出了一个超越现实政治的“恒常性”，从而自然带有一定的“超越性”。此种“恒常性”建立在天地自然内蕴的理路之上，与西方强调的“外在”超越的神学或存有学化的法理学有本质性的不同。

世界上最重要的法系：一是西方法系，一是中华法系，一是伊斯兰教法系（源于广义的西方），一是印度法系。除中华法系外，其他三种都很受宗教的影响。印度教相信万有皆神，其神明与法理系统均极其复杂。而西方法系与伊斯兰教法系属于一神教，其法律体系严明，富有超越性，可以绵延数千年，影响强大。中华法系属于自然法，但不是罗马法的自然法概念。罗马的自然法从开始是受希腊哲学超越性理念的影响。中国道家与黄老式的自然法理不是西方超越性的自然法。

黄老的自然法理观不具有超越时空的特性，因后者起源于透过理性所获得的超时空“理相”，名之为自然法，其实具有从灵魂与理性所获得的永恒性。自然法理观源于天地之道，也必须顺从天地自然的发展，是以不可能超越时间与空间。形名必须符合天地自然，王者也赖此行政。是以道所生之法有相当的“普遍性”，但没有绝对的超越性，可继承绵延，但需要也容易因时变化。历代有王者兴，都必须参酌古典与前代之法，重新订定法例，正反映了这个传统。

大抵而言，中国各种传统事物都有此特色，即较缺乏超越性与绝对化的普遍性（universality），却有因其形名所具有的普遍性。它的好处是能与时变化，但缺点是处理得不好时，客观性与普遍性似乎就大幅降低。大家都回到生物本能与家族关系中，而家族关系中是不重法的。即使如此，汉承秦法，后代又继承汉法，所以中华法系的绵延性其实很强。此法系既以儒家伦理为本，也深受黄老与法家的影响，对政治社会各方面的重要性依然很高。

在发掘黄老思想之前，一般读书人对于中华法系的看法往往是历朝历代都由王者配合其政治需要制法，一代有一代之法，只有工具性而缺乏长久意义。大多数儒学出身的学者，尤其容易认为“法”这一概念，在整个中华文明中始终不具有根本意义，礼的重要性远大于法。然而夏、商、周三代封建固然以礼治不以法治，战国秦汉以降的帝制时期，法在中国体系中的重要性依然很高。时至中华人民共和国时期，依法治国的需求又更高。黄老与法家，正是中国迈向法治的第一阶段。虽然随着秦朝的崩溃，汉以下的中国一直是以礼治为主、法治为辅，所以法的地位只能是第二义。中华法系始终未能如西方法系在政治社会中取得第一义的地位，而且中国人又常以重情理过于法著称，虽然如此，中华法系依然有其重要性，所以必须深入探讨。以下将进一步探索其“名”与“理”的基础。

三、称其自然而生之名理

“黄老帛书”的第三篇为《称》，该篇讨论的是如何称量、权衡事物到恰如其分的问题。而其背后有一套以变化生成为本，特别重视事物的阴阳辩证性转化关系的世界观。唐兰最早指出：“第三篇《称》，主要讲的是朴素的辩证法。”① 陈鼓应则指出：“本经主旨就是通过对阴阳、雌雄（节）、动静、取予、屈伸、隐显、实华、强弱、卑高等等矛盾对立转化关系的论述，为人们权衡选择出最正确、最得体、最有效的治国修身的方案。篇终整整一大段专论阴阳，初步建立了阴阳体系的框架，为后世阴阳五行学说理论的最终建立奠定了基础。”② 这进一步显示出“黄老帛书”背后的理路是自然变化之理，而且是一种内含阴阳变化，类似于易道之理，并可能开启了《易传》的思想。

《称》开篇说：

> 道无始而有应。其未来也，无之；其已来，如之。有物将来，其刑（形）先之。建以其刑（形），名以其名。其言胃（谓）何？环□伤威，弛（弛）欲伤法，无隋（随）

① 唐兰：《马王堆出土〈老子〉乙本卷前古佚书的研究——兼论其与汉初儒法斗争的关系》，载《考古学报》1975 年第 1 期。

② 陈鼓应注译：《黄帝四经今注今译——马王堆汉墓出土帛书》，商务印书馆 2007 年版，第 344 页。

伤道。数举参（三）者，有身弗能葆（保），何国能守？①

“道无始而有应”，所以事物还没来的时候，要以无待之，才能不以己意扰害之。事物来时，则当顺之、如之，才能正确地认识它。这与老子说的“常无欲，以观其妙；常有欲，以观其徼”是同样的道理。无时可观其妙，有时则要顺着事物观其所至。“有物将来，其刑（形）先之。建以其刑（形），名以其名。其言胃（谓）何?”《老子》说“道生之，德畜之，物形之，势成之”，天地大道生出万物，以德畜之，因物形之，因势成之。有物要来，是指天地将要生出物的状态，其形必先之，由此而定事物之名。过程中绝不能以己意扰害之，否则失真害道。“环□伤威，秬（弛）欲伤法，无隋（随）伤道。”意指如果乱刑则伤威，放纵欲望则伤法，不随之则伤道。如果这样，“有身弗能葆（保），何国能守?”这是说天地造化有其自然的理路，不明知循之，则不能保身，不能守国，这番说法意旨深远。这种确立形名的方式，也属于自然理法。

在自然理法的世界，时间或说“知时”，是最关键的因素：

> 时若可行，亟应勿言；［时］若未可，涂其门，毋见其端。天制寒暑，地制高下，人制取予。取予当，立为［圣］王；取予不当，流之死亡。……时极未至，而隐于德；既得其极，远其德，浅［致］以力；既成其功，环还复其从，人莫能代。②

---

① 陈彭应注译：《黄帝四经今注今译——马王堆汉墓出土帛书》，商务印书馆 2007 年版，第 345 页。

② 陈鼓应注译：《黄帝四经今注今译——马王堆汉墓出土帛书》，商务印书馆 2007 年版，第 362 页。

知时方知何时当言、当动，何时绝不当言、不当动。取予得当，可为圣王；不当，则流于四方，国亡身死。人的出入进退，完全要看时机。时机不到，则潜修其德；时机大至，则广施其德，而后功成身退，收踪敛迹。这既是典型的道家思想，也成为《易传》的重要内涵。“黄老帛书”中，“时”的概念凡65见，可见其重要性。既然强调因时变化，所以凡事必须注意其“时”与“位”。《称》说：

> 奇从奇，正从正。……首变者凶……圣人不为始，不剸（专）己，不豫谋，不为得，不辞福，因天之则。①

特殊的，便应照特殊的办理；常态的，便应照常态的办理。起头变革的凶险，圣人不起头，不执于己，不先预谋，不谋求索取，也不放过福祥，凡事顺着天然之则。从这些话来看，“黄老帛书”所说的，完全是自然理法，而非超越性的普遍法则，而且很可能由此下开《易传》中有关时位的阐释。

要掌握此种因时变化的自然理法，最重要的不是理性或逻辑，而是虚心感应，一种随着所处之不同，随时因应整体环境的动态感应。②《法经·道法》说：

> 故唯执道者能虚静公正，乃见〔正道〕，乃得名理之诚。③

《论六家要旨》说：

> 道家使人精神专一，动合无形，澹足万物。其为术

① 陈鼓应注译：《黄帝四经今注今译——马王堆汉墓出土帛书》，商务印书馆2007年版，第348页。

② 吴展良：《动态感应与理性分析》，载儒家网2019年7月15日。

③ 陈鼓应注译：《黄帝四经今注今译——马王堆汉墓出土帛书》，商务印书馆2007年版，第188页。

也，因阴阳之大顺，采儒墨之善，撮名法之要，与时迁徙，应物变化，立俗施事，无所不宜，指约而易操，事少而功多。……有法无法，因时为业；有度无度，因物兴舍。故曰圣人不朽时变是守。虚者道之常也，因者君之纲也。①

正体现了这个意思。

然而不可过度强调黄老自然理法的因时变动性，在帛书当中，明显同时强调法、形、名、理等概念，从而赋予其特定的法度与理则性。上文“因天之则”紧接着说：

失其天者死，欺其主者死，翟其上者危。心之所欲则志归之，志之所欲则力归之。②

失其天、欺其主、翟其上，都会造成或死或危的问题，可见此名此理不可犯。黄老本天，重天道，所以首言“失其天者死”。秩序要从主、上建立，普遍用于人民。它与封建时代最大的差别在于，封建时代的一切理路是源自宗法扩大的家族伦理，但黄老与法家不看重父子、夫妇、兄弟、朋友，甚至也不是直接讲君臣，而是讲整个天下如何符合无所不在的天道，形成一种秩序。它所关心的是身与国，中间跳开了家，而儒家的根本是家。道家、黄老与法家的一大特色是始终倾向于先讲国、讲政教，接着强调一定要修身、修己，如此才能合于理想的政教。在此意义上，他们较儒家更接近现代性。

---

① 〔清〕严可均编：《全上古三代秦汉三国六朝文》，中华书局 1958 年版，第 539 ~ 540 页。

② 陈鼓应注译：《黄帝四经今注今译——马王堆汉墓出土帛书》，商务印书馆 2007 年版，第 348 页。

“黄老帛书”还特别提出一种符合天地自然四时之道的政教秩序。《经法·论约》说：

始于文而卒于武，天地之道也。四时有度，天地之李（理）也。日月星晨（辰）有数，天地之纪也。三时成功，一时刑杀，天地之道也。四时而定，不爽不代（忒），常有法式，〔天地之理也〕。一立一废，一生一杀，四时代正，冬（终）而复始，人事之理也。① ……顺则生，理则成，逆则死，失“则无”名。伓（倍）天之道，国乃无主。无主之国，逆顺相功（攻）。……不循天常，不节民力，周迁而无功。养死伐生，命曰逆成。不有人僇（戮），必有天刑。

指出天地有道、四时有度、日月星辰有数，王者之行政必须遵行。此处所言，下开《吕览十二纪》《淮南子·时则》《礼记·月令》一系列要求行政与人事必须与天道、时令严谨搭配的阴阳思想，影响极其宏大。② 若论其实，《十二纪》《时则》《月令》的内容，不免推衍太过，“黄老帛书”中原本的理论，似乎更近于实际。“黄老帛书”的写法，表现了一种发现了天地、四时、日月星辰运行的自然法理的了悟与警觉，所以用之警惕国主，必须“循天常”、“节民力”、依四时而行政事，不可“养死伐生”，逆天而行，以遭“天刑”。这些话，到今天都非常有价值。

---

① 陈鼓应注译：《黄帝四经今注今译——马王堆汉墓出土帛书》，商务印书馆 2007 年版，第 166，169 页。

② 陈丽桂：《黄老与老子》，简帛网，http：//www. bsm. org. cn/show_ article. php? id = 1290。

黄老思想特重阴阳，帛书《称》这一篇，特别以阴阳大义作结：

凡论必以阴阳□大义。天阳地阴，春阳秋阴，夏阳冬阴，昼阳夜阴。大国阳，小国阴；重国阳，轻国阴。有事阳而无事阴，信（伸）者阳而屈者阴。主阳臣阴，上阳下阴，男阳〔女阴，父〕阳〔子〕阴，兄阳弟阴，长阳少〔阴〕，贵〔阳〕贱阴，达阳穷阴。取（娶）妇姓（生）子阳，有丧阴。制人者阳，制于人者阴。客阳主人阴。师阳役阴。言阳黑（默）阴。予阳受阴。①

此处将天地、四时、昼夜、大小、轻重、主臣、男女、兄弟、父子、长少、上下、喜丧、贵贱、穷达、主客等一切常见事物都做了阴阳二分。② 大抵以动者、有光热者为阳，以静者、暗或冷者为阴；以阳为主，以阴为从。这番思维充分为后世所继承。结尾处说：

诸阳者法天，天贵正；过正曰诡，□□□□祭乃反。诸阴者法地，地〔之〕德安徐正静，柔节先定，善予不争。此地之度而雌之节也。③

并重阴阳，而非崇阳黜阴，应归结于地道的雌柔不争。帛

① 陈鼓应注译：《黄帝四经今注今译——马王堆汉墓出土帛书》，商务印书馆 2007 年版，第 394 页。

② 学者或谓此处："一切正面的、好的，都归属'阳'；负面的、低下的、坏的，都归属'阴'。"（陈丽桂：《黄老与老子》，简帛网，http：//www.bsm.org.cn/show_ article.php？ id = 1290），恐非。例如，"客阳主人阴。师阳役阴。言阳黑（默）阴"，岂有阳皆善之义。

③ 陈鼓应注译：《黄帝四经今注今译——马王堆汉墓出土帛书》，商务印书馆 2007 年版，第 394 页。

书尊“雌之节”，可见老子归本于清静雌柔之意，在积极进取之中，犹存清虚之旨。

在观察、权衡事物是否精密地符合名理以断其曲直的过程中，黄老学喜欢透过对各种矛盾对立关系的论述，教人们如何做出最佳的治国、修身的方案。如：

> 帝者臣，名臣，其实师也；王者臣，名臣，其实友也；朝（霸）者臣，名臣也，其实〔宾也。危者〕臣，名臣也，其实庸也；亡者臣，名臣也，其实虏也。①

同篇说“主阳臣阴，上阳下阴”，然而此处力言师其臣、友其臣乃至宾其臣的重要性。这貌似是叙述君臣对立且有上下，其实是强调在上者当重其下，居阳位者当重其阴的关系。

此种辩证性思维也影响了韩非子与兵家：

> 二柄者刑德也。何谓刑德？曰：“杀戮之谓刑，庆赏之谓德”。(《韩非子》)

刑与德正好相反对立，二者必须并重，因时而动，方能治天下。这个过程，是将原本浑沦的道，落实到具体事物上，观其理、知其名，然后定刑赏。能善用此对立的两者，方能应万事万变。兵家所谓“黄帝刑德，可以百胜”（见《尉缭子》），也正是这个道理。由此推广出去，乃有“天官时日，阴阳向背”等阴阳五行家所谓“刑杀”的说法。② 乃至后世算命学中多讲刑杀、天刑、天德之种种，这都是受到了黄老思想的影响。

---

① 陈鼓应注译：《黄帝四经今注今译——马王堆汉墓出土帛书》，商务印书馆 2007 年版，第 352 ~ 353 页。

② 唐兰：《马王堆出土〈老子〉乙本卷前古佚书的研究——兼论其与汉初儒法斗争的关系》，载《考古学报》1975 年第 1 期。

在此基础上，我们可以进一步探索黄老所重视的“理”，也就是对于具体事物所内含的理路的认识。唐兰曾首先指出：“《老子》经常讲‘道’而不讲‘理’。这本《黄帝四经》却非常注重理。”①《经法》载：

物各〔合于道者〕，胃（谓）之理。理之所在，胃（谓）之〔顺〕。物有不合于道者，胃（谓）之失理。失理之所在，胃（谓）之逆。②

大抵上，战国中后期以后讲理的人渐多，人们认识到理的问题。在中国先秦思想的发展道路上，早期偏重讲道，后期论理，这显示出政治社会文化本身及知识的复杂化，非常重要。在战国中后期，如庄子、荀子、韩非等人都重视理。由此可见，观察事物运作变化所不能不循的理路之需要渐趋重要，复杂的事理也愈趋明晰。上文所谓“物有不合于道者，胃（谓）之失理”，可见理出于道，是道的分化。

儒家本来不太讲“理”字，而是讲“道”，《论语》说：“性与天道，不可得而闻也。”“吾道一以贯之。”这里的“道”是笼统广包而不宜具体地讲的。《老子》与《论语》不言“理”字，《庄子》言“天理”，“理”字仅一见。《孟子》言“理义”“条理”“理于口”，用“理”字计 7 次。“黄老帛书”篇幅有限，用“理”字计 36 次；《中庸》与《荀子》亦好用“理”字。“理”字大行于黄老，而后被《荀子》等儒家吸收。由此

---

① 唐兰：《马王堆出土〈老子〉乙本卷前古佚书的研究——兼论其与汉初儒法斗争的关系》，载《考古学报》1975 年第 1 期。

② 陈鼓应注译：《黄帝四经今注今译——马王堆汉墓出土帛书》，商务印书馆 2007 年版，第 130 页。

可证，很多现在认为是儒家的思想，包括《荀子》及战国时期形成的儒家经典，其实往往来自诸子百家，而不是单纯地从原始儒家而来。黄老思想在其中也扮演了一个重要角色。①

黄老重形、名、法又重理，同时深入研讨如何严密地符合名理的问题。《经法·名理》说：

> 天下有事，必审其名。名□□循名厩（究）理之所之，是必为福，非必为材（灾）。是非有分，以法断之；虚静谨听，以法为符。审察名理冬（终）始，是胃（谓）厩（究）理。唯公无私，见知不惑，乃知奋起。故执道者之观于天下〔也〕，见正道循理，能与曲直，能与冬（终）始。故能循名厩（究）理。刑（形）名出声，声实调和。祸材废立，如景（影）之隋（随）形，如向（响）之隋（随）声，如衡之不臧（藏）重与轻。故唯执道者能虚静公正，乃见〔正道〕，乃得名理之诚。②

此节论经法，然名、理、道字反复出现，并以诸字循环互释，可见“循名厩（究）理”确实是关键，而法、名、理字均出于道。若能“循名厩（究）理”，则“如衡之不臧（藏）重与轻”，效果立现。

此处已论及权衡不失轻重，而《称》之一文，更重视权衡名理。唐兰曾指出：

---

① 至于汉代经学，学者早已明白其说不仅是受了儒家的影响，而且大量吸收了先秦诸子的说法。在诸家不断相互影响的情况下，研究者所要辨别的，是每家各自的主要特性。其实先秦各家都受到别家影响，这大体是中国思想的一大特色。

② 陈鼓应注译：《黄帝四经今注今译——马王堆汉墓出土帛书》，商务印书馆 2007 年版，第 187 ~ 188 页。

《老子》讲的“道”，没有讲到“平衡”。古佚书四篇则说，“应化之道，平衡而止。轻重不称，是胃（谓）失道”（六行）。“称”本来就是“秤”，是用来量轻重的工具，所以说“称以权衡”（四行）。“权”是秤锤，“衡”是秤杆，都借用来比喻事物的平衡。①

“应化之道，平衡而止。轻重不称，是胃（谓）失道”，其意思极为重要。要以“权”“衡”“称”来称事物的斤两，使其分毫不差，否则就是失道。所谓：

故□□（览）今之曲直，审其名，以称断之。②

观事情的曲直，必须仔细衡量它是否符合其“名”。形名为万事万物之本，所以凡事都必须依其名义仔细称量，审视其是否符合，这与现代法律人所做的事情，颇为相像。《管子·心术》“法出乎权，权出乎道”，是对道生法的“申释”。③ 法来自权横事物的轻重，而权衡之术出于道。所以论法首重权衡与称，且必须分毫不差，这样才能体现自然的法度与法理。

四、结论

黄老之学体现了稷下学者因应战国中晚期的形势，与田齐

① 唐兰：《马王堆出土〈老子〉乙本卷前古佚书的研究——兼论其与汉初儒法斗争的关系》，载《考古学报》1975 年第 1 期。

② 陈鼓应注译：《黄帝四经今注今译——马王堆汉墓出土帛书》，商务印书馆 2007 年版，第 388 页。

③ 陈鼓应注译：《黄帝四经今注今译——马王堆汉墓出土帛书》，商务印书馆 2007 年版，第 49 页；唐兰：《马王堆出土〈老子〉乙本卷前古佚书的研究——兼论其与汉初儒法斗争的关系》，载《考古学报》1975 年第 1 期。

称霸称王的需要，所发展出来的一套非常积极进取，又足以支撑整个文明体系各方面发展的学说。此学说以道家与阴阳家为本，吸收了儒、墨、兵家的内涵，而以道、法、理、形、名之说为中心，建立其宏大的政教体系。黄老之学认为，一切的法、理、形、名是从无形无名，作为万物之始，从“无始而有应”的道而来。人心必须虚静专一，方能看清楚它的内含与起伏变化。因其直探根本，如实对应万物与万变，所以蕴含无穷，而可以生出并吸收各种学理，成为战国晚期至汉初最重要的一种学说体系。此道、法、理、形、名之学，成为申不害与韩非学术思想的基础，也开启了汉代的形名法理之学，从而成为中华法系的基础。本文企图指出“黄老帛书”中的道、法、理、形、名思想，主要表现出一种“自然法理学”的特质，与西方法系之根源于“超越性法理”有本质性的不同。

传统上常认为中华法系源于李悝以治民为目标的严刑峻法，其主要是为专制君主服务的，并对韩非的学术也采取类似的认识。殊不知韩非之学“本于黄老”，有深刻的“自然法理学”基础。《韩非子》一书中，本有大量有关天地自然之法理的论述，可惜多为后人所忽略。黄老之学的再发现，可以让我们对中华法系的根源有跳跃式的新认识。

不仅如此，因为立法者均为君王大臣，所以即使号称虚无因应，所立之法依然难免有其障蔽与限制，为政者更应时时回到“道原”，以检视其所立之法是否依然符合天地之道、自然之理。这样就可以大幅延长此种法律体系的生命。

从好的方面看，古人也并非不守法，只是必须衡情论理，才能彰显自然法理的精神。儒、道、法混融的中国社会讲究所谓的“情理法”，情理常在法之上。如果硬要人民不问条件地遵守政府所立之法，反而容易造成系统性崩溃，秦朝就是一个典型的例子，不可不为当政者戒。在传统的中华法系中，礼与法都必须顺乎人情、顺乎天地之道与历史文化发展的自然。换言之，符合自然、符合人情的礼与法才能长久。中华法系绵延数千年，其实有其伟大的价值与“持续性”。若不顺乎人情与人事立法，则人民是否守法守纪完全看当政者控制的力度，以及社会当时是否尚称繁荣合理，势必难以持久。

法律的根源最为重要，当代西方的宗教性与理性精神一衰，西方人民守法的态度立刻随之而衰，不法失序的情况激增，这是西方当代所面临的一大根本问题。西方学界有深识者普遍认识到超越性概念的崩溃，是西方当代学术思想与文化最本质性的问题。此因西方传统上一切事物的道理源于超越性本体——事物不变的存有性（ontological）源头以及与之相应的不变真理。从19世纪后期以降，此种思想逐渐崩溃，变化（becoming）盖过了存有（being），使超越性学理再也无法重建。任何建立于宗教、理性观念或超越的本体世界、超越的形上世界、不变的真理的思想，都快速崩毁，从而需要一套新生事物。

中华法系的传统固然也有不少缺点，中间更受到专制暨封建思想的各种扭曲，但其自然法理的源头是高超而有道理的。如何继承此传统，取其长而去其短，以用于现代社会，这当然需要做长期而深入的探讨。但无论是从中国的传统还是从西方现当代的思想文化而言，未来中华法系的根源，都依然难以走向超越性法理。因为宗教性或理性主义的源头，在西方已经衰落了，而在中国更是从来难以建立。是以我们今天不能小看黄老之学所揭示的自然法理学，它很可能依然会是未来中华法系必须依靠的根源。

当代论黄老道家思想的价值，往往多从其所具有的自由、民主乃至法治的内涵立论。这种看法确实有一定的道理，然而若论其实，中国的黄老思想，虽具有一定的自由民主法治倾向，却基本上属于另一体系：一个凡事从整体出发，深观作为世界根本的天地人事之道，从而深论当如何掌握与调节整体运行之理的体系。此体系最适用于大型的帝王之国，而非事事从个体出发，起源于城邦或小国的自由民主政治。本文主要分析了黄老系法理与西方法理的根本性差异。日后当进一步分析黄老式鼓励万民自发与自主的所谓“自由民主思想”与西方现当代自由民主思想的根本差异。但此处必须说明的是，中国体系自古有其特性，几千年来也始终走着与西方文明不同的道路。无论我们多么欣赏西方现当代的种种成就，当我们讨论黄老思想的价值时，都必须从中国自身的背景与特色出发。

齐文化的创新精神

宣兆琦
（山东理工大学教授）

创新是人类特有的认识能力和实践能力，是人类主观能动性的高级表现；创新是一个民族进步的灵魂和社会发展的不竭动力，也是中华民族最深沉的民族禀赋和文化繁荣昌盛的不竭源泉。一个没有创新能力的民族，是难以屹立于世界民族之林的。一个民族要想走在时代前列，就一刻也不能没有创新思维，一刻也不能停止各种创新。由此反观齐文化，不难发现齐人的创新精神正是齐国繁荣富强和文化高度发达的主要原因。本文将围绕齐人的理论创新、制度创新和科技文化创新等问题展开论述。

一、齐人的理论创新

理论创新是指人们在社会实践活动中，对出现的新情况、新问题，做出的新的理性分析和理性解答，对认识对象或实践对象的本质、规律和发展变化趋势做出的新的揭示和预见，对人类历史经验和现实经验做出的新的理性升华。创新的先导和关键是思想解放。一个观念陈旧、思想僵化的人、群体或民族是没有创新可言的。先秦齐人的创新理论恰恰导源于其思想解放。

（一）姜太公的思想解放与理论创新

姜太公是我国上古时期思想解放的杰出政治家。殷商是一个被神权支配的社会，殷人率民以敬神，上起王公、下至百姓，无不信神、敬神。在殷人眼中，王权是神授的，整个社会都受神的主宰，因而殷人的一切活动都要首先询问神的旨意。该时期留下来的大量龟甲卜辞就是有力证据。然而，姜太公反其道而行之。据史载，周武王伐纣，卜筮曰逆，占曰大凶。姜太公推蓍蹈龟而曰："枯骨死草，何知吉凶。"（《论衡·卜筮》）这对于笃信天命，动辄听命于鬼神的时人来说，无疑是当头棒喝。姜太公以其超人的坚毅，果敢地稳定了军心，最终赢得了牧野之战的胜利。姜太公的这种坚毅、果敢来源于他的思想解放，而思想解放的成果是理论的创新。姜太公的理论创新与创新的理论成果主要有以下诸项：

其一，"天下为公"理论的提出。自启之后，我国历史上便开始了王位世袭制。大致说来，夏朝基本上推行"父死子继"，商朝基本上推行"兄终弟及"，而周朝推行的是"嫡长子继承制"。从此，公天下变为家天下了。家天下和私天下是一回事，私天下的意思就是把天下当成自己或者自己家族的私人物品，本质上仍然是家天下。《诗经·小雅·谷风之什·北山》有言曰："普天之下，莫非王土。率土之滨，莫非王臣。"这句诗揭示的就是私天下的本质。

私天下与公天下是截然相反的两种天下观。《礼记·礼运》说："大道之行也，天下为公，选贤与能，讲信修睦。故人不独亲其亲，不独子其子，使老有所终，壮有所用，幼有所长，矜、寡、孤、独、废、疾者皆有所养。男有分，女有归。货恶其弃于地也，不必藏于己；力恶其不出于身也，不必为己。是故谋闭而不兴，盗窃乱贼而不作，故外户而不闭，是谓大同。今大道既隐，天下为家，各亲其亲，各子其子，货力为己，大人世及以为礼，城郭沟池以为固，礼义以为纪。以正君臣，以笃父子，以睦兄弟，以和夫妇，以设制度，以立田里，以贤勇、知，以功为己。故谋用是作，而兵由此起。禹、汤、文、武、成王、周公，由此其选也。……是谓小康。”此之“大同之世”即公天下之世，“小康”则指私王下之世。其实，“天下为公”的理论早在殷末周初就已经产生，最早提出这一理论的是姜太公。对此，《六韬·文韬·文师》载：“太公曰：‘天下非一人之天下，乃天下之天下也。同天下之利者，则得天下；擅天下之利者，则失天下。天有时，地有财，能与人共之者，仁也。仁之所在，天下归之。免人之死，解人之难，救人之患，济人之急者，德也。德之所在，天下归之。与人同忧同乐，同好同恶者，义也。义之所在，天下赴之。凡人恶死而乐生，好德而归利，能生利者，道也。道之所在，天下归之。’”在当时的背景下，这一理论的提出足见姜太公的非凡智慧和超人勇气。

其二，“修道爱民”理论的提出。

殷商是一个神权和王权占统治地位的社会，当时的人们无不认为王权神授，君临天下，百姓只是会说话的工具而已，他们没有社会地位，没有人的尊严，只能为社会提供产品而不占有任何产品，只能为社会创造财富而不能拥有财富。正是在这种背景下，姜太公创造性地提出了“修道爱民”的理论。对此，贾谊在《新书·修政语下》载：“师尚父曰：‘吾闻之于政也，曰：天下圹圹，一人有之；万民蘩蘩，一人理之。故天下者，非一家之有也，有道者之有也。故夫天下者，唯有道者理之，唯有道者纪之，唯有道者使之，唯有道者宜处而久之。故夫天下者，难得而易失也，难常而易亡也。故守天下者，非以道则弗得而长也。故夫道者，万世之宝也。’”那么“万世之宝”的道是什么呢？姜太公认为是“爱民”。对此，《说苑·政理》载：“武王问于太公曰：‘治国之道若何？’太公对曰：‘治国之道，爱民而已。’曰：‘爱民若何？’曰：‘利之而勿害，成之勿败，生之勿杀，与之勿夺，乐之勿苦，喜之勿怒，此治国之道，使民之谊也，爱之而已矣。民失其所务，则害之也；农失其时，则败之也；有罪者重其罚，则杀之也；重赋敛者，则夺之也；多徭役以罢民力，则苦之也；劳而扰之，则怒之也。故善为国者，遇民如父母之爱子，兄之爱弟，闻其饥寒为之哀，见其劳苦为之悲。’”同篇又载：“文王问于吕望曰：‘为天下若何？’对曰：‘王国富民，霸国富士，仅存之国富大夫，亡道之国富仓府，是谓上溢而下漏。’”几百年后，管仲如是说：“政之所兴，在顺民心；政之所废，在逆民心。民恶忧劳，我佚乐之；民恶贫贱，我富贵之；民恶危坠，我存安之；民恶灭绝，我生育之。能佚乐之则民为之忧劳，能富贵之则民为之贫贱，能存安之则民为之危坠，能生育之则民为之灭绝。……故从其四欲，则远者自亲；行其四恶，则近者叛之。故知予之为取者，政之宝也。”（《管子·牧民》）两者相较，姜太公的爱民、富民、利民的治国平天下理论与管仲的“从其四欲”如出一辙。可以说姜太公的“爱民之道”开启了管仲“以人为本”思想的先河。

（二）管仲的思想解放与理论创新

管仲是齐国历史上又一位思想解放、富有创新精神的杰出政治家和改革家。管仲生当春秋中前期，彼时周王室天下共主的局面已被打破，周天子的地位一落千丈，诸侯坐大，四夷交侵。恰如《公羊传·僖公四年》所言：“南夷与北狄交，中国不绝若线。”正是在这种背景下，管仲提出了尊王攘夷、称霸诸侯的宏伟战略。对此，《管子·大匡》载：“桓公二年，践位召管仲。管仲至，公问曰：‘社稷可定乎？’管仲对曰：‘君霸王，社稷定。君不霸王，社稷不定。’公曰：‘吾不敢至于此其大也，定社稷而已。’管仲又请，君曰：‘不能。’管仲辞于君曰：‘君免臣于死，臣之幸也。然臣之不死纠也，为欲定社稷也。社稷不定，臣禄齐国之政而不死纠也，臣不敢。’乃走出。至门，公召管仲。管仲反，公汗出曰：‘勿已，其勉霸乎！’管仲再拜稽首而起，曰：‘今日君成霸，臣贪承命。’趋立于相位。”

在创立首霸大业的过程中，管仲厉行改革，除旧布新，培育出了一批批崭新的理论成果。举其要者如下：

其一，以法治国理论。

管仲之前，我国古人治国有典、制、令、礼等，但无法问世，制定宪法以作为治理国家的根本大法创始于管仲。不仅如此，管仲还把立宪作为治国的首位工作，谓之“首宪”。

关于“首宪”，《管子·立政》说：“孟春之朝，君自听朝，论爵赏校官，终五日。季冬之夕，君自听朝，论罚罪刑杀，亦终五日。正月之朔，百吏在朝，君乃出令布宪于国。五乡之师，五属大夫，皆受宪于太史。大朝之日，五乡之师，五属大夫，皆身习宪于君前。太史既布宪，入籍于太府，宪籍分于君前。

五乡之师出朝，遂于乡官，致于乡属，及于游宗，皆受宪。宪既布，乃反致令焉，然后敢就舍。宪未布，令未致，不敢就舍，就舍谓之留令，死罪不赦。五属大夫，皆以行车朝，出朝不敢就舍，遂行。至都之日，遂于庙，致属吏，皆受宪。宪既布，乃发使者，致令以布宪之日，蚤晏之时。宪既布，使者以发，然后敢就舍。宪未布，使者未发，不敢就舍，就舍谓之留令，罪死不赦。宪既布，有不行宪者，谓之不从令，罪死不赦。考宪而有不合于太府之籍者，曰侈专制，不足曰亏令，罪死不赦。首宪既布，然后可以布宪。”

管仲进一步认为，法是理民一众的规范，行政施令的程序，判定是非的尺度，兴功止暴的利器，行止进退的准则。对此，《管子·七法》说：“尺寸也，绳墨也，规矩也，衡石也，斗斛也，角量也，谓之法。”《管子·禁藏》说：“法者，天下之仪也，所以决疑而明是非也，百姓所县命也。”《管子·七臣七主》说：“夫法者，所以兴功惧暴也。律者，所以定分止争也。令者，所以令人知事也。法律政令者，吏民规矩绳墨也。”总之，在管仲看来，法是治国之利器，用之则国安，弃之则国危。对此，《管子·权修》说：“凡牧民者，欲民之可御也。欲民之可御，则法不可不审。法者，将立朝庭者也。将立朝庭者，则爵服不可不贵也。爵服加于不义，则民贱其爵服；民贱其爵服，则人主不尊；人主不尊，则令不行矣。法者，将用民力者也。将用民力者，则禄赏不可不重也。禄赏加于无功，则民轻其禄赏；民轻其禄赏，则上无以劝民；上无以劝民，则令不行矣。法者，将用民能者也。将用民能者，则授官不可不审也。授官不审，则民闲其治；民闲其治，则理不上通；理不上通，则下怨其上；下怨其上，则令不行矣。法者，将用民之死命者也。

用民之死命者，则刑罚不可不审。刑罚不审，则有辟就；有辟就，则杀不辜而赦有罪；杀不辜而赦有罪，则国不免于贼臣矣。”

由上可知，以法治国是管仲在治国理政方面的一个理论创新。

其二，和谐国家建设理论。

和谐国家建设是管仲在治国理政方面的又一理论创新。

“和谐”一词最早出现于《管子》。《管子·兵法》说：“畜之以道则民和，养之以德则民合。和合故能谐，谐故能辑，谐辑以悉，莫之能伤。”意思是说，养之以“道”，人民就能和睦；养之以“德”，人民就能团结。和睦团结就能协调，协调就能一致，协调一致就无敌于天下了。《管子·立政》说：“令则行，禁则止，宪之所及，俗之所被，如百体之从心，政之所期也。”意思是说，有令则行，有禁则止，凡是法令所及和风俗所影响到的地方，就像四肢百体和内心一样地和谐，这才是行政所期望的最高目标。

《管子》认为，只有和谐，国家才能安定，政令才能贯彻，社会才能长治久安。对此，《管子·形势解》说：“君臣亲，上下和，万民辑，故主有令则民行之，上有禁则民不犯。”《管子·白心》说：“和则能久。”《管子·度地》说：“天地和调，日有长久。”

国家是由不同群体构成的。其中，老、弱、病、残、鳏、寡、孤、独者构成了一个特殊群体。这一群体的生活、生产乃至生命都面临着困难和危机，处于社会的弱势地位。如果弱势群体的问题得不到解决，要想使整个国家得以安定、达到和谐是不可能的事情。

为了解决弱势群体问题，《管子》提出了“九惠之教”。即“一曰老老，二曰慈幼，三曰恤孤，四曰养疾，五曰合独，六曰问疾，七曰通穷，八曰振困，九曰接绝”。可见，管仲为了实现建设和谐国家的远大目标提出的相关国家管理主张是非常深邃的。

其三，廉政建设理论。

廉政建设是管仲国家管理主张中的理想境界。管仲的廉政建设理论根源于深层次的“玉洁为美”的美学理论。《管子·水地》说：“夫玉之所贵者，九德出焉。夫玉温润以泽，仁也。邻以理者，知也。坚而不蹙，义也。廉而不刿，行也。鲜而不垢，洁也。折而不挠，勇也。瑕适皆见，精也。茂华光泽，并通而不相陵，容也。叩之其音清搏彻远，纯而不杀，辞也。是以人主贵之，藏以为宝，剖以为符瑞，九德出焉。”在管仲看来，这九种品质是玉的价值所在，其本质是清廉纯洁。所以人们常用“白璧无暇”“冰清玉洁”等来形容玉。

正是在上述“玉洁为美”的美学思想的指导下，产生了《管子》的廉政思想。对此，《管子·权修》说：“地辟而国贫者，舟舆饰，台榭广也。赏罚信而兵弱者，轻用众，使民劳也。舟车台榭广，则赋敛厚矣。轻用众，使民劳，则民力竭矣。赋敛厚则下怨上矣，民力竭则令不行矣。”《管子·八观》说：“立优美，而外淫于驰骋田猎，内纵于美色淫声，下乃解怠惰失，百吏皆失其端，则烦乱以亡其国家矣。”《管子·立政九败解》说：“然则从欲妄行，男女无别，反于禽兽。然则礼义廉耻不立，人君无以自守也。……凡观乐者，宫室台池，珠玉声乐也。此皆费财尽力，伤国之道也。”不仅如此，《管子》还把廉政上升到管理国家的四大法宝之一的高度来认识。对此，《牧民》说：“国有四维……一曰礼，二曰义，三曰廉，四曰耻。”

这里，《管子》把“廉”“耻”与“礼”“义”同样看待了。

其四，轻重理论。

轻重理论是《管子》经济思想中最有特色的内容。《管子》有《轻重》16篇，除《轻重乙》重在论述四时节令外，其他《轻重》篇都是专门论述商品货币关系的。在《轻重》之外，《管子》其他篇也有论述商人活动和商品交换的文字。《管子》以如此多的篇幅论述商品货币关系问题，不但是先秦其他古籍所没有的，而且也未见于以后各家著作。因此，管子学以轻重理论著称。管子学重视商品货币关系不是偶然的，而是对管仲“贵轻重，慎权衡”，“通货积财，富国强兵”（《史记·管晏列传》），“通轻重之权，徼山海之业”（《史记·平准书》）政策和思想的继承、发扬。

管子学的轻重理论包括价格论、货币论和商品轻重关系论等。

先看价格论。《管子》认为商品价格的高低取决于市场上商品数量的多少和供求大小，即“物多则贱，寡则贵。散则轻，聚则重”（《管子·国蓄》）。《管子》还进一步认识到商品价格的波动性及其价值，《管子·轻重乙》说：“桓公问于管子曰：‘衡有数乎？’管子对曰：‘衡无数也。衡者，使物壹高壹下，不得常固。’桓公曰：‘然则衡数不可调耶？’管子对曰：‘不可调。调则澄，澄则常，常则高下不贰，高下不贰则万物不可得而使固。’”“衡”即商品价格不断围绕一个中轴而上下波动的均衡运动，绝对稳定、常固不变的价格是不可能也是不必要的。因为如果价格高下不贰，则价值规律的自发调节作用就得不到实现，这是不利于生产的。

次看货币论。《管子》把货币看成是必不可少的流通手段。

《管子·国蓄》说：“黄金刀币，民之通施也。”《管子·轻重乙》说：“黄金刀布者，民之通货也。”《管子·揆度》说：“刀币者，沟渎也。”同时，《管子》还进一步认识到投放流通领域的货币量与商品轻重成正比，与货币轻重成反比的关系。《管子·山国轨》说：“国币之九在上，一在下，币重而万物轻……币在下……万物重十倍。”

再看商品轻重关系论。管子认为，在流通领域，货币、谷物和万物之间，存在着互相关联的轻重关系，并总结出商品轻重的两个规律：第一，从一种商品来看，其轻重取决于该商品量的多或寡、积或散、集中于国家或流布于民间，以及流通的塞与通、政令的缓与急、缴纳赋税期限的长与短等多种复杂因素。对此，《管子·国蓄》说：“聚则重，散则轻。”《管子·揆度》说：“藏则重，发则轻。”《管子·轻重甲》说：“君章之以物则物重，不章以物则物轻，守之以物则物重，不守以物则物轻。”《管子·轻重乙》说：“辟之以号令，引之以徐疾。”第二，从不同商品来看，《管子》把谷物、货币从万物中独立出来，指出三者对比关系中的轻重规律是：“币重而万物轻，币轻而万物重。”“币重而谷轻，币轻则谷重。”（《管子·山至数》）“谷重而万物轻，谷轻而万物重。”（《管子·乘马数》）

《管子》探讨轻重理论的目的无他，就是通过强化宏观经济调控、强化国家干预流通的职能，从而实现富国利民的目标。

二、齐人的制度创新

齐人的创新精神不仅仅表现在理论创新层面，更重要的是表现在制度创新上。管仲以无比的睿智和超人的勇气，以相国之身份，辅佐齐桓公进行了一场以富国强兵为目标的改革。正是在这场伟大的变革运动中，管仲创新了一套政治制度、社会军事制度和经济制度。

（一）齐人的政治制度创新

管仲的政治制度创新是一个大系统，内含诸多具体政治制度的创立。举其要者如下：

其一，创立宰相制度。

在我国古代，伴随着君主制的问世，如影随形般地产生了宰相。因为政治是对国家的管理，对万民的统治，事繁任重，需日理万机。这众多的事务如果仅凭君主一人之智、一人之力，是难以完成的；如果使最大多数或全体国民都直接地参与决策、共同管理国家，在古代的中国亦不可能。实际上负责处理国事者必是少数人员，最主要的也就是几位核心成员，他们像君主的左膀右臂。这少数的人或被称为宰，或被称为相，或被合称为宰相。

据史载，黄帝时曾设置“左右大监”，监于万国；唐虞之世，曾设置百揆总理国家事务；夏朝曾设置六卿；殷朝曾设置六太；周朝曾设置三公，颇似后世的宰相之职。然而，真正的宰相制度形成于春秋时期的齐国，为管仲创立。正如左言东在《中国政治制度史》一书中所说：“齐桓公任用了出身低贱并且有一箭之仇的管仲为相，总理国政，权力在高子、国子之上。这是一项有重大意义的政治制度的变革，是中国宰相制度的开始。”①

桓管时期，去古未远，原始民主的遗风所存颇多，君主专

① 左言东编著：《中国政治制度史（增订本）》，浙江古籍出版社1986年版，第88页。

制尚浅，所以在当时的齐国，宰相位高权重，主要有以下职责：

总揽枢要。宰相上承君令，下统群臣，为百官之长。

制定行政法规。当国家行政法规颁布以后，宰相有权制定行政法规，以保证行政法规的贯彻与落实。

享有军权。宰相出则为将，入则为相。管仲就是集相权与军权于一身的典型代表。

享有外交权。宰相既可以代君主参与会盟，也可以随君主或单独出使别国。

正是由于创立了这一制度，才使管仲的才能得以尽情发挥，从而辅佐齐桓公成就了一番霸业。

其二，创立中央“五官”制度。

在中央官制的改革方面，管仲遵循继承、创新的原则，在保留命卿、史官系统和宫廷官系统的同时，创立了“五官”。

据史载，黄帝时设五行之官，可见五官之说是相当古老的。然而，管仲创立的“五官”制度并非对古代“五官”名称的简单承袭，而是在权力分化让渡、损益扬弃、重新组合的过程中，使之不断具体、充实、完善和规范，从而形成一种崭新的富有特色的职官制度。它是齐国政治体制的一个有机组成部分。

当时，齐国所设的五官是：

主管司法的最高长官，名为“大司理”，宾胥无、弦子旗曾任此官。

主管军事的最高长官，名为“大司马”，王子城父任之。

主管经济的最高长官，名为“大司田”，宁戚任之。

主管外交事务的最高长官，名为“大行”，隰朋任之。

主管进谏、咨议的最高长官，名为“大谏”，鲍叔牙、东郭牙曾任此官。

“五官”各负其责，隶属宰相，构成了宰相责任制下的“五官”制系统。

“五官”制的创立，使各项具体工作职责分明，使国家的各项事务清晰而不庞杂，提高了办事效率，防止了人浮于事的不良现象，同时也是政令推行的重要保证。

其三，创立地方“国”“鄙”行政制度。

在地方上，管仲创立了“国”“鄙”并行的两套行政系统。据《国语·齐语》记载：桓管时期，齐国先后实施了“叁其国”和“伍其鄙”的行政区划。也就是说，首先从整体上将全国划分为两部分，即“国”（国都）和“鄙”（国都以外的广大农村）。然后把国都分为士、工、商三类居住区进行管理，谓之“叁其国”；把农村分作五部分进行管理，谓之“伍其鄙”。

国都内的行政区划分为轨、里、连、乡四级行政单位。具体说来是五家为一轨，十轨为一里，四里为一连，十连为一乡，分别由轨长、里司、连长、乡良人（或乡大夫）负责。在国都内，把国政分为三项，确立三官的制度。官吏中设立三宰，即三卿，掌管群臣；工匠设立三族，市井设立三乡，掌管工、商业；另外还设立三虞的官职，专掌川泽水产；设立三衡的官职，管理山林的有关事务。

国都以外的农村地区，分为五个属。其行政区划分为邑、卒、乡、县、属五级。具体地说就是三十家为一邑，十邑为一卒，十卒为一乡，三乡为一县，十县为一属。分别由邑司、卒长、乡良人、县帅、属大夫负责民事管理和行政工作。五属大夫直接对宰相和君主负责。

对此，《管子·小匡》载：“桓公曰：‘参国奈何？’管子对曰：‘制国以为二十一乡，商工之乡六，士农之乡十五。公帅十一乡，高子帅五乡，国子帅五乡，参国故为三军。公立三官之臣，市立三乡，工立三族，泽立三虞，山立三衡。制五家为轨，轨有长。十轨为里，里有司。四里为连，连有长。十连为乡，乡有良人。三乡一帅。’桓公曰：‘五鄙奈何?’管子对曰：‘制五家为轨，轨有长。六轨为邑，邑有司。十邑为率，率有长。十率为乡，乡有良人。三乡为属，属有帅。五属一大夫，武政听属，文政听乡，各保而听，毋有淫泆者。’”

其四，创立“三选”制度。

西周时期实行的是以宗法为原则的世卿世禄制度。进入春秋之后，这一世官制度已不完全适应齐国政治的需要了。在这一背景下，管仲创立了“匹夫有善，可得而举”的选官制度。

据《国语·齐语》记载：管仲通过立法的形式，规定乡大夫有荐举贤才的职责：“有居处好学，兹孝于父母，聪慧质仁，发闻于乡里者，有则以告。有而不以告，谓之蔽明，其罪五。”“有拳勇股肱之力秀出于众者，有则以告。有而不以告，谓之蔽贤，其罪五。”其具体做法是：乡长推荐人才，长官考评，齐桓公亲自策问，然后任用，称为“三选”之法。地方官吏如果埋没压制人才，就以“蔽贤”“蔽明”罪论处。

如果说《国语》还是对“三选”制度的理论概括的话，那么《管子》则有其具体操作的记述。《管子·大匡》记载：“桓公使鲍叔识君臣之有善者，晏子识不仕与耕者之有善者，高子识工贾之有善者……令鲍叔进大夫，劝国家，得之成而不悔为上举。从政治为次。野为原，又多不发，起讼不骄，次之。劝国家，得之成而悔；从政虽治，而不能野原，又多发，起讼骄，行此三者为下。令晏子进贵人之子，出不仕，处不华，而友有少长，为上举；得二为次；得一为下。士处靖，敬老与贵，交不失礼，行此三者为上举，得二为次；得一为下。耕者农农用力，应于父兄，事贤多，行此三者为上举，得二为次，得一为下。令高子进工贾，应于父兄，事长养老，承事敬，行此三者为上举，得二者为次，得一者为下。令国子以情断狱，三大夫既已选举，使县行之。管仲进而举言，上而见之于君，以卒年君举。”

管仲所创立的“匹夫有善，可得而举”的选官制度，打破了世卿世禄制和用人唯亲的陈规。下层的士人有善行或治国才能者，便可被授任官职。如管仲拔宁戚于饭（喂）牛之中，就是一例。授官以能、授爵以功、循名责实、赏罚分明的用人政策，开辟了下层人士参加政治的渠道。

其五，创立监督监察制度。

为了保证政令的顺利推行和督促官吏尽职尽责，管仲还制订了一套行之有效的监督监察制度，那就是在中央设“五横”，地方设“吏啬夫”等官，以司监督监察官吏之职。

横，同衡，为纠察之官。管仲针对“五官”，设立了“五横”，使五官各有其“横”，即受到督察。

在地方上，则设立“吏啬夫”，以督察地方官吏的所作所为，严防他们违法行政。

监督监察制度的建立，目的是督察各级各类官吏，以保证他们依法行政，按章办事，不能胡作乱为。其监督的主要内容有：国事、政事和讼事。

与监督监察制度相联系，管仲还创立了对官吏的考核和赏罚制度。只有对官吏的政绩按规定进行考核，赏优罚劣，才能褒奖清官循吏的嘉行，规范贪官污吏的劣迹，从而使国家机器得以正常运转。当时，齐国有一年两次的“校官”（即考核）

制度。如《管子·立政》所说："孟春之朝，君自听朝，论爵赏校官，终五日。季冬之夕，君自听朝，论罚罪刑杀，亦终五日。"《管子·小匡》中也有类似的记载。

（二）齐人的社会军事制度创新

除了政治制度外，管仲在社会军事制度方面也多有创新。

其一，创立"四民分业定居"制度。

管仲认为，如果士、农、工、商混合杂居，他们之间必然相互影响，见异思迁，不安心本职工作，从而影响生产的发展和国家的安定。因而主张士、农、工、商按照职业的不同分别居住在固定区域之内，分层次、分区域，设官分职管理，这就是"四民分业定居"的社会管理制度。对此，《管子·小匡》载："士农工商，四民者，国之石民也，不可使杂处。杂处则其言哤，其事乱。是故圣王之处士必于闲燕，处农必就田野，处工必就官府，处商必就市井。""四民分业定居"的重要意义在于：第一，"群萃而州处"，"定民之居，成民之事"，实行同业聚居，使各居其职，各安其业，不见异思迁，保证行业生产的稳定性。第二，"士之子常为士""农之子常为农""工之子常为工""商之子常为商"，在同业聚居的同时实行职业世袭制，保持各行业的劳动比例关系和职业稳定性，可以很好地稳定社会环境和经济秩序。第三，"相语以事，相示以功，相陈以巧"，实行同业聚居，便于交流生产经验，提高生产技术和产品质量，实现生产的专业化。第四，"相语以利，相示以时，相陈以知贾（价）"，实行同业聚居，便于交流商业信息，增强商业经营本领，促进商品流通，提高经济效益。第五，"父兄之教，不肃而成。其子弟之学，不劳而能"，实行同业聚居，在专业气氛的熏陶下，可形成良好的社会职业技术教育环境，有利于各行业后续人才的培养，为社会提供劳动力资源和后备力量。总之，实行“四民分业定居”的社会管理制度，是齐国维护国家安全和经济稳定的政治需要，对实现其“富国强兵、称霸诸侯”的目标发挥了重要作用。在当时的时代背景和社会环境中无疑是一大创新。

其二，创立寄军于政的军政合一制度。

管仲的强兵之策，不是一般的正卒伍、修甲兵。因为齐国如果公开加强军备，势必会引起各诸侯国的军备竞争，这样就难以达到预期目的。因而管仲主张将军备完成于隐秘，把军事寄托于行政，这样的话，邻国就无从知道齐国的强军计划与行动了，这就是“作内政而寓军令”。

对“作内政而寓军令”的具体内容，《管子·小匡》载：“于是乎管子乃制五家以为轨，轨为之长。十轨为里，里有司。四里为连，连为之长。十连为乡，乡有良人。以为军令。是故五家为轨，五人为伍，轨长率之。十轨为里，故五十人为小戎，里有司率之。四里为连，故二百人为卒，连长率之。十连为乡，故二千人为旅，乡良人率之。五乡一师，故万人一军，五乡之师率之。三军：故有中军之鼓，有高子之鼓，有国子之鼓。春以田曰搜，振旅。秋以田曰猕，治兵。是故卒伍政定于里，军旅政定于郊。内教既成，令不得迁徙。故卒伍之人，人与人相保，家与家相爱，少相居，长相游，祭祀相福，死丧相恤，祸福相忧，居处相乐，行作相和，哭泣相哀。是故夜战其声相闻，足以无乱。昼战其目相见，足以相识。欢欣足以相死。是故以守则固，以战则胜。”可知，这是一种军事政治一体化的制度。这种创新性的军政合一制度保证了齐国富国强兵的实现。

（三）齐人的经济制度创新

管仲在农业生产与管理方面的制度创新主要是“均田分力”的土地制度和“相地而衰其征”的税收制度。

其一，“均田分力”的土地制度。

众所周知，土地是农业生产的基础和先决条件，是农民赖以为生的根本。正因如此，土地是关乎民生、政事、整个社会的大问题。对此，《管子》有很多论述。如《管子·牧民》说：“凡有地牧民者，务在四时，守在仓廪。国多财则远者来，地辟举则民留处，仓廪实则知礼节，衣食足则知荣辱。”《管子·乘马》说：“地者，政之本也，是故地可以正政也。地不平均和调，则政不可正也。政不正，则事不可理也。”因此，管仲的农业改革首先从土地制度切入。

当时，齐国的土地存在的最大问题是井田的疆界遭到了破坏，农民占有的土地出现了不均，农民实际占有土地与田簿登记土地严重不符，并由此带来田税征收不公，从而影响了国家的财政收入。

为了解决上述问题，管仲毅然推行了“均田”“授田”制度。所谓“均田”，就是《管子》中所说的“井田畴均”，又叫“均田分力”。均，就是公平折算；力，就是致力于农事。它是在重新丈量、规划土地疆界的前提下，根据土质的好坏，公平合理地折算后，把土地直接分给农民耕种，又称为“授田”。这种“授田”，除了把“私田”“份田”以及新开垦的田地分给农民外，还把一部分“公田”分给新增农户。

其二，“相地而衰征”的租税制度。

所谓“相地”，就是观测评定土地，以区分土地的肥瘠优劣；所谓“衰征”，就是按土地等级征收不同额度的赋税。

在管仲改革之前，土地不分好坏，一律按田亩征收同等税额，很不公平，这不仅挫伤了农民的生产积极性，同时也给国家的税收带来困难。因此，管仲创立了这一新的税收制度。

相地而衰征的过程大约分为两个步骤。

首先，是“相地”，又称“正地”“相壤”。《管子·乘马》中说：“可以正政者，地也，故不可不正也。正地者，其实必正，长亦正，短亦正，小亦正，大亦正，长短大小尽正。”管仲不但主张对土地的长短、宽狭等方面进行测量核正，而且进一步要求从肥瘠出发，对土壤进行质的区分，把土地分为上壤、中壤、下壤三级。管仲还依据自然地理情况，划分田地、丘陵、山地三类，并按地势、山泉、谷、木、草出产分为二十五种地，又把上土、中土、下土各分为三十种。

其次，是按土地的不同等级制订相应的收税标准。测量土地的大小也好，将山川林泽旱涝等地折合成可耕地也好，目的都是为了征收租税有一个统一的标准。

另外，还有视年成丰歉而“衰征”的规定。对此，《管子·大匡》说：“赋禄以粟，案田而税，二岁而税一。上年什取三，中年什取二，下年什取一，岁饥不税。岁饥弛而税。”

为加强对国家的管理，控制国家的经济命脉，管仲还创立了“官山海”等一系列工商业管理制度。凡此，都为齐国的富强提供了制度方面的保障。

三、齐人的科技文化创新

千百年来，勤劳而智慧的齐人，在海岱之间这块神异的大地上培育出来的科技文化之花，自然也是齐文化园地里充满创新智慧的奇葩。齐人在科技与文化方面创新很多，试举几项最主要的创新成果如下：

（一）齐人的中医学创新

中医学源于齐文化，其始祖是扁鹊。

扁鹊，姓秦，名越人，因为他医术高超，世人便以远古神医扁鹊称之，生卒年不详。关于扁鹊的里籍，《史记·扁鹊仓公列传》说他是渤海郡人。同传中记载扁鹊过虢国时自我介绍说："臣齐渤海秦越人也。"他自己声称是齐国人，因此说扁鹊为齐国人是无疑的。

扁鹊为我国中医学的发展做出了重要贡献。主要表现在以下几个方面：

首先，他把医学从王官和巫史的垄断下解放出来。"三代以前，巫医之术未尝不通也，至扁鹊屈于灵巫，则事已分矣。"（清文廷式《纯常子枝语》）扁鹊说："信巫不信医，六不治也。"这充分显示了他的科学态度。在中医学发展史上，扁鹊是给鬼神治病论和荒诞巫术以粉碎性打击，使医学成为一门科学的第一人。

其次，扁鹊传授生徒，开创医学教育。他的弟子可考者就有子阴、子豹、子同、子明、子游、子仪、子越等，因而扁鹊成了齐派医学的开山鼻祖。

第三，扁鹊《难经》一书，从理论上对《内经》做了进一步完善和发展，被誉为"读《内经》之津梁"。《难经》分八十一章（难），对生理、病理、诊断、治疗等基础理论作了完整而系统地阐发。特别是脉诊"独取寸口"之创造性立说，价值尤高，至今仍为中医临床沿用。关于脉有阴阳说和浮脉、沉脉、损脉的论述等，两千多年来一直指导着中医学的临床实践。扁鹊在脉学上的贡献是巨大的，诚如司马迁所说："至今天下言脉者，由扁鹊也。"（《史记·扁鹊仓公列传》）除脉学外，《难经》还对经络、脏腑、疾病及诊断等理论，进行了系统而深入地阐述，故被后世医家尊为"医经"。据《汉书·艺文志》载，扁鹊还著有《扁鹊内经》九卷，《扁鹊外经》十二卷，可惜早佚。可见，扁鹊是中医学理论体系的主要奠基人之一。

第四，扁鹊是医学的伟大实践者。他"为医或在齐，或在赵"（《史记·扁鹊仓公列传》）。他"随俗而变"，根据当地人民的需要，有时做"带下医"（妇科），有时做"耳目痹医"（五官科），有时做小儿医（儿科）。这一方面说明扁鹊有高超的综合医术修养，同时也说明扁鹊是我国医学分科专门化的主要创立者。

第五，扁鹊总结发明了中医临床上的"望""闻""问""切"四诊法，并熟练地掌握了砭石、针灸、按摩、汤液、熨贴、手术、吹耳、导引等多种治疗技术，其中砭石和针灸是他运用最广也最擅长的。山东微山县两城山曾出土一批东汉浮雕画像石，其中几幅有人认为即《扁鹊针灸行医图》。画中半鸟半人者一手切脉，一手举针做针灸状，为病人治病。这与史籍所载扁鹊治病事迹可相互印证。据《素问·异法方宜论》载：东方"鱼盐之地，海滨傍水，其民食鱼而嗜咸，皆安其处，美其食。鱼者使人热中，盐者胜血。故其民皆黑色疏理，其病皆为痈疡，其治宜砭石。故砭石者亦从东方来"。砭石治病起源于东方滨海之地，而扁鹊正是砭石治病的杰出代表。

第六，扁鹊还提出了以防病为主的主张，他认为早病早治，防病重于治病。"使圣人预知微，能使良医得蚤从事，则疾可

已，身可活也。”（《史记·扁鹊仓公列传》）

第七，扁鹊还提出了六不治原则：“骄恣不论于理，一不治也；轻身重财，二不治也；衣食不能适，三不治也；阴阳并，藏气不定，四不治也；形羸不能服药，五不治也；信巫不信医，六不治也。”（《史记·扁鹊仓公列传》）

由上可知，扁鹊是我国古代著名的医学家。作为中医学的奠基人和民间医学的开创者，他在中国医学史上的地位，如希腊希波克拉底被尊为西方医学之祖一样，实为中国医学之祖。故《史记·太史公自序》说：“扁鹊言医，为方者宗，守数精明。”

（二）齐人的天文学创新

我国的天象观测源于东夷人。考古发现证明，大汶口文化时期，山东半岛上的东夷人发明的山头历法，就是长期观测天象的结果。《易·乾凿度》说：“方上古之时，人民无别，群物无殊，未有衣食器用之利。于是伏羲乃仰观象于天，俯观法于地，中观万物之宜，始作八卦，以通神明之德，以类万物之情。”《白虎通·号》说：“伏羲仰观象于天，俯察法于地，因夫妇，正五行，始定人道。画八卦以治下。”《拾遗记》亦说：“（伏羲）规天为图，矩地取法，视五星之文，分晷景之度。”可见东夷人的著名部落首领伏羲氏可算得上我国第一位天文学家。无独有偶，在这块产生原始天文学的土地上，延至战国时代，又出现了一位杰出的天文学家甘德。

司马迁在《史记·天官书》中记载上古至战国时期的著名天官和天文学家时说：“昔之传天数者：高辛之前，重、黎；于唐、虞，羲、和；有夏，昆吾；殷商，巫咸；周室，史佚、苌弘；于宋，子韦；郑则裨灶；在齐，甘公；楚，唐昧；赵，尹皋；魏，石申。”司马迁家族世为史官，掌握先秦和汉初文献，说“在齐，甘公”，即甘德，是有根据的。

甘德的生卒年不详，根据有关史料推断，其主要活动年代当在公元前 4 世纪中期，恰值威、宣之世。甘德的生平事迹亦无法考证，然而值得后人稍感欣慰的是，他在天文学方面的突出贡献，通过钩沉索微，可得一窥。

甘德通过对日月星辰的长期观测，著有《天文星占》八卷和《甘氏四七法》。所谓“四七法”，就是在天上用度来计量太阳等天体运动行程的方法。天空有二十八个星宿，平均分为四个方位，每个方位七宿。太阳等运转一周，要经过四个方位，四七二十八宿，故称“四七法”。可惜《甘氏四七法》早在唐代以前就失传了。

战国时期的魏国也有一位天文学家，名石申，著有《天文》八卷。后人将《天文星占》与《天文》二书合编在一起，这就是著名的《甘石星经》。

《甘石星经》精确地记录了 1321 颗恒星的赤道坐标。甘德测定 118 座，计 511 颗；石申测定 138 座，计 810 颗。甘德、石申记录的黄道附近恒星的位置及其与北极的距离，代表了当时最高的天文学水平。他们对恒星的记录，被称为“世界上最古的恒星表”。

甘德、石申对行星运动规律的观测和研究，取得了划时代的成就，尤其是对水、木、金、火、土五星的运行，有着独到的发现。《汉书·天文志》说：“古历五星之推，亡逆行者，至甘氏、石氏经，以荧惑（火星）、太白（金星）为有逆行。”行星自西往东运行，叫顺行；反之，叫逆行。在甘德、石申之前，还没有关于行星逆行的发现和记录，甘、石的发现和记录可谓首次。因为行星顺行的时间长，逆行的时间短，如果对此不做长期的、系统的、细致的观测，是很难发现的。

甘德、石申把行星逆行的弧线描绘成“巳”字形。据《开元占经》引：“甘氏曰：去而复还为勾，再勾为巳。”“石氏曰：东西为勾，南北为巳。”经后世科学研究验证，甘、石的观测和记录是非常精确的。

甘德还测定了木星的会合周期为400天整，仅比准确数值差1.12天；水星的会合周期为136天，仅比准确数值差21天；火星的会合周期为780天，正是准确数值。

甘德、石申关于中、外官（星座）的划分法，除了二十八宿，他们对其他天体也做了区划，标明了各官的星数以及相邻官之间的相对位置。

历史上常将甘德与石申并提，且将二人的著作合称为《甘石星经》，其实甘、石既不同籍，也不同时，二人各有著述，各自成家。因二人同为战国时期最杰出的天文学家，故后人便把他们的代表作合编为一，名字并提。《古今伪书考补正》引吴汝伦《廿八宿甘石不同考》云：“甘公，齐人，实先于石氏，其说也最古。”又说：“石氏较甘氏稍逊，然亦非后世言天文者所及。”吴氏的评价是恰当的。因为甘氏在前，其理论体系是原创性的；石申在后，其虽有所创建，也只能是对甘德原创性天文理论体系的完善与提高。因而，战国时期最杰出的天文学家、中国天文学的先驱之称号，对甘德来说，是当之无愧的。

（三）稷下学宫的创建

齐人在文化方面的创新主要表现在稷下学宫的创建。稷下学宫创建于齐桓公田午时期，历威、宣、湣、襄，至齐王建时期结束，存在时间长达一个半世纪。其创新之处主要有以下几点：

其一，荟萃诸子百家。

稷下学宫是战国时期诸子百家的荟萃之地。当时的九流十家及其代表人物，几乎都汇集到稷下学宫。见于文献记载的主要学派如下：

一是黄老学派。黄老学派根植于齐，发育成长于齐，繁荣昌盛于齐，为稷下学宫中颇有影响的一个学派。黄老学派兼容并蓄，集诸子之长，且讲究权变。其最基本的内涵是“因道全法”。既讲道法自然，又讲法之严肃，道法互补，通权达变，这也正是齐文化礼法兼用、权变务实的传统。黄老学派以慎到、田骈、环渊、接子为代表。

二是阴阳学派。阴阳学派又称阴阳家。阴阳五行学说在齐国一直十分流行，是稷下先生探索研究的重要内容。其主要代表人物是邹衍、邹奭。

三是墨家学派。稷下墨家是稷下学宫的一个重要学派，以宋钘为代表。

四是名家学派。稷下名家是稷下学宫中的一个重要学派，其代表人物有尹文、兒说、田巴。

五是纵横家学派。战国时期七国争雄，兼并战争激烈，形势错综复杂。时势为纵横家提供了施展政治、外交智慧与才华的广阔天地。他们审时度势，四处游说，纵横捭阖，真可谓“一人之辩，重于九鼎之宝；三寸之舌，强于百万之师”。他们往往折冲樽俎之间，而决胜于千里之外，为当时各国统治者所器重。稷下纵横家以淳于髡为代表。

六是儒家学派。春秋战国时期，儒家学派颇负盛名，成为显学。稷下儒家的代表人物主要有孟子和荀子。

稷下学宫还有管子学派及其他稷下先生。见于记载的主要有颜斶、王斗和鲁仲连等。

其二，兼具多种社会功能。

稷下学宫具有多种功能是齐人聪明智慧的体现。

一是政治咨询功能。齐威王、宣王不惜以大量的人力、物力、财力创办稷下学宫，实行各种优惠政策，招揽天下有识之士，其目的就是想让那些才华横溢的饱学之士为其政治统治、富国强兵、争雄天下出谋划策，从而实现统一天下的理想。因而，稷下学宫具有重要的参政议政和咨询献策功能。稷下学者都有着积极参与现实政治和建功立业的思想，他们议国论政、竞相献策，期望自己的政治主张、智谋方略能被齐国执政者所接受、采纳、实施。刘向《新序·杂事》说："稷下先生喜议政事。"《史记·孟子荀卿列传》说："齐之稷下先生……各著书言治乱之事，以干世主。"齐国执政者经常向稷下学者咨询国事，使得稷下学宫因此成为国家的政治咨询中心。

二是学术交流功能。稷下学宫是战国时期诸子百家荟萃的中心，儒家、道家、墨家、法家、名家、阴阳五行家、纵横家、兵家等学术流派，都曾活跃在稷下学宫的舞台上。由于学派不同，稷下学者各有自己的思想体系、政治倾向、思维方式、价值观念以及看问题的角度、解决问题的方案，这使得他们竞长论短，争论不已，最终使稷下学宫出现了中国历史上前所未有的百家争鸣的局面。在论争中，学者们不仅充分展示了各自的理论优势，而且也认识到了各自的理论弱点、差异，促使他们不断吸收新思想，修正、完善、发展自己的学说。论争促进了不同学术见解的相互渗透和融合。在这种形势下，稷下学宫成为发展、繁荣文化学术的中心。

三是教育教学功能。稷下学宫是一个官办的培育高层次人才的基地，具有培养人才、传承学术、传播文化知识的教育教学功能，被后人称为“田氏封建政权兴办的大学堂”“齐国的最高学府”，在中国古代教育史上的影响也是巨大的。作为教育教学功能，与后代学校相比，它既有一般学校的特点，又有其历史的独特性。稷下学宫具有一般学校的特点，表现为广收门徒、传道授业解惑。首先，稷下学宫具有规模宏大的校舍环境，“开第康庄之衢，高门大屋，尊宠之”。其次，具有众多师徒在学宫开展教育教学活动。宣王时，师生数量多达“数百千人”。再次，稷下学宫有较严格的规章制度。根据郭沫若的考定，《管子·弟子职》当是稷下学宫的学生守则，里面从饮食起居到衣着服饰，从课堂纪律到课后复习，从尊敬师长到品德修养，都做了具体严格的规定。由此可见，当时稷下学宫的规章制度之健全、严格、规范。稷下学宫具有独特的教育特点，表现为游学是其主要教学方式之一。学生可以自由来稷下寻师访友，老师可以在稷下招徒讲学。这些游学方式的施行，使学士们开阔了眼界，促进了各种学说的自由发展和新学说的创立，大大促进了人才的培养和成长。稷下学宫成为当时培育各种人才，传承学术文化的教育教学中心。

总之，稷下学宫历时之久远，规模之宏大，功能之齐全，特色之鲜明，在当时都是很罕见的。稷下学宫是智慧的齐人的一大创举，它使齐都临淄成为当时思想解放的策源地、百家争鸣的场所和天下学术的中心。对此，郭沫若先生说："稷下之学的设置，在中国文化史上实在是有划时代的意义。……发展到能够以学术思想为自由研究的对象，这是社会的进步，不用说也就促进了学术思想的进步。"①

① 郭沫若：《十批判书》，群益出版社1950年版，第152页。

渊源于齐学的封禅礼典

葛志毅
（大连大学教授）

战国诸子政论之发达，复经战国后期日益显露的统一趋势的启发刺激，终至酝酿播衍为战国秦汉之际的受命改制思潮，其著者除三统、五德说之外①，还可举出发端于齐学的封禅。春秋以来，由于周室衰微，一度使文化中心东移，乃至有“周礼尽在鲁”之说。以泰山为中心，齐、鲁地区亦成为东方的文化荟萃圣地，“故泰山之阳则鲁，其阴则齐。齐带山海……其俗宽缓阔达，而足智，好议论……而邹、鲁滨洙、泗，犹有周公遗风，俗好儒，备于礼”（《史记·货殖列传》），这是司马迁在历数各地经济生活及相应的风俗状况时，于各国中除谓南楚“好辞巧说”之外，独于齐、鲁特为标举的文化特征，以示其思想文化之发达，故齐学、鲁学之盛直延至西汉初期犹得称最。泰山是东方地区最具代表性的宗教信仰圣地，封禅就是以泰山信仰为中心构建起来的受命改制学说。与三统、五德相比，封禅

① 葛志毅、张惟明：《先秦两汉的制度与文化·战国秦汉之际的改制学说》，黑龙江教育出版社1998年版。

更具有宗教信仰的特征，因为它要成功的受命者至泰山行祭拜天地群神之封禅礼，因此它也最具有政治理念与宗教信仰相结合的属性，这是它特异于三统、五德二说之处。历来，人们认为三代建都在所谓三河地区，即唐人都河东，殷人都河内，周人都河南（《史记·货殖列传》），又谓河、洛之间（《史记·封禅书》）乃三代以来的文化中心。秦人起自西陲，统一后建都咸阳，汉初因之，至有所谓“汉兴，去三河之地”（《汉书·东方朔传》），这对三代以来的文化中心有一定偏离。经过西汉前期的恢复与发展，以嵩山为中心的中原地区的文化中心地位重新得到确认，“昔三代之居皆河洛之间”（《汉书·郊祀志》）的信念再度在思想文化中得到反映。于西汉中期兴起的谶纬之学，其学说主调就是以河图、洛书为符命代表的河洛受命说。由封禅泰山到河洛受命，从学术思想上反映了自春秋战国以讫汉代的文化中心转移。但二者有其共同点，即都与一定的宗教圣地相关，它们都是由三代以来的天命思想转换成的政治性宗教信仰形式。二者的这种共通性，使河洛受命说兴起后并未完全取代封禅说，而是使之在谶纬体系中被继承、保存下来。三统、五德与封禅、河洛二说略显其异，它们虽同样以天人感应为思想认识的基础，但已试图以某种历史循环法则解释帝王圣人的受命现象，因而亦同纯粹的宗教信仰区别开来。它们已不必特别标举泰山或河洛这样的圣地，因而也不是仅仅从符命的角度表现帝王圣人受命之神圣，而是试图以原始朴拙的形而上哲理说解历史，从而表现出历史理性的最初萌动。它们既表现为受命改制的学说形式，在本质上相互间也并无根本区别，于是三统、五德乃至封禅、河洛都在谶纬这种政治神话体系中得到保留，实现了战国秦汉以来受命改制说之荟萃大成，并在历史上留下了深远的影响。如就封禅说加以探讨，可以究明封禅礼仪的形成对充实和丰富儒家礼学体系方面的意义，以及它可能对郑玄礼学体系带来的启发。

封禅是在战国时代的受命改制思潮中兴起的，故其首先与受命“符瑞”相联系，《史记·封禅书》：“自古受命帝王，曷尝不封禅？盖有无其应而用事者矣，未有睹符瑞见而不臻乎泰山者也。”即得受命符瑞者必封禅，其起于战国而大倡于秦汉。一般认为封禅本出齐学。齐为春秋以来之大国，齐桓公霸业显赫，余烈惠被齐国长久深远，其政治经济发达，学术思想活跃，加之雄踞东海，终战国之世以大国形胜自命。如《史记·封禅书》：“齐所以为齐，以天齐也。”齐即脐，是齐自视为居天地之中，因而自认为主掌祭天，即《史记·封禅书》所谓齐地八神之首的“天主，祠天齐”。其中显然可见王者必居天下之中的理念支配意识。泰山乃齐地名山，足为齐国山川之纲纪，故《礼记·礼器》谓：“齐人将有事于泰山，必先有事于配林。”那么，封禅泰山自应是以大国自居的齐地的政治宗教信仰。稷下学者收集整理了齐地的历史文化传说，托为齐桓公自比三代受命之君欲封禅泰山之事，制为《封禅》且列于稷下丛书《管子》，后来为司马迁作《封禅书》所本。① 在今《管子·封禅》中记载有齐桓公以霸业自诩，欲比三代受命之君封禅，这反映出齐

① 因《史记》影响之大，故《史记·封禅书》行，而《管子·封禅》反亡，故唐尹知章为《管子》作注时已云《封禅》亡佚。其前古今多同此例，其著者如《晋书》成而晋史十八家皆亡，故唐以来学者关于《管子》原本有否《封禅》的考订，似于此未达一间。郭沫若：《管子集校》，见郭沫若著作编辑出版委员会编《郭沫若全集·历史编》第七卷，人民出版社 1984 年版，第 143 ~ 144 页。

国的政治家、思想家们，对齐国在未来统一局面中作用的期盼，也是齐国威、宣时代的强盛在学术思想上的反映。[①] 封禅原为齐学，在《汉书·艺文志》中所见《古封禅群祀》等书却列于《六艺略》礼类。按，封禅礼典本不载于儒家礼经，其说见于儒家礼书亦较晚且传述简略。如《周官》《礼记》中不见有关封禅的直接记载，仅《大戴礼·保傅》有曰周成王“封泰山而禅梁甫”，但文中言及“秦为天子二世而亡”，因此其文出于汉儒所作无疑。[②] 由于封禅本为齐地的政治宗教传说，因随战国秦汉之际受命改制思潮之传布而逐渐扩大其影响，故不见于早期儒家经典记载也可以理解。唐孔颖达曾试图指出封禅在儒家礼经中的根据，他说：“封禅之见于经者，唯《大宗伯》云‘王大封则先告后士’以外，更无封文也。《礼器》云：‘因名山升中于天而凤望降，龟龙假。’虽不言封，亦是封禅之事。”（《毛诗正义》卷一九之二）按，所引《大宗伯》“大封”，孙诒让已指出乃封建之事，非封禅也，其说不可从（《周礼正义》），至于《礼器》所言，亦不足为儒家礼经本有封禅礼制的直接证据。但造为封禅说者确有取于儒家经典，其最明显之例即《书·尧典》乃至《礼记·王制》中所言天子巡守方岳之制，虽未明标“封禅”之名，但因其所言有东巡祭泰山之制，故可用为比附的根据。如《诗·周颂·时迈》小序：“巡守告祭柴望也。”郑玄笺曰：“巡守告祭者，天子巡行邦国，至于方岳之下而封禅也。书

---

① 《史记·货殖列传》言春秋战国时期齐之富强由齐桓、管仲起，“是以齐富强至于威、宣也”。

② 《大戴礼·保傅》所载包括《新书》中的《傅职》《保傅》《胎教》《容经》诸篇内容，显乃作记者杂采《新书》诸篇而成，也不排除二者同源于其他更早的第三者之可能。

曰：岁二月东巡守，至于岱宗，柴望秩于山川，遍于群神。”显然乃以《书》所言东巡祭泰山为封禅礼制。封禅虽为齐学，但于儒学亦有相当的借鉴关系，故说者又托封禅于孔子名下，即《史记·封禅书》所言：“孔子论述六艺，传略言易姓而王，封泰山禅乎梁父者七十余王矣。”① 察托封禅说于孔子名下，原因不只一端。如孔子为鲁人，鲁与泰山之祭亦有关联，如《论语·八佾》谓“季氏旅于泰山”，说者谓季氏身为陪臣，不得僭祭泰山，故孔子讥之。又据《穀梁传·僖公三十一年》，鲁得望祭泰山、河、海，故鲁国国君确有祭泰山的传统。这样，泰山之祭在鲁国的政治文化传统中也占有相当的地位，那么，它作为封禅说渗入孔子儒学或在儒学中有所反映也就不奇怪了。综之，封禅最初虽发端于齐学的政治文化传说，但由于受到战国秦汉之际受命改制思潮的启发和政治上一统趋势的刺激，导致齐文化、鲁文化乃至孔子儒学间的多重渊源联系，在封禅说体系的建构过程中融为一体。但由于汉代特定思想文化背景的制约和引导，最终还是使封禅成为儒家专擅的礼典学说。就是说，封禅礼典的成熟及其融入儒学，乃秦汉政治及宗教文化的发展硕果。《文献通考·郊社考十七》在叙封禅礼时，断自秦始皇为始，其曰：“按：《文中子》曰：‘封禅，非古也，其秦、汉之侈心乎？而太史公作《封禅书》，则以为古受命帝王未尝不封禅，且引管仲答齐桓公之语，以为古封禅七十二家，自无怀氏至三代俱有之，盖出于齐鲁陋儒之说，诗、书所不载，非事实也。’当以《文中子》之言为正，故今叙封禅，以秦始皇为首，

---

① 《续汉书·祭祀志》注引《庄子》佚文，《史记·封禅书》《正义》引《韩诗外传》，《太平御览》卷六八二引《汉官仪》俱有是言。

而管仲所言古七十二家，则姑存其说，附始皇封禅之后。”按，若从封禅礼典被接受且付诸实施的角度讲，马端临所言为是，但封禅礼典的产生绝非前无渊源可言。如《大戴礼·保傅》谓周成王“封泰山而禅梁甫”，《史记·封禅书》亦谓：“武王克殷二年，天下未宁而崩。爰周德之洽维成王，成王之封禅则近之矣。”管仲言封禅十二家，于周亦数成王。从相关记载推断，周代应行过东祭泰山之礼，此礼很可能始于成王之时，因此亦被说为成王封禅泰山。对此可从以下几方面进行分析：

首先，成王去过东方。如《书序》云“成王东伐淮夷，遂践奄”，“成王既践奄，将迁其君于薄姑”，“成王归自奄”，“成王既黜殷命，灭淮夷”，“成王既伐东夷”，又可参《史记·周本纪》，这就不能排除成王东祭泰山的可能。其次，周公东征是在受成王命的名义下进行的①，东征平叛之后分封也是在成王命的名义或在成王主持下进行的，尤其是宋、卫二国之封。当周公平灭三监，立刻封微子于宋，以殷余民封康叔于卫，《左传·定公四年》更明言：“昔武王克商，成王定之，选建明德，以藩屏周”重点讲鲁、卫、晋三国之封。其中值得注意的是卫国之封，“取于有阎之土以共王职，取于相土之东都以会王之东搜”。杜注：“有阎，卫所受朝宿邑，盖近京畿。”“相土之东都”，杜注：“为汤沐邑，王东巡守，以助祭泰山。”即“有阎之土”乃卫君朝王于京师时的住地，“相土之东都”乃卫君于王东巡祭泰山时助祭的住地。与此相关是《左传·隐公八年》的记载：“郑伯请释泰山之祀而祀周公，以泰山之祊易许田。三月，郑伯使

---

① 参《史记》之《周本纪》《鲁世家》《管蔡世家》《卫世家》《宋世家》。

宛来归祊，不祀泰山也。”即许乃鲁君朝王于京师的住地。祊乃郑君于王东祭泰山时助祭的住地。此时周室衰微，鲁君不按时朝王，周王也不东祭泰山，于是鲁、郑两国为就近各从其方便，乃相互交换许与祊。《公羊传·隐公八年》曰：“邴（祊）者何？郑汤沐之邑也。天子有事于泰山，诸侯皆从泰山之下，诸侯皆有汤沐之邑焉。”《穀梁传·桓公元年》曰：“许田者，鲁朝宿之邑也；邴者。郑伯之所受命而祭泰山之邑也。用见鲁之不朝于周，而郑之不祭泰山也。”① 这里卫、郑皆有助祭泰山的义务，鲁因在泰山下故不必有汤沐邑，但必有助祭泰山的义务。其中卫于成王受封时便已被赋予此义务，那么至少说明在成王时已东祭泰山，这就是成王封禅泰山传说的由来。其他相关记载亦可作为此推断的旁证，如《诗·大雅·既醉》孔疏引《白虎通》曰：“周公祭太山，用召公为尸。”此亦成王祭泰山之事。《墨子·兼爱中》：“昔者武王将事泰山，隧，传曰：泰山！有道曾孙周王有事……此言武王之事。”按，武王克商之后，东方仍在商人势力控制之下，周公东征平叛及分封之后，周人势力才深入东方齐鲁之地，所以揆诸周初形势，始祭泰山者只能是成王，《墨子》言武王乃误传。又汉武帝为封禅泰山的需要，曾下诏在泰山下设置诸侯朝宿地。《史记·封禅书》：“于是济北王以为天子且封禅，乃上书献太山及其旁邑，天子以他县偿之。”此时武帝因获一角兽如麟而“风符应合于天”，微露其封禅之意，尚未大议封禅之事。后武帝既封泰山，乃下诏曰：“古者天子五

---

① 汉今古文家俱有此朝宿邑及汤沐邑之说，《礼记正义》卷一三引《五经异义》曰：“公羊说诸侯朝天子，天子之郊皆有朝宿之邑；从泰山之下，皆有汤沐之邑。左氏说诸侯有功德于王室，京师有朝宿之邑，泰山有汤沐之邑。”

载一巡狩，用事泰山，诸侯有朝宿地。其令诸侯各治邸泰山下。”（《史记·封禅书》）结合上引《左传》等记载，这应是自周成王以来遗留下来的习惯，所以在武帝时受到如此重视并付诸实施。再次，《史记·周本纪》曰：成王“既绌殷命，袭淮夷，归在丰，作《周官》。兴正礼乐，度制于是改，而民和睦，颂声兴”。《集解》引何休曰：“颂声者，太平歌颂之声，帝王之高致也。”按，古人说封禅，乃受命者功成致太平而登封泰山告天之礼，《史记》如此记载，必是认同成王致太平封泰山之事，况且成康之际是历史上所说的盛世，也当得太平封禅之说。《乐动声仪》曰：“‘以雅治人，风成于颂。’有周之盛，成康之间，郊配封禅，皆可见也。”（《后汉书·张纯传》引）所言皆可与上述记载相证。综之，封禅虽作为受命改制说之一而盛倡于战国秦汉之际，但其形成由来俱有历史渊源可溯。就现有史料而言，至少其礼可溯自周成王之时。

封禅作为战国秦汉之际的受命改制说，首先，被认为是易姓换代的典礼象征，如《后汉书·祭祀上》引《庄子》曰：“易姓而王，封于泰山。”《史记·封禅书》曰：“孔子论述六艺，传略言易姓而王，封泰山。”《白虎通义》曰：“王者易姓而起，必升封泰山何？报告之义也。”又曰：“明知易姓也。刻石纪号，知自纪于百王也。”在这点上，封禅之义与河图、洛书谶纬之说相通，因为《隋书·经籍志》曰：“盖龟龙衔负，出于河、洛，以纪易代之征。”封禅泰山与致河图、洛书同为受命者获天佑的象征，因此使封禅也在谶纬河洛之学中保存下来。其次，封禅既为易姓换代的礼典象征被举行，同时又是专门赋予那些功成致太平的受命者才享有的告天资格。秦汉时期以治致太平为政治成功的最高理想，故必获致太平才被视为成功，才可被赋予告天封禅的资格与权力。《白虎通义》六曰："始受命之日，改制应天。天下太平功成，封禅以告太平也。"《风俗通义·正失》："盖王者受命易姓，改制应天，天下太平，功成封禅，以告（太）平也。"因此可以说，封禅的一个显著特点是受命者功成致太平所举行的礼典，这点很重要。如封禅与巡狩相关，或者说封禅乃巡狩中的一个节目，即东巡至泰山而封禅；封禅又与巡狩略异，即必功成致太平乃得封禅，巡狩则否。孔颖达曾辨封禅与巡狩之异，《毛诗正义》卷一九之二曰："虽未太平，王者观民风俗而可以巡守。其封禅，必太平功成，乃告成于天，非太平不可也。"只有治致太平方可封禅，因此封禅是政治成功者才可举行的盛典。太平虽为儒家所提倡，但它具有浓厚的阴阳家天人感应之色彩，即伴随太平而至的是天地各种祥瑞符应，《史记·礼书》："或言古者太平，万民和喜，瑞应辨至。"所谓瑞应，如醴泉、甘露、景星、祥云、嘉禾、朱草、凤凰、麒麟、黄龙之类，而诸种瑞应乃天地阴阳和气感应所生，是典型的阴阳家说，如《说苑·辨物》："治平则时气至。"其阴阳家说的性质极为明确，后为儒家吸纳，故在汉代尤其盛行"儒者论太平瑞应"（《论衡·是应》）之说。此太平瑞应之说又被谶纬继承下来，成为河洛受命说的主要内容之一，即帝王受命除被赋予河图、洛书这些主要象征符瑞外，往往也伴随有醴泉、甘露、景星等祥瑞。此太平祥瑞之说亦影响于封禅，如武帝时得白麟、奇木之祥，"上异此二物，博谋群臣"，终军上对，以为获"上通之符"，劝武帝封禅。（《汉书·终军传》）又如司马相如遗书劝武帝封禅，其中除盛称大汉威德之外，又详陈武帝祥瑞之多，且谓："夫修德以锡福，奉符以行事。"（《汉书·司马相如传》）即天命有德者祥瑞作为受命福应，受命者奉此符瑞治太平而行封禅。《尚书中候》："自昔古圣王功成道洽符出，乃封太山。"明确指出封禅与符瑞的关系。由此封禅与天人感应的密切关系，除可见阴阳家的影响痕迹，亦可断言封禅乃商周以来天命观的衍生物。

稷下黄老开先者——宋钘学说体系探论

林志鹏

（复旦大学教授）

一、前言

钱穆《宋钘考》云："宋子，宗墨氏之风，设教稷下，其殆黄老道德之开先耶！"① 谓宋钘"宗墨氏之风"，虽未必正确②，但他提出宋子乃稷下黄老之开先者是颇具眼力的。

宋钘身处百家争鸣的战国时代，为融通道、儒、墨的思想大家。孟子曾在石丘与之论寝兵（《孟子·告子下》）；荀子则在其著作中以相当的篇幅批判宋子"见侮不辱""情欲寡"之说（《荀子·正论》《荀子·正名》）；在《庄子·天下》中宋钘与尹文合论，被视为重要学派。不过到了经学昌盛的西汉，宋子之说被打入冷宫，《汉书·艺文志》著录"《宋子》十八篇"，

① 钱穆：《先秦诸子系年》，商务印书馆 2005 年版，第 436 页。

② 笔者认为，宋子并非墨徒，宋钘对墨学的接受主要在救世精神和寝兵主张，其学说的基础乃老子之学。林志鹏：《宋钘学派遗著考论》，复旦大学出版社 2018 年版，第 242 ~ 246，252 ~ 258 页。

入小说家，贬为“街谈巷语，道听涂说者之所造”，盖视为黄老道家末流。①

若从道家的学术源流看，宋钘一派为联结老、庄学说的链环，其调和的学风促进了各家学术之交流，允为战国中期在儒、墨之外的另一显学。不过，由于《宋子》书亡佚甚早②，历来学者又多视宋子为墨家支裔，使得其思想面貌更加模糊。笔者过去曾搜罗宋子一派相关文献③，今重新董理旧说，冀能对该派的学说体系有更深一层的认识。

二、宋钘学派的研究材料

梁启超在《中国近三百年学术史》中曾说：“以吾所见，辑子部书尚有一妙法。盖先秦百家言多散见同时人所著书。例如从《孟子》《墨子》书中辑告子学说；从《孟子》《荀子》《庄子》辑宋钘学说……诸如此类，可辑出者不少，惜清儒尚未有人从事如此也。”④ 受其启发，笔者认为《宋子》虽佚，然仍可对其学说进行研究，相关材料可分为三类：一是先秦诸子书中所见对宋钘一派之评述资料。其中，《庄子·天下》对该派有较全面的论述，且文中直引宋钘之语，为考证其思想内涵的重要依据。《荀子》中的《正论》《正名》以较长的篇幅批判宋钘“见侮不辱”“情欲寡”之说，亦不容忽视。此外，《孟子·告

① 按，《汉书·艺文志》载“《宋子》十八篇”，班固自注：“其言黄老意。”是仍承认其为黄老道家。

② 《宋子》书在《隋书·经籍志》已无著录，盖亡于汉魏六朝之际。

③ 林志鹏：《战国诸子评述辑证——以〈庄子·天下〉为主要线索》，复旦大学出版社 2014 年版，第87～101页。

④ 梁启超：《中国近三百年学术史》，东方出版社 1996 年版，第294页。

子下》记载孟子与宋钘论寝兵一事，可资考证宋钘之年世；《韩非子·显学》以“宽”“恕”二语归纳宋钘思想，可见其学说之精神；《尹文子》记载彭蒙与宋钘辩“圣人之治”与“圣法之治”之异，则可用以区别宋钘与彭蒙、慎到一派之分际。上述文献虽属间接之评述材料，但因宋钘著作早亡，因此若要钩稽其遗说或佚篇，必须以这些材料作为研究的起点。

第二类材料是前人指为宋钘遗著之《管子·心术》《管子·白心》《管子·内业》《吕氏春秋·去尤》《吕氏春秋·去宥》等篇。[①] 由于学者对诸篇所呈现之思想内涵理解各异，产生较大的争议，所以在研究时需从材料本身出发，即通过详细的校释，先复原文本，然后在此基础上考证各篇之文献性质及学派归属。

据笔者所考，《管子·心术上》（前半为“经”，后半为“解”）、《管子·心术下》是一组包括“经、解、传”的作品。从思想内涵来看，《管子·心术上》经文当为宋钘一派所作，但其解文大谈“因循”之论，且略具稷下精气论色彩，其诠释与经文原意不尽相合，疑为田骈、慎到一派学者所作。[②] 至于《管子·心术下》乃《管子·心术上》经文进一步引申发挥，可视为其“传”，故附于解经之文后。《管子·心术下》所论大体上契合《心术》经文，唯该篇提出“精气”一词，而文献中未见宋钘谈治气养生之记载，所以难以判断其是否为宋子一派所作，

① 关于宋子学派著作的研究概况，参考林志鹏：《宋钘学派遗著考论》，复旦大学出版社 2018 年版，第 2 ~ 7 页；揣松森：《〈宋子〉研究综述》，载《湖北工程学院学报》2012 年第 5 期。

② 林志鹏：《宋钘学派遗著考论》，复旦大学出版社 2018 年版，第 163 ~ 170页。

但大体可归为稷下黄老著作。① 同收入《管子》的《白心》多处申论《老子》义理，又云“正名”“义兵”，反对“盈满”，与传世文献所述宋子学风较近，疑为该派作品。② 至于《管子·内业》虽可与《管子·心术下》比附，但该篇前后大谈精气论与长寿养生，篇旨与《管子·心术上》《管子·白心》不同，疑为稷下道家以精气说为基础，杂糅心术说及医家养生理论的集大成之作。③

此外，《吕氏春秋·去尤》《吕氏春秋·去宥》二篇，以短小寓言陈说“去囿”的道理，与宋钘学说合，前人如陈奇猷、郭沫若等已指为宋钘、尹文一派之作④，笔者认为此说大致可从，二篇当为宋子后学采择、钞撮战国时期流行的“别囿”故事集。⑤

除上述传世文献外，上海博物馆藏战国楚竹书有《彭祖》

---

① 林志鹏：《宋钘学派遗著考论》，复旦大学出版社 2018 年版，第 171～179页。

② 林志鹏：《宋钘学派遗著考论》，复旦大学出版社 2018 年版，第 125～129 页。

③ 钱穆：《庄老通辨·释道家精神义》说：“或以《白心篇》与《心术》《内业》齐称并举，则非其伦也。大抵《内业》最粹美，《心术》上下次之，而《白心》最下。”以思想的精深程度来说，《内业》诚为上述《管子》四篇之冠，可视为战国时期黄老道家修身论的典范之作。

④ 陈奇猷：《吕氏春秋校释》，华正书局 1988 年版，第 690 页；郭沫若：《青铜时代·宋钘尹文遗著考》，见郭沫若著作编辑出版委员会编《郭沫若全集·历史编》第一卷，人民出版社 1982 年版，第 550 页。

⑤ 顾颉刚在《史林杂识初编·宋钘书入小说家》留意到两篇体制略有差异，他说：“《去尤篇》，末云：‘解在乎齐人之欲得金也，及秦墨者之相妒也，皆有所乎尤也。’此两事皆见《先识览·去宥篇》，一若《去宥》为《去尤》之传者。”按，从体例上看，二篇当如顾氏所言，原本有经、说之别，其形式如《韩非子·内储说》《韩非子·外储说》，但编入《吕氏春秋》时割裂为二，内容亦可能经过删改。

一篇，其内容托言耇老问道于彭祖，敷陈“慎终保劳”“五纪毕周”“心白身怿”等说，并有主敬慎、非斗及戒骄泰盈满之论。周凤五先生曾指出：竹书内容夹杂儒、道，篇中“心白身怿”一语和《管子·白心》及《庄子·天下》所述宋钘一派有关。[1]笔者通过对竹书文本的复原和思想内涵的讨论，认为此篇可以归入宋子学派的著作。[2]

第三类材料乃战国时期其他诸子之著作以及《史记》《汉书》等相关史籍，可视之为背景材料。对于某一思想家的研究，不能仅限于其学说内涵的发掘，而应该将之置于历史发展的脉络，论述其思想源流及其在学术史上之地位。宋钘之学说具有融通道、儒、墨的特色，且又与其他稷下先生彭蒙、田骈、慎到、尹文、荀况等论辩交往，因此要梳理宋钘思想之源流及其与诸子之关系，必须参照《老子》《庄子》《尹文子》《慎子》《荀子》等传世文献以及近出子思学派竹书（如郭店《五行》《性自命出》等篇）。[3] 唯上述诸子著作需经过甄别，如《尹

① 周凤五：《上海博物馆楚竹书〈彭祖〉重探》，见《庆祝钱存训教授九五华诞学术论文集》编辑委员会编《南山论学集——钱存训先生九五生日纪念》，北京图书馆出版社 2006 年版，第 11 ~ 15 页。

② 林志鹏：《宋钘学派遗著考论》，复旦大学出版社 2018 年版，第 74 ~ 80页。

③ 周凤五先生指出：郭店楚简中的儒家著作“《鲁穆公问子思》《穷达以时》《缁衣》《五行》《性自命出》《成之闻之》《尊德义》《六德》等八篇的写作，直接间接都与子思有关，内容也都是子思的生平或学术思想的记录与阐述。……上述八篇似乎可以汇为一编，且很可能就是传自先秦、北宋以后日渐散佚的《子思子》的主体”。周凤五：《郭店竹简的形式特征及其分类意义》，见武汉大学中国文化研究院编《郭店楚简国际学术研讨会论文集》，湖北人民出版社 2000 年版，第 54 页。类似看法又见李学勤：《荆门郭店楚简中的〈子思子〉》，见《重写学术史》，河北教育出版社 2002 年版。

文子》《慎子》涉及材料的真伪问题，《老子》《庄子》又有著作时代先后之争论。此外，《史记·田敬仲完世家》《史记·孟子荀卿列传》《盐铁论·论儒》记述战国时期稷下先生之事迹（唯未及宋钘），这些史料虽出自汉代学者之手，但对于讨论宋钘与其他诸子之年世及关系仍颇有助益。

三、宋钘思想研究述评

在20世纪40年代，刘节、郭沫若对宋钘一派的学说面貌已做了比较深入的讨论①，其所据材料除了传世文献中对宋子言行的记载，还包括他们所认定的宋钘学派遗篇，即《管子》之《心术上》《心术下》《白心》《内业》等篇。20世纪70年代后，学者对上述《管子》四篇的学派归属有较大争论②，也因此对刘、郭之说持保留态度。在海外汉学家方面，史华兹和葛瑞汉对宋钘的思想颇有研究，他们主要根据传世典籍中所见宋子评述资料，态度较为谨慎，也提出一些值得重视的看法。兹引录四家之说，间下己意，以作为复原宋子学说体系的铺垫。

---

① 刘节：《〈管子〉中所见之宋钘一派学说》，见曾宪礼编《刘节文集》，中山大学出版社2004年版，第193～209页；郭沫若：《青铜时代·宋钘尹文遗著考》，见郭沫若著作编辑出版委员会编《郭沫若全集·历史编》第一卷，人民出版社1982年版，第547～572页。

② 或仍持旧说，主张诸篇为宋钘、尹文一派作品，如杜国庠、李学勤、金德建等；或认为田骈、慎到所作，如朱伯崑、裘锡圭、吴光（前二者后来放弃此说）；多数学者则搁置学派归属的讨论，笼统地认为《心术》等篇为“稷下黄老道家”著作。

郭沫若将“宋钘、尹文”视为一派①，他根据传世文献中对二子的评述资料指出：

> 我们可以知道宋派学说的大概。它主要在谈心与情，心欲其无拘束，情欲其寡浅，本“黄老意”，是道家的一派。主张见侮不辱，禁攻寝兵，因而也颇接近墨子，故荀卿以“墨翟、宋钘”为类。也谈名理，但不主张苛察，而且反对苛察，虽然与惠施、公孙龙异撰，但因谈名理，故亦被归为名家。孟子、荀子都尊敬宋钘，而且都受了他的影响，可见和儒家的关系也并不很坏。②

郭氏将宋钘思想的主轴定为“心、情”之学，大致不误。宋子主张“见侮不辱”“禁攻寝兵”，表面上虽与墨子接近，但其立说基础迥异，刘咸炘就认为，墨子之说以兼爱为本，以实利为主；宋、尹之说则以人情为本。刘氏说：“宋、尹曰‘以此白心’，而墨则曰‘备世之急’，此则异矣。其同者，其形迹也；不同者，所持之故与其说之柢也。”③ 前引郭说认为宋子“也谈名理”，这主要是尹文的学说特色，宋子一派或受儒家“正名”之影响，也有类似的主张（如上博竹书《彭祖》有“正五纪”说④）。

---

① 郭说的主要依据为《庄子·天下》将二子合论。白奚先生《稷下学研究》认为宋钘、尹文的学说差异较大，当别而视之，其说是。

② 郭沫若：《青铜时代·宋钘尹文遗著考》，见郭沫若著作编辑出版委员会编《郭沫若全集·历史编》第一卷，人民出版社 1982 年版，第 551 页。

③ 刘咸炘：《子疏定本》，见《刘咸炘学术论集·子学编》，广西师范大学出版社 2007 年版，第 93 页。

④ 见该篇竹书简 5“五纪必（毕）周，虽贫必攸；五纪不正，虽福（富）必失”，“五纪”指君臣、父子、兄弟、夫妇、朋友五伦。

关于宋钘与儒家的关系，郭沫若进一步根据《管子·心术》等篇认为宋、尹“采取道家的立场而却与儒墨旁通……合乎儒家的地方，则是他们并不非毁仁义礼乐（按，引《管子·心术上》《管子·内业》为证）”，“宋钘这一派，无疑是战国时代的道家学派的前驱，而它的主要动向是在调和儒墨的”①。在讨论《管子·白心》时，郭氏留意到该篇对于“中”的观念特别强调，他敏锐地指出《管子·内业》《管子·白心》的“中”字都是内心的意思，认为“这似乎又是受了‘皇子贵衷’，‘子莫执中’或子思的中庸之类的影响”②。按，其拈出孔伋作为宋子“心学”的可能来源，值得重视。

刘节将宋钘学说的来源推至孔、墨，他说：

> 孔子是以“仁”说德……孔子之后，对于心的研究越加普遍与深刻。其代表的人物是孟子与宋钘。另外一派，是想设法取孔子说“仁”的精神而代以“兼爱”，专向客观社会方面发展的，是墨翟。可是宋钘的思想，是间于墨学与孟学之间的。③ ……一方面同孟子的“养心莫善于寡欲”说极相接近。《天下篇》说：“以禁攻寝兵为外，以情欲寡浅为内”……宋钘一派确是兼有孔学、墨学之长，也

---

① 郭沫若：《青铜时代·宋钘尹文遗著考》，见郭沫若著作编辑出版委员会编《郭沫若全集·历史编》第一卷，人民出版社 1982 年版，第 565，570 页。

② 郭沫若：《青铜时代·宋钘尹文遗著考》，见郭沫若著作编辑出版委员会编《郭沫若全集·历史编》第一卷，人民出版社 1982 年版，第 569 页。

③ 按，刘氏下文引《天下》以禁攻寝兵和救世精神为宋派承自墨学处。

可以说真正调和孔、墨两家学说的，唯有宋钘一个人。[1]

刘节将宋子之学置于战国时期心性之学发展的历程中观察，指出其与孟子“养心”之说相近，颇具启发性。宋、孟之心学往上推溯，其共同来源疑为子思。[2] 孔伋（前483—前402）与墨翟（前480—390）并世为战国早期儒、墨二派大师[3]，宋钘之年世（前382—前305）晚于二子[4]，受两派显学之影响，其所调和之对象，准确地说当是“（子）思、墨（翟）”之学。

从郭、刘二氏的讨论中，可以清晰地看到宋钘之学作为稷下道家之先驱，具有融通儒、墨的特色，其思想以《庄子·天下》所称“语心之容，命之曰心之行”的“心术”说作为主轴。[5] 对于宋子的心学，葛瑞汉、史华兹有更深一层的体会。葛瑞汉注意到宋钘对于“心之行”的强调具有建立“主体性”的重要意义，他说：

> 宋钘有别于墨家的地方在于提出一个实行改革的新处方，通过意识到观点狭隘（别宥）来改变人的内心世界（inner man），从他人的判断祛除自负自大，以及认识到人

---

① 刘节：《〈管子〉中所见之宋钘一派学说》，见曾宪礼编《刘节文集》，中山大学出版社 2004 年版，第 193 ~ 194 页。

② 林志鹏：《宋钘学派遗著考论》，复旦大学出版社 2018 年版，第 258 ~ 269页。

③ 子思与墨子的年世约数从钱穆说，参考钱穆：《先秦诸子系年》，商务印书馆 2005 年版，第 89 ~ 90，172 ~ 176，616 页。

④ 宋钘的年世约数从顾实说，参考顾实：《庄子天下篇讲疏》，台湾商务印书馆 1980 年版，第 128 页。

⑤ 关于《庄子天下》二句的解释，参考林志鹏：《宋钘学派遗著考论》，复旦大学出版社 2018 年版，第 17 ~ 18 页。

把本来不多的基本需要人为地膨胀了①。孔子和墨子把“行”理解为社会行为，宋钘强调注意“心之行”。……他在转向专注内心方面扮演了主要角色。②

《庄子·天下》说宋钘“接万物以别宥（囿）为始”，葛氏指出宋子提出“别囿”说的目的在改变人心，其说是。宋子的“别囿”即去除外在的物欲及世俗观念对人的局限，试图恢复人心的澄澈状态（即“白心”）。

另一位汉学家史华兹认为宋钘的道家色彩体现在“内在超脱的态度”③。在一篇合论宋钘与慎到的文章中，史华兹又提出宋子之学略有“工具性道家学说”④ 的色彩。他说：

通常被认为是具有道法结合思想的宋钘和慎到⑤，他们身上的道家思想因素虽然在精神独立和内在超然方面呈现出鲜明的老庄特色，实质上却是他们用来实现社会改良的工具。宋钘、慎到所真正关注的，并不是本体意义上的“道”，而是“道”在现实社会中的种种体现；他们对

① 按，即“人之情欲寡，而皆以己之情为欲多”。

② ［英］葛瑞汉著，张海晏译：《论道者：中国古代哲学论辩》，中国社会科学出版社 2003 年版，第 115 ~ 116 页。

③ ［美］本杰明·史华兹著，程钢译，刘东校：《古代中国的思想世界》，江苏人民出版社 2008 年版，第 329 页。按，所谓“内在超脱的态度”，即《庄子·逍遥游》所述宋荣子（即宋钘）“举世而誉之而不加劝，举世而非之而不加沮，定乎内外之分，辩乎荣辱之境”。

④ 史华兹所谓“工具性的道家学说”，即顾立雅所称“目的性的道家学说”，指申不害、慎到等具有道、法融合色彩的学说。

⑤ 按，从《尹文子》“田子读书”章可以看出宋子在政治上仍重人治，此点与田骈、慎到“以法齐物”、主张法治的立场迥异。林志鹏：《战国诸子评述辑证——以〈庄子·天下〉为主要线索》，复旦大学出版社 2014 年版，第 17 ~ 19 页。

“道”的追求包括了以平静超脱的内心状态去实现自己积极的社会理想。①

宋钘的淑世精神虽受到墨子的影响，但其改造社会之道并非如墨徒般“日夜不休，以自苦为极”，亦非如慎到等道法家注重“法”的优先性，而是具有内在精神革新的意义。史华兹在文中讨论《孟子·告子下》宋钘与孟子遇于石丘章，提出如下观察：

在与孟子的一次邂逅中，我们看到他奔波于秦楚之间，劝说统治者不要发动战争。当孟子问及他有何论据时，他回答说要以“言其不利”（《孟子·告子下》）来说服他们。这里可以清晰地看到一位墨家模式的积极分子，实际上是一种在墨子身上也看不到的激进的新模式的迹象。宋钘准备越过政治机构而直接呼吁人民“以此周行天下，上说下教，虽天下不取，强聒而不舍者也，故曰上下见厌而强见也。”（《庄子·天下》）……（道家思想在其身上的体现）似乎是他们内心生活自由和保护心灵不受流行于他们所生存的环境中之虚假的善恶观念所干扰的真切感受。他们如果是墨家，就会感到墨子对于人们内在精神状态的严重忽视可能是他世界观中的缺陷之一。……他们忍受着人们的凌辱和污蔑，因为他们从心里明白，这些侮辱并不能伤害他们真正的尊严。儒家的君子达不到这种平静，他必定在意自己人格的受辱，因为礼的整个结构都依赖于对君子尊

① ［美］史华兹：《黄老学说：宋钘和慎到论评》，见陈鼓应主编《道家文化研究（第四辑）》，上海古籍出版社1994年版，第128页（引自文前摘要）。

严的维护。……宋钘则可以避开一切怨仇和争执，因而，就其内心之不受外界干扰而言，他的确具有老庄式发自心底的精神独立。

而这种内心的平静，非但不妨碍他处世的积极，反倒使他更加坚定。他在内心的平静、满足与为了人类幸福的不倦努力之间划了一道清晰的界限。他对于人的“人之情欲也寡，而皆以己之情欲为多”的坚信，与墨子认为人们处在“自然状态”下，死守着自身利益的观点形成鲜明的对照。这一信念鼓励着他相信自己能够通过说教来打动人们。①

此处所论颇能见宋子之学与儒、墨之分野，如果我们对比三家宗师之教，孔子以诗书礼乐之“文”和“仁德”授徒，墨子从实用功利的角度教导世人要“泛爱兼利”，宋钘则强调以“心术”（去囿、白心）上说下教。

四、宋子学说体系复原

综合上节所述前贤之说，可以将宋子一派的学说体系描述如下：该派认为要达到“天下安宁”，除了列国要“禁攻寝兵”，还需以“心术”作为改革社会之道。宋子的“心术”是以“白心”为个人修身之境界，以“去囿”为治心的方法，而去囿的主要内涵在“人之情欲寡”及“见侮不辱”。宋子后学或受尹文、慎到影响，亦有“正名”（远绍孔子）及“静因之道”（承自老子）的主张。兹将上述要点略加说明：

---

① ［美］史华兹：《黄老学说：宋钘和慎到论评》，见陈鼓应主编《道家文化研究（第四辑）》，上海古籍出版社 1994 年版，第 132 ~ 133 页。

1. 心术及白心：宋钘重视心的作用及地位，以“心术”为其理论主轴。所谓“心术”即“心之行”。《管子·心术上》经文开篇便说：“心之在体，君之位也。”《庄子·天下》亦点出宋子之学的要旨在于“语心之容，命之曰心之行”。《庄子·天下》又谓宋子一派“不累于俗，不饰于物，不苟于人，不忮于众，愿天下之安宁以活民命，人我之养毕足而止，以此白心”。白心即彰明其心，使心恢复本然澄澈的状态。《管子·白心》更以此为主旨，除以隐语论心为人身之主宰，更呼吁人们通过审慎的观察，去除外在事物对心的干扰，如云：“人言善亦勿听，人言恶亦勿听。持而待之，空然勿两之，淑然自清，无以旁言为事成。察而征之无听辩，万物归之，美恶乃自见。”“白心”可视为宋钘学派追求之境界，其功夫则在别囿。

2. 去囿[①]：《庄子·天下》谓宋子“接万物以别宥为始”，所谓“别宥”即去囿，其内涵包括“不为苛察，不以身假物”，“不累于俗，不饰于物，不苟于人，不忮于众”，“定乎内外之分”，即将外在的荣辱及多余的物欲视为人心之囿限，别而去之，维持心之洁白。《管子·心术上》经文云：“虚其欲，神将入舍。扫除不絜，神乃留处。”又云：“君子不怵乎好，不迫乎恶。恬愉无为，去智与故。”皆合于别囿之旨。此外，《吕氏春秋·去尤》说：“所以尤（囿）者多故，其要必因人所喜与因人所恶。”将人之蔽囿归结为心中之喜恶，既有喜恶，则外有所重，而“外有所重者，泄盖内掘”。同书《去宥》也说：“凡人必别宥然后知，别宥则能全其天矣。”

---

① 在宋钘之后，战国诸子围绕“去囿”，提出了一些不同的主张，参考林志鹏：《战国诸子的“别囿”观》，载《中国文化》2016 年第 2 期。

3. 情欲寡浅：宋钘主张“以情欲寡浅为内”“请欲置之以为主”，又说：“请欲固置五升之饭足矣，先生恐不得饱，弟子虽饥，不忘天下。”（《庄子·天下》）宋子倡“情欲寡”乃认为人心的欲望本来不多，却自以为本性多欲，如此只会徒增烦扰及纷争。

4. 见侮不辱：宋钘特别强调对“荣辱”观念的破除，缘于民间的私斗往往因为言行的侮辱而生。以宋子来看，世俗所谓“荣辱”，不过是一种思想上的拘束，应当打破，所以他主张“见侮不辱，救民之斗”，荣辱之囿既破，则可使民无斗。此外，《庄子·逍遥游》谓宋子“举世而誉之而不加劝，举世而非之而不加沮”，即将世俗之非誉荣辱置之度外。葛瑞汉认为：“‘见侮不辱’的趣味在于它引起一个问题，个人的自我评价能否完全独立于他人的好恶；宋钘和庄子主张它能够独立而且应该独立。”①

5. 正名：战国竹书《彭祖》如前所述，为宋子一派作品，篇中倡导等级名分乃人之纲纪，必须遵守，简文说：“父子兄弟，五纪毕周，虽贫必攸；五纪不正，虽富必失。”《管子·心术上》也强调：“君臣父子人闲之事谓之义。”解文谓“义”为“各处其宜”。此主张表现出宋钘兼容儒家学说的一面。宋派上承孔子“君君、臣臣、父父、子子”“名不正则言不顺，言不顺则事不成”之正名观，主张：“正名自治，奇名自废。名正法备，则圣人无事。”（《管子·白心》）“物固有形，形固有名，名当谓之圣人。”（《管子·心术上》）

---

① ［英］葛瑞汉著，张海晏译：《论道者：中国古代哲学论辩》，中国社会科学出版社 2003 年版，第 117 页。

6. 静因之道：《管子·心术上》由虚静推出静因之道，可能为宋子一派对《老子》虚静无为说的发展。所谓“静因之道”即：“其应也，非所设也。其动也，非所取也。”“其处也若无知，其应物也若偶之。”需要指出的是，《管子·心术上》经文虽初步提出“因”“应”之观念，但全篇所重仍在“虚”“静”，解文则受慎到一派影响，大谈因循之论。此外，《管子·白心》云：“圣人之治也，静身以待之，物至而名自治之。……不可常居也，不可废舍也，随变断事也，知时以为度。”亦合于静因之说。

上述宋钘学说之“去囿”“情欲寡浅”“静因之道”，可视为《老子》之学的进一步发展①；“正名”受儒家影响，“心术”说则更受子思学派之沾溉；“禁攻寝兵”虽受墨家影响，但立论基础不同。综合来看，宋钘学说融合道、儒、墨，而以《老子》学为其根底。若以汉人学术流派之划分，其思想当归入道家；《汉书·艺文志》将之划入小说家，主要着眼于立论形式。②

① 林志鹏：《宋钘学派遗著考论》，复旦大学出版社 2018 年版，第 242～245页。

② 林志鹏：《宋钘学派遗著考论》，复旦大学出版社 2018 年版，第 80～84 页。

王阳明与齐国兵学

——以《孙子兵法》为例

朱丽霞
（上海交通大学教授）

美国哈佛大学教授杜维明认为：五百年来，儒家的源头活水就在王阳明。梁启超认为：阳明先生，百世之师。说明王阳明对明代以来中国思想领域的巨大影响。王阳明不仅是明代新儒学的创始人，其军功勋业也登峰造极，《明史·冀元亨列传》载："终明之世，文臣用兵制胜，未有如守仁者也。"明代学者薛侃即认为王阳明兼"具文武之全才，阐圣贤之绝学"①。四库馆臣评价王阳明"不独事功可称，其文章自足传世"，认为王阳明的军事贡献在其思想成就之上。清初文坛领袖王士禛认为王阳明是明代成就最高的历史人物，立德、立功、立言皆居绝顶。晚明大儒黄道周著《广名将传》②，所选西周到明代两千年历史

---

① 〔明〕王守仁撰，吴光、钱明、董平、姚延福编校：《王阳明全集·世德纪附录》，上海古籍出版社2011年版，第1663页。

② 〔明〕黄道周：《广名将传》，书目文献出版社1986年版，第342页。

中的著名将领170余人，王阳明名列其中。可知，王阳明是明代学术与兵法具臻极致的历史人物。

王阳明（1472—1529），明代哲学家和军事家，是贯穿明中叶前后学术和思想的重要人物。阳明心学代表了明清思想的最新成就。除此其最大的贡献是军功。一定程度上说，对于历史的贡献，王阳明的军功超越其哲学思想。三度出兵三度平乱，战无不胜，挽救了明代的政治格局，成为明代军事史上卓越的军事家。王阳明之伟大军功的取得在于他对齐国兵学的专志研究，《孙子兵法》成为王阳明建立军事功勋的理论基础。日本学者冈田武彦认为《孙子兵法》是王阳明兵学智慧的源头。

《孙子兵法》是齐国兵学的经典著作，包含战略学、战术学、军事预测学、情报学、军事心理学等多种军事科学。明代军事家茅元仪《武备志》云："前《孙子》者，《孙子》不遗；后《孙子》者，不能遗《孙子》。"认为《孙子兵法》思想在军事史上空前绝后。由此，作为中国最早的兵学著作，《孙子兵法》被誉为"兵学圣典"。王阳明的军功及其军事史上的地位取决于他对齐国兵法尤其是《孙子兵法》的精心研究与智慧运用。

一

王阳明出身于官宦之家，其父王华高中状元。王阳明自幼在父亲身边成长，深受家国情怀的教育。15岁时，出居庸关，度山海关，深入蒙古部落，考察军事防御，获得了境外军事防御的重要信息。当时，蒙古族鞑靼部时常侵扰，雁门关到居庸关等关口常常告急。朝廷从全国各地调集大军，加强边关防御，开特科选拔军事人才。王阳明认为朝廷饥不择食，所选拔的无非是一些英勇无畏的骑射搏击之武夫，而不是真正知兵法、会战术的军事人才。他认为，真正的军事人才不仅能冲锋陷阵，疆场杀敌，更重要的是懂得军事谋略。为此，他对古代兵学圣典《武经七书》进行详细评点，体现了其睿智独立的军事学识。该书在其平定叛乱的过程中发挥了重要作用，成为他平定叛乱的指导思想。在主持修缮大将王越墓的工程中，曾运用诸葛亮的“八阵图”“驭役夫以十五之法”①。即使在娱乐宴席中，王阳明也往往“聚果核列阵为戏”，可知，王阳明努力将古代兵法的理论知识付诸具体实践。王阳明一生的军事功勋正得益于他对齐国兵法的熟谙。

《武经七书》是北宋朝廷作为官书颁行的兵法丛书，是中国古代军事教科书，是后世武学必读之书。《武经七书》中，王阳明评注最多、用力最深的是《孙子兵法》和《六韬》，而这两部兵书都出自齐国，集中了战国时期齐国的军事精华。可知，王阳明对齐国兵法用力之深。以《孙子兵法》为关照点，透过王阳明的点评，可以探知其兵法思想的来源，进而可知王阳明对齐国兵法的谙熟与研究。

王阳明评《孙子兵法》：

始计第一

> 谈兵皆曰：“兵，诡道也，全以阴谋取胜。”不知阴非我能谋，人不见，人目不能窥见我谋也，盖有握算于未战者矣。孙子开口便说“校之以计而索其情”此中校量计划，有多少神明妙用在，所谓“因利制权”，“不可先传”者也。

《孙子兵法》的兵法核心是“兵者诡道也”。战略战术中极推崇用“计”谋，将用“计”置于武力之上。王阳明认可的正

---

① 〔明〕王守仁撰，吴光、钱明、董平、姚延福编校：《王阳明全集·序说·序跋》，上海古籍出版社2011年版，第1556页。

是孙子的用“计”的“诡”道战术。所谓“计”，即权衡敌方的实力，判断作战胜负的可能性。

作战第二

兵贵“拙速”，要非临战而能速胜也，须知有个先着在，“校之以计而索其情”是也。总之不欲久战于外以疲民耗国，古善用兵之将类如此。

《孙子兵法》主张作战速战速胜，速战，不会疲民耗国，反对持久战。王阳明认为兵固然贵在速战，但仍然需要战前“计”谋，速战之前的全面谋划必不可少。王阳明的用兵认同孙子，但不拘泥于孙子。由此，王阳明在军事上超越孙子之上。

攻谋第三

兵凶战危，圣人不得已而用之者也。故孙子作《兵法》，首曰“未战”，次曰“拙速”，此曰“不战，屈人兵”。直欲以“全国”“全军”“全旅”“全卒”“全伍”。“全”之一字，争胜于天下。“上兵伐谋”，第校之以计而制胜之道而已。“辅周则国必强”，其在此将乎！

王阳明认为孙子最智慧的兵法思想是“不战而屈人之兵”，努力保全军队战斗力是最优秀的将领。“上兵伐谋”，即最好的用兵之道是用谋略，而不是诉诸武力。

军始第四

“修道保法”，就是经之以五事。其胜也，“无智名，无勇功”，所谓“不战而屈人之兵”也。此真能先为“不可胜”，以“立于不败之地”者，特形藏而不露耳。

王阳明认为孙子所谓“不战而屈人之兵”并非不备战，而是善于“藏而不露”，武力是最后不得已而为之。于此，王阳明详细地阐释孙子的战略思想。

兵势第五

莫正于天地、江海、日月、四时，然亦莫奇于天地、江海、日月、四时者何？惟无穷，惟不竭，惟“终而复始”，惟“死而复生”故也。由此观之，不变不化，即不名奇，“奇正相生，如环无端”者，兵之势也。任势即不战而气已吞，故曰以“正合”“奇胜”。

变化无端乃兵家长势。王阳明认为掌兵者当深知用兵的变化无端，才有可能出奇制胜。

虚实第六

苏老泉云：“有形势，便有虚实。”盖能为校计索情者，乃能知虚实；能知虚实者，乃能避实击虚，因敌取胜。“形兵之极，至于无形”，微乎神乎，此乃其所以“致人而不致于人”者乎！

王阳明认为，避实就虚的战术为兵家常用。但如何能够避实就虚，王阳明认为，阵势的极致是无形，在无规则中出其不意，置敌人于死地。

军争第七

善战不战，故于军争之中，寓不争之妙。“以迂为直，以患为利”，“分合为变”，“悬权而动”；而必申之以避锐击惰；“以治”，“以静”，“无要”，“无击”，“勿向”，“勿逆”等语，所谓“校之以计而索其情”者，审也。匪直能以不争胜争，抑亦能不即危，故无失利。

王阳明认为，军争之中，以不争、不战而取胜，以迂回曲折的方式与敌人周旋，而不是直接正面冲突，以减少战争冲突的损失，这正是孙子“校之以计而索其情”。其他如：

九变第八

从古有治人无治法。国家诚得于“九变”之将，则于“五利”“五危”之几，何不烛照数计，而又何覆军杀将之足虞乎？“智者之虑，杂于利害”，此正通于“九变”处，常见在我者有可恃，而可以屈服诸侯矣。

行军第九

“处军相敌”，是行军时事。“行令教民”，是未行军时事。然先处军而后相敌，既相敌而又无武进，所谓“立于不败之地”，而兵出万全者也。

地形第十

今之用兵者，只为求名避罪一个念头先横胸臆，所以地形在目而不知趋避，敌情我献而不为觉察，若果“进不求名，退不避罪”，单留一片报国丹心，将苟利国家，生死以之，又何愁不能“计险阨远近”，而“料敌制胜”乎？

九地第十一

以地形论战，而及“九地”之变，“九地”中独一“死地则战”，战岂易言乎哉？故善用兵者之于三军，“携手若使一人”，且如出一心，使人人常有“投之无所往”之心，则战未有不出死力者，有不战，战必胜矣。

火攻第十二

火攻亦兵法中之一端耳，用兵者不可不知，实不可轻发，故曰：“非利不动，非得不用，非危不战；主不可以怒而兴师，将不可以愠而致战。”是为“安国全军之道”。

用间第十三

用间与乘间不同，乘间必间自人生，用间则间为我用。知此一法，任敌之坚坚完垒，而无不可破，横行直撞，直游刃有余了。总之，不出“校之以计而索其情”一语。

梅林曰：用间是制胜第一妙法，故孙子作十三篇，以此结之。其寓意远矣，有志当世者，不可不留心焉。

对《孙子兵法》进行深刻解读的基础上，王阳明时时提出自己的真知灼见，可知，13篇《孙子兵法》评，就是13篇王阳明的军事思想的总结。

嘉靖年间，胡宗宪主持浙江抗倭，得王阳明手批《武经七书评》① 后爱不释手，颇敬佩王阳明的军事睿智，于是在王阳明评点的基础上胡宗宪再加参阅，并将吸收的孙子、王阳明的兵法行之有效地用以指导抗倭战争。胡宗宪参阅的《武经》后为登州守兵孙元化所得，他从中了解到王阳明透过《武经》所表达的兵学观，“大都以我说书，不以书绳我；借书揣事，亦不就书泥书；提纲挈要，洞玄悉微，真可衙官孙、吴而奴隶司马诸人者矣”②。可谓知人之论。王阳明从古代兵书中探索出适合其时代的兵法，提炼出新的兵学思想。因此，王元化认为王阳明的兵学超越孙子、吴起和司马穰苴。据此可知，王阳明的兵学思想受到齐国兵法的极大影响。

王阳明不仅认同齐国兵法，而且将齐国兵法思想应用到具体实践中。

二

蒙古鞑靼时常侵扰西北边陲，明孝宗深感忧虑，于是下旨，

---

① 〔明〕王守仁撰，吴光、钱明、董平、姚延福编校：《王阳明全集·序说·序跋》，上海古籍出版社2011年版，第1307页。

② 〔明〕王守仁撰，吴光、钱明、董平、姚延福编校：《王阳明全集·序说·序跋》，上海古籍出版社2011年版，第1782页。

征召天下御虏良言，各级官吏皆可上书。王阳明遂上《陈言边务疏》①，详论御边八事，言极剀切。其御边八事思想全部来自《孙子兵法》，是《孙子兵法》军事学的理论体现，也是对《孙子兵法》的提炼和升华。

王阳明《陈言边务疏》第一条即“蓄材以备急”，强调培养军事人才的重要性。《孙子兵法》开篇《始计》论用兵“五事”曰：道、天、地、将、法。认为将帅与天地并举。因此，在许多篇目中，孙子都强调将帅的作用，《孙子·谋攻》：“夫将者，国之辅也。辅周则国必强，辅隙则国必弱。”认为将帅在战争中可以扭转全局，决定胜负，对战争起着决定作用。《孙子·作战》曰：“知兵之将，生民之司命，国家安危之主也。”反复强调将帅的作用。王阳明上《疏》论曰：“何谓蓄材以备急？臣惟将者，三军之所恃以动，得其人则克以胜，非其人则败以亡，其可以不豫蓄哉？”人才决定着国家的盛衰强弱。王阳明进而提出储备人才的三条具体方法：首先，培养兵法智谋人才，“使公侯之子皆聚之一所，择文武兼济之才，如今之提学之职者一人以教育之，习之以书史骑射，授之以韬略谋猷”。从公侯贵族子弟中选拔睿智人才，专门教之战争谋略，培养军师。其次，“于武学生之内岁升其超异者于此，使之相与磨砻砥砺，日稽月考，别其才否，比年而校试，三年而选举”。从习武学生中选拔卓绝超异子弟，磨砻砥砺，使之与军师切磋，培养将军。王阳明之“文武之才”的观点来源于《孙子兵法·行军》“令之以文，齐之以武”，即“文武”相济的选才方法。第三，“至于兵部，自

---

① 〔明〕王守仁撰，吴光、钱明、董平、姚延福编校：《王阳明全集·别录》，上海古籍出版社2011年版，第316页。

尚书以下，其两侍郎使之每岁更迭巡边，于科道部属之内择其通变特达者二三人以从，因使之得以周知道里之远近，边关之要害，虏情之虚实，事势之缓急，无不深谙熟察于平日；则一旦有急，所以遥度而往莅之者，不虑无其人矣”。加强兵部管理，兵部尚书、兵部侍郎必须每年离京巡边，且从其部属中选择通变特达者数人跟随，考察道里远近，边关要害，虏情虚实等，使之熟谙边关形势，储备宰相人才。

《陈言边务疏》“三曰简师以省费”：“何谓简师以省费？臣闻之兵法曰：‘日费千金，然后十万之师举。’夫古之善用兵者，取用于国，因粮于敌。”按，其所谓“兵法”即《孙子兵法》。《孙子兵法·作战》：“凡用兵之法：驰车千驷，革车千乘，带甲十万，千里馈粮，则内外之费，宾客之用，胶漆之材，车甲之奉，日费千金，然后十万之师举矣……善用兵者，役不再籍，粮不三载。取用于国，因粮于敌，故军食可足也。”可知，王阳明不主张轻易出师的思想来源于孙子。进而王阳明提出“简师以省费”的具体措施：

> 夫兵贵精不贵多，今速诏诸将，密于万人之内取精健足用者三分之一，而余皆归之京师。万人之声既扬矣，今密归京师，边关固不知也，是万人之威犹在也；而其实又可以省无穷之费。岂不为两便哉？……今诚于边塞之卒，以其所以养京军者而养之，以其所以赏京军者而赏之，旬日之间，数万之众可立募于帐下，奚必自京而出哉？

“夫兵贵精不贵多”出自《孙子兵法·行军》：“兵非益多也，惟无武进，足以并力、料敌、取人而已。”王阳明上该奏疏时，军队已经出师。因此，王阳明建议，速诏各路将领，从万余士兵中精选三千出征，七千余兵密回京师，如此，可节省军费开支。而将京师军费与奖赏悉予边兵，鼓舞士气，精兵良将，必将战无不胜。

“四曰屯田以足食。”“何谓屯田以给食？臣惟兵以食为主，无食，是无兵也。边关转输，水陆千里，踣顿捐弃，十而致一。故兵法曰：‘国之贫于师者远输，远输则百姓贫；近师贵卖，贵卖则百姓财竭’，此之谓也。”《孙子兵法·作战》认为，边防军粮全靠内地百姓输送并非良策，良策是资敌人之粮。王阳明认同孙子边粮不仰赖百姓的观点，但主张边关军屯自养，“三边之戍，方以战守，不暇耕农。诚使京军分屯其地，给种授器，待其秋成，使之各食其力。寇至则授甲归屯，遥为声势，以相犄角；寇去仍复其业，因以其暇，缮完虏所拆毁边墙、亭堡，以遏冲突。如此，虽未能尽给塞下之食，亦可以少息输馈矣。此诚持久俟时之道，王师出于万全之长策也”。从这条策略中可知王阳明非同常人的智慧，孙子资粮于敌固然是最省费、省力的方法，但明朝前中期面对的主要侵扰来自蒙古，马上敌人，出征本就不携军粮，故孙子的谋略不适宜明朝。军屯体现了王阳明知己知彼、因时而变的战略意识。

“五曰行法以振威。”“振疲散之卒，而摧方强之虏。今边臣之失机者，往往以计幸脱。朝丧师于东陲，暮调守于西鄙，罚无所加，兵因纵弛。……夫法之不行，自上犯之也。今总兵官之头目，动以一二百计……此辈非势家之子弟，即豪门之夤缘，皆以权力而强委之也。……将军之威，固已因此辈而索然矣，其又何以临师服众哉！臣愿陛下手敕提督等官，发令之日，即以先所丧师者斩于辕门，以正军法……则士卒奋励，军威振肃。克敌制胜，皆原于此。”主张赏罚分明，毫不留情。这源自《孙子兵法·行军》：“卒未亲附而罚之，则不服；不服，则难用也；

卒已亲附而罚不行，则不可用也。”

“六曰敷恩以激怒。”“臣闻杀敌者，怒也。”此条出自《孙子兵法·作战》。王阳明对孙子这一主张进行阐发，提出激发士兵“怒”的具体措施：“今师方失利，士气消沮；三边之戍，其死亡者非其父母子弟，则其宗族亲戚也。今诚抚其疮痍，问其疾苦，恤其孤寡，振其空乏，其死者皆无怨尤，则生者自宜感动。然后简其强壮，宣以国恩，喻以虏仇，明以天伦，激以大义；悬赏以鼓其勇，暴恶以深其怒；痛心疾首，日夜淬砺；务与之俱杀父兄之仇，以报朝廷之德。则我之兵势日张，士气日奋，而区区丑虏有不足破者矣。”战场上的牺牲者与正在守边的士兵血肉相连，非同族即宗亲，他们正思杀敌报仇。此时，朝廷明以天伦，激以大义，加以重赏，必能鼓其志气，奋勇杀敌。较之孙子简短一言，王阳明的主张更具有可实施性。

“七曰捐小以全大。”直接引用孙子语：“臣闻之兵法曰：‘将欲取之，必固与之’；又曰：‘佯北勿从，饵兵勿食’，皆捐小全大之谓也。”语出《孙子兵法·军争》。就明朝边防的实际，王阳明对孙子的这一思想进行具体分析：“今虏势方张……今若恣其操纵，许以便宜；其纵之也，不以其坐视；其捐之也，不以为失机。养威为愤，惟欲责以大成；而小小挫失，皆置不问。则我师常逸而兵威无损，此诚胜败存亡之机也。”

“八曰严守以乘弊。”即坚固防守，等待敌人疲敝再出击。出自《孙子兵法·形》：“昔之善战者，先为不可胜，以待敌之可胜。”以此为指导，分析在明朝刚刚战败的情势下边防严守的必要性：“今边卒新破，虏势方剧……为今之计，惟宜婴城固守，远斥候以防奸，勤间谍以谋虏；熟训练以用长，严号令以肃惰；而又频加犒享，使皆畜力养锐。”建议严守固防，养精蓄锐。然后当“我食既足，我威既盛，我怒既深，我师既逸，我守既坚，我气既锐，则是周悉万全，而所谓不可胜者，既在于我矣。由是，我足，则虏日以匮；我盛，则虏日以衰；我怒，则虏日以曲；我逸，则虏日以劳；我坚，则虏日以虚；我锐，则虏日以钝。索情较计，必将疲罢奔逃；然后用奇设伏，悉师振旅，出其所不趋，趋其所不意；迎邀夹攻，首尾横击。……所谓胜于万全，立于不败之地。”

由上可知，《陈言边务疏》随时引用《孙子兵法》的策略，并对《孙子兵法》的谋略进行深度解析，提出指导明朝的具体战略方针，这说明，王阳明对《孙子兵法》的军事理论已烂熟于心。

事实上，王阳明不仅对《孙子兵法》谙熟于胸，其一生三次平乱、战无不胜的辉煌战绩也得益于他以《孙子兵法》作为战略指导。

三

日本江户时期著名儒学家林罗山认为，虽王阳明才智强记，但其称军旅之事必取孙武之法。这说明《孙子兵法》在军事史上的权威性，同时也说明王阳明对《孙子兵法》的敬仰。

知彼知己，百战不殆。《孙子兵法·谋攻》：“知彼知己者，百战不殆；不知彼而知己，一胜一负；不知彼，不知己，每战必殆。”正德十二年（1517），王阳明奉命扫平赣州暴乱。他了解到暴乱的原因在于饥荒，饥民抢劫商船与官府。针对此，王阳明张贴告示，进行安抚，制订救助政策，未动一兵一卒，平息暴乱。这既是孙子知彼知己兵法的具体运用，也是“兵者，诡道也”“圣人不得已而用之”“上兵伐谋”战略的具体实施。

兵不厌诈。《孙子兵法·计》提出的这一兵法思想。王阳明奉命剿福建乱匪，当地百姓多受贼贿，为之耳目。官府难以剿灭。王阳明遂抓捕一奸猾老翁，冒已侦知其通贼，罪当死，如悉列通贼者名单可免罪。于是老者将所知贼匪实情一一告知。随后，王阳明将通贼者一一治办。王阳明又张贴告示，表明凡自动放弃抵抗者，将不予追究责任。许多贼匪前来投诚，然其首领不信王阳明的恩典，遂表面听从劝告，暗中严加戒备。为取信贼匪首领，王阳明将计就计，解散军队，让士兵各自回乡。临行，奏响军乐，大摆宴席，为将士们庆功送行。见此情景，贼匪首领遂放松警惕，亲率部下与王阳明谈判。王阳明安排宴席，盛情款待，暗中部署将士，不动兵戈平息暴乱。这是王阳明综合运用《孙子兵法》“兵不厌诈”的成功案例。

用兵贵速。《孙子兵法·作战》：“兵闻拙速，未睹巧之久也。”在平定南赣暴乱时，王阳明调动广西少数民族的狼兵，迅速出击。在征讨福建叛乱时，了解敌情后，王阳明即令江西、湖广、广东三省集中兵力，联合出击。战前，王阳明誓师：“兵宜随时，变在呼吸……利在速战。若当集谋之始，即掩贼不备，成功可必。”① 这是灵活运用《孙子兵法》而获得的战功。

出其不意，攻其不备。《孙子兵法·虚实》：“出其所不趋，趋其所不意。”“攻而必取者，攻其所不守也。”在平乱时，为节省军费，减少劳民伤财，王阳明孤立各路匪徒，集中调动精兵，出其不意，分而击之。《横水桶冈捷音疏》：“议得桶冈、横水、左溪诸贼，荼毒三省，其患虽同，而事势各异。以湖广言之，

① 〔明〕王守仁撰，吴光、钱明、董平、姚延福编校：《王阳明全集》下，上海古籍出版社2011年版，第1367页。

则桶冈诸巢为贼之咽喉，而横水、左溪诸巢为之腹心；以江西言之，则横水、左溪诸巢为贼之腹心，而桶冈诸巢为之羽翼。今不先去横水、左溪腹心之患，而欲与湖广夹攻桶冈，进兵两寇之间，腹背受敌，势必不利。今议者纷纷，皆以为必须先攻桶冈，而湖广克期乃在十一月初一日，贼见我兵未集，而师期尚远，且以为必先桶冈，势必观望未备。今若出其不意，进兵速击，可以得志。已破横水、左溪，移兵而临桶冈，破竹之势，蔑不济矣。”该奏疏分析敌我形势，综合采用知彼知己、出其不意、速战速胜等孙子谋略，成功剿灭横水、左溪贼匪。

《孙子兵法》首篇即《计》，多次强调“校之以计而索其情”。这说明孙子最重视战争中用“计”。这一战略战术王阳明屡用不爽。在平定宁王宸濠之乱中，为牵制宁王北上，王阳明曾伪造圣旨，传檄天下勤王，号称四十八万官兵赴南昌。当手下军师建议救援安庆时，王阳明推断：直趋安庆，贼必回军死门，是我腹背受敌也。莫若先破南昌，贼失内据，势必归援。如此，则安庆之围自解。“若先出锐卒，乘其惰归而击之，一挫其锋，众将不战自溃矣。”① 结果正如王阳明所料，朱宸濠中计被抓获。平定朱宸濠之乱，乃王阳明综合运用计谋、设伏、伪装弱势逃跑、诱敌深入，然后集中兵力攻打敌人的薄弱环节，最终克敌制胜等孙子谋略，弟子王畿总结胜利原因云：“人徒见其（王阳明）出城之迟，不知多方设疑用间，有以贰而挠之也。宸濠出攻安庆，师既破省城，以三策筹之，上策直趋北都，中策取南都，下策回兵返救……人徒知其成擒之易，不知谋定而

① 王畿：《读先师再报海日翁吉安起兵书序》，见吴震编校整理《王畿集》，凤凰出版社 2007 年版，第 342 页。

动，先有夺其心也。”① 可知，王阳明获胜的关键在于善用“间谍”、善于“攻心”，而用间、攻心正是孙子所重视的兵法。

嘉靖年间广西发生暴乱，王阳明奉命赴剿。经调查叛乱爆发的原因在于官府强征苛捐杂税。对此，王阳明决定放弃武力剿匪，而是进行说服教育，进行感化，最终顺利平息暴乱，而且整治了地方官府。这次所谓平乱，王阳明正是运用了孙子“神武不杀”的策略。

《孙子兵法》曰：将在外，君令有所不受。王阳明平定广西叛乱后，继续北上讨伐湖广的叛匪。广西剿匪是奉命而行，而湖广剿匪朝廷并未授命。王阳明认为，“虽无诏命，先发后闻可也。况有便宜从事之旨乎！”王阳明出征，皇帝曾授予“便宜从事”的权力，湖广匪乱，顺道而为，便可“便宜从事”，无待圣旨。他说：“大夫出疆，有可以安国家、利社稷，专之可也，古之道也。”而《孙子兵法·地形》中“进不求名，退不避罪，唯人是保，而利合于主，国之宝也”的兵法思想就是王阳明征剿湖广匪乱的理论依据。

在王阳明的时代，他的军事思想只能用于平定国内暴乱，国际上风起云涌的动荡局势激烈地冲击中国秩序时要到戚继光的时代。尽管如此，从王阳明的军功看，在明代军事史上，王阳明仍然是与后起的戚继光并驾齐驱的军事家。

---

① 王畿：《读先师再报海日翁吉安起兵书序》，见吴震编校整理《王畿集》，凤凰出版社 2007 年版，第 342 ~ 343 页。

人性的结构与目的论善性

——荀子人性论再论

李景林
（北京师范大学教授）

一、引言

笔者1986年发表的《荀子人性论新论》①，提出以“从心之所可”的人性结构论来讨论荀子人性论的内涵。近年，关于荀子的研究有渐成显学之势。最近，尼山书院举办荀子公开课，笔者有幸受邀参加此项工作。借此机会，重新阅读《荀子》，在进一步阐发三十多年前所揭示的人性论结构的基础上，尝试对荀子人性论及其伦理政治哲学理论的自洽性和理论必然性作出自己的理论解释。

后儒对荀子的批评，主要集中在性恶论。或谓其失大本，如小程子所说：“荀子极偏驳，只一句‘性恶’，大本已失。”（《二程集·遗书》）或谓其轻忽源头而重末流，如王阳明所说：

---

① 李景林：《荀子人性论新论》，载《吉林大学社会科学学报》1986年第4期。

“孟子说性，直从源头上说来，亦是说个大概如此。荀子性恶之说，是从流弊上说来，也未可尽说他不是，只是见得未精耳。”又谓孟子言性善，是“要人用功在源头上明彻”；荀子说性恶，是“只在末流上救正”（《王文成公全书·传习录下》）。甚或认为两千年之学为荀学，是专制“乡愿”之根源，如谭嗣同《仁学》说：“二千年来之政，秦政也，皆大盗也；二千年来之学，荀学也，皆乡愿也。”

荀子两大弟子韩非、李斯，虽皆为法家，却不能说荀子为法家。法家之人性论，以人性本有“实质之恶”，故在政治上专主外力的强制。荀子虽言“性恶”，然其所谓“性恶”，并非人性本有“实质之恶”，故荀子之人性论，在政治上并未导致外在强制之说。在道德上，荀子仍以教化之本源自人自身。其言人之所以区别于动物者在“义”，而“义”非由外来，本诸人性自身。故荀子言教化，仍由乎自力，而非由外来。其思想学说，并未脱离儒家的精神方向。同时，荀子的人性论对人的生存现实之“恶”的来源所作的深入思考，亦成为后儒之人性论不得不认真面对的一个重要的反思向度。

荀子的人性论，要为他的道德法则——礼，提供一个人性的根据。一方面，他主张所谓的“性恶”说，因为“性善则去圣王，息礼义矣；性恶则与圣王，贵礼义矣”；另一方面，他又强调人“皆有可以知仁义法正之质，皆有可以能仁义法正之具”。（《荀子·性恶》）前一方面是要通过人性说明礼义的必要性，后一方面则是要为其道德伦理系统建立起一个人性论的根据。这看起来似乎矛盾的两个方面，在荀子的学说体系中却是统一的。

要理解荀子的人性论及其伦理政治学说的理论自洽性，需要从三个方面来思考：第一，人性之内容；第二，人性之结构；第三，人性实现的目的论指向。

二、人性之内容

中国古代哲学家言性，认为性为先天或天然如此。告子有“生之谓性”（《孟子·告子上》）之说。孟子亦认为“良知”“良能”为人“不学”“不虑”而先天所本具者。[①]《礼记·乐记》也说：“人生而静，天之性也。”荀子亦如此。《荀子·性恶》说：“凡性者，天之就也，不可学，不可事……不可学、不可事而在人者谓之性。”

荀子人性论的一个突出特点，是出于天人之分的观念，特别强调人性中并无现成的、实质性的善恶之内容。

“天人之分”是荀子思想的一个核心观念。荀子强调要“明于天人之分”，即要弄清楚天与人的不同职分。关于天的职分，《荀子·天论》说：

> 不为而成，不求而得，夫是之谓天职。

又：

> 列星随旋，日月递照，四时代御，阴阳大化，风雨博施，万物各得其和以生，各得其养以成，不见其事而见其功，夫是之谓神。皆知其所以成，莫知其无形，夫是之谓天。

可见，荀子所谓“天”，就是自然。列星、日月、四时、阴阳、万物都是自然现象。它们的生成变化完全是一种无意识、

---

① 《孟子·尽心上》：“人之所不学而能者，其良能也。所不虑而知者，其良知也。”

无所为而为的活动。“天”的运行及万物的生成，是“无求”“无为”“无形”，即完全自然的。同时，荀子认为，天道运行，有其客观的必然性，与人事无关。《荀子·天论》说：“天行有常，不为尧存，不为桀亡。”又：“天不为人之恶寒也辍冬，地不为人之恶辽远也辍广。”“天行”即天道。天道运行不以人的意志为转移，亦不为人的道德高下而变其常。同样，社会的治乱也与自然现象无关。《荀子·天论》论证说，日月、星辰、瑞历，“禹桀之所同”；万物春夏生长，秋冬收藏，亦“禹桀之所同”，但“禹以治，桀以乱”。这说明“治乱非天也”“治乱非时也”。治乱在于人为，与天道无关。

荀子所谓“人”，就是指利用人的自然资质所进行的创造。所以“人”又被称作“伪”。“伪”就是指相对于天或自然的人为。《荀子·性恶》说：

> 可学而能、可事而成之在人者谓之伪。

又：

> 礼义法度者，是生于圣人之伪。

人有先天的知与行的能力，这属于天或自然；而人以先天的知、能所进行的一切创造，通过后天的学习和行为所获得的东西，则属于“人”或“伪”。荀子认为，“人”或“伪”的本质是人所创造的群体伦理生活。《荀子·非相》说：

> 人之所以为人者，何已也？曰：以其有辨也……故人道莫不有辨。辨莫大于分，分莫大于礼。

《荀子·王制》说：

> 水火有气而无生，草木有生而无知，禽兽有知而无义，人有气、有生、有知，亦且有义，故最为天下贵也……人何以能群？曰：分。分何以能行？曰：义。

人与自然、自然物的区别，在于人为的创造，其根据在于“群”“分”“义”的伦理规定。“群”即人的社会群体生活。“分”即伦理的等级秩序。“辨”也是“分”。礼的作用在于分别。《荀子·乐论》说“礼别异”，亦此义。“义”者，宜也。“义”标明了这个社会伦理秩序的合理性（“宜”）。人的职责，从根本上讲，就是躬行其伦理之道。在这一点上，荀子与孔、孟的思想是一致的。

“天人之分”落实于人性论，就是性、伪之别。关于性、伪之别，《荀子·性恶》说：

> 凡性者，天之就也，不可学，不可事；礼义者，圣人之所生也，人之所学而能，所事而成者也。不可学、不可事而在人者谓之性，可学而能、可事而成之在人者谓之伪，是性、伪之分也。

“性”即人直接得于自然者（“天之就”）。《荀子·礼论》也说：“性者，本始材朴也；伪者，文理隆盛也。”就是说，“性”指人未经加工的自然素质。“伪”即人为，指通过学习和现实的修为所获得的东西，属于“人”“伪”，不能归之于“性”。

按照这一定义，人性所包括的内容是多方面的。荀子所言“天”，不仅包括自然事物及其规律；人也是自然的产物，因此，人的一切天生才质，也都属于“天”或自然的范畴，统可归于“性”。《荀子·天论》：

> 天职既立，天功既成，形具而神生，好恶、喜怒、哀乐臧焉，夫是之谓天情。耳目鼻口形能，各有接而不相能也，夫是之谓天官。心居中虚以治五官，夫是之谓天君。

“天”，指天然性，即直接得于自然的东西。“天官”，指人以感官交接于外界事物的能力。耳、目、鼻、口和身体（“形”）各具交接（“接”）外物而不可替代（“不相能”）的特定方式（如声、色、香、味、触等）和能力。“天情”，指“好恶、喜怒、哀乐”等自然的情感和情绪，当然也包含此诸情感之表显于外的欲求。“天君”，指“心”对人的精神生命及种种精神生命活动之统摄和主宰的作用。《荀子·解蔽》所谓“心者，形之君也，而神明之主也，出令而无所受令”，也是讲此“心”作为“天君”，是人的存在作为一个形神统一的整体之内在的主宰。“天情”“天君”，皆“天之就”，出于天然，得于自然，当然都属于“性”的内容。

值得注意的是，荀子所言“性”，亦包括人的“注错习俗”的道德抉择及其修为的能力。《荀子·荣辱》说：

> 凡人有所一同：饥而欲食，寒而欲暖，劳而欲息，好利而恶害，是人之所生而有也，是无待而然者也，是禹、桀之所同也。目辨白黑美恶，耳辨音声清浊，口辨酸咸甘苦，鼻辨芬芳腥臊，骨体肤理辨寒暑疾养，是又人之所常生而有也，是无待而然者也，是禹、桀之所同也。可以为尧、禹，可以为桀、跖，可以为工匠，可以为农贾，在执注错习俗之所积耳，是又人之所生而有也，是无待而然者也，是禹、桀之所同也。

在这段有关人性的论述中，“人之所生而有也，是无待而然者也，是禹、桀之所同也”的天然内容，不仅包括人的“好利而恶害”的自然趋向，包括交接并分辨事物的能力，同时亦包括人的本诸其道德抉择而付之践履，通过“注错习俗”的修为，使自己获得不同的人格成就的能力。

这就把人性的内容扩大到人之作为整体性的各个方面：情

欲、感知、心之主宰、判断、抉择和伦理行为。就此诸人性的内容说，荀子从未言其本身现成地为恶或者为善。其善恶之几，乃存在于上述人性之内容、人性之结构。

三、人性之结构

前述人性之各项内容，并非平列杂陈、相互无关。这些人性内容，需在其整体结构中方展现作为人性之固有的特质。

关于人性的结构，《荀子·正名》说：

> 性者，天之就也；情者，性之质也；欲者，情之应也。以所欲为可得而求之，情之所必不免也；以为可而道之，知所必出也。

又说：

> 欲不待可得，而求者从所可。欲不待可得，所受乎天也；求者从所可，受乎心也……治乱在于心之所可，亡于情之所欲。

儒家论人性，必落在心性论的整体论域中，而非仅对“性”作抽象要素的分析。荀子亦如此。荀子所理解的人性，乃表现为一个情、欲“从心之所可”的结构整体。而这个情、欲“从心之所可”的结构，同时亦规定了人的行为之必然的方式。前引《荀子·天论》讲：“心居中虚以治五官，夫是之谓天君。”《荀子·解蔽》讲：“心者，形之君也，而神明之主也。”二者也是强调人的躯体、情感、欲望表现，必然受制于心的判断和主宰。人性各要素的内涵，必须在这样一个“从心之所可”的结构整体中才能得到合理的理解。

“以所欲为可得而求之，情之所必不免也；以为可而道之，知所必出也。”（《荀子·正名》）这个“可”，是一种人心的判断和抉择。《荀子·正名》说："不事而自然谓之性。性之好、恶、喜、怒、哀、乐谓之情。情然而心为之择谓之虑。心虑而能为之动谓之伪。虑积焉、能习焉而后成谓之伪。"《荀子·解蔽》说："类不可两也，故知者择一而壹焉。""心不可劫而使易意，是之则受，非之则辞。故曰：心容其择也，无禁必自见。""情然而心为之择"，这个"择"指心的选择。选择依于心之知，可以有多种选项，而心必因其所"是"或认为"可"者而接受之，因其所"非"或认为不"可"者而排拒之。"知者择一而壹焉"，指心的这种自我决断与主宰作用。"心容其择也，无禁必自见"，则是强调心之包容广大，必然于人之情、欲及其所发之行为，表现为其对后者之判断与抉择的作用。

因此，在荀子的人性论系统中，人的情欲、躯体及行为"从心之所可"，乃人性诸内容必然的一种结构和实现方式。人的情欲、躯体及行为，无一例外地处于心知及其抉择的必然关系中。即使是一个顺情欲而行的酒肉之徒，其行为也是出于心知之选择、决断。《荀子·王制》说："水火有气而无生，草木有生而无知，禽兽有知而无义，人有气、有生、有知，亦且有义，故最为天下贵也。"自然物（如禽兽）可有感受之"知"，但无理性（所谓"义"）之"知"，因此只能依其直接的生理感受和欲望而行，人却不同。"以所欲为可得而求之，情之所必不免也。""必不免"是强调人包括其情欲在内的一切行为，都必然被置于心知及其抉择的支配之下，据"心之所可"规定其实现的途径与行为的原则，由之获得或正面（善）或负面（非善或恶）的道德价值和意义，而非直接现成的顺自然而行。荀子善言"类"，这一点，正是荀子所说的人与禽兽在"类"上的本质差异。

这样一来，人性之“善”“恶”，必表现为一种依于人性先天结构规定的动态展现，而非实质性的现成存在。或者说，在人性中，并无现成的、实质性的“善”“恶”存在。这一点，是理解荀子人性论的关键。过去，学者对荀子人性论有不同的看法，论者多谓荀子主性恶，或谓荀子主性朴，或谓荀子主性善情恶，或谓荀子主心善情恶，亦有少数人认为荀子是主性善者。凡此种种，似多未能注意此点。

我们所谓“现成的”“实质之恶”，指人性在时间性上先天具有自身否定性的“恶”的既成定向和实质内容。如基督教据人的存在之分裂来规定人性内容，认为人性中与生俱来“实质之恶”①，因此，肉身性和情欲被视为魔鬼和恶之根源，人须倚靠他力的救赎而非仅凭自身的努力去获得肯定性的道德价值。②如法家以“自为”为人性中仅可以利用而不可以改变的实质内容，据此，其在政治上特别强调君主集权，主张通过外在的强制建立社会的稳定秩序。在先秦的人性论中，又有世硕所主张的“性有善有恶”，即“性本自然，善恶有质”之说③，似亦认

① 黑格尔说：“基督教正是从绝对的分裂为二开始，从痛苦开头，它以痛苦撕裂精神的自然统一，并破坏自然和平。在基督教中，人一生下来就作为恶出现，因而在其最内在处，就是一个对自身来说的否定东西；而当精神被驱回到自身时，它发现自己跟无限者，即绝对本质是被分裂为二的。”［德］黑格尔著，长河译：《宗教哲学讲座·导论》，山东大学出版社 1988 年版，第 15 页。

② 如《新约·罗马书》说：“凡有血气的没有一个因行律法能在神面前称义。”

③ 见《论衡·本性》。《论衡·本性》评论各家，皆言未得其实，独认为世硕的“性有善有恶”说“颇得其正”，“性本自然，善恶有质”的说法，亦可看作是对世硕“性有善有恶”说的解释。

为人性中有实质和现成的善、恶。又《孟子·告子上》载有时人的“有性善，有性不善”论，与世硕之说大体相近。后儒家受佛教影响，亦有主“性善情恶”之说，循“灭情以复性”的途径以达人的存在之实现者。①

在荀子所表述的人性结构中，人之肉身实存及情、欲表现，处于与“天君”的必然结构关系中，在“心之所可”的选择和主宰下，付诸行为，由之获得现实性和存在的意义。因此，在荀子看来，人的实存及情感欲望并无独立的存在和实质性的善、恶特质。在《荀子》书中，也并无有关人的实存和情、欲为邪妄或恶的表述。《荀子·正名》对此有一段颇具代表性的论述：

> 凡语治而待去欲者，无以道欲而困于有欲者也。凡语治而待寡欲者，无以节欲而困于多欲者也。有欲无欲，异类也，生死也，非治乱也。欲之多寡，异类也，情之数也，非治乱也。欲不待可得，而求者从所可。欲不待可得，所受乎天也；求者从所可，受乎心也……人之所欲，生甚矣，人之所恶，死甚矣，然而人有从生成死者，非不欲生而欲死也，不可以生而可以死也。故欲过之而动不及，心止之也。心之所可中理，则欲虽多，奚伤于治！欲不及而动过之。心使之也。心之所可失理，则欲虽寡，奚止于乱！故治乱在于心之所可，亡于情之所欲……性者，天之就也；情者，性之质也；欲者，情之应也。以所欲为可得而求之，情之所必不免也。

在这段话中，荀子据其人性结构说对人的情、欲表现方式及善、恶发生机理作了深入分析。

---

① 如李翱《复性书》：“情者妄也，邪也。邪与妄，则无所因矣。妄情灭息，本性清明，周流六虚，所以谓之能复其性也。”

需要注意的是，此处所言“治、乱”，实即荀子所谓“善、恶”。《荀子·性恶》说：“孟子曰：‘人之性善。’曰：是不然。凡古今天下之所谓善者，正理平治也；所谓恶者，偏险悖乱也。是善恶之分也已。”荀子批评孟子据人的自然资质言性善，是对天人、性伪之辨的混淆。与之相对，荀子以社会之“正理平治”与“偏险悖乱”作为“善、恶”区分之根据。这是从社会伦理体系之“治、乱”的角度规定“善、恶”的内涵。董仲舒《春秋繁露·深察名号》：“性有善端，动之爱父母，善于禽兽，则谓之善。此孟子之善。循三纲五纪，通八端之理，忠信而博爱，敦厚而好礼，乃可谓善。此圣人之善也……吾质之命性者异孟子。孟子下质于禽兽之所为，故曰性已善；吾上质于圣人之所为，故谓性未善。”董子之说，显然是循荀子此一思理的进一步发挥。

由此可知，“有欲无欲，异类也，生死也，非治乱也。欲之多寡，异类也，情之数也，非治乱也”（《荀子·正名》），乃言人“欲”之本身，并无现成实质的“善、恶”。“有欲无欲，异类也，生死也。”杨倞注：“二者异类，如生死之殊，非治乱所系。”此解不通。此言“异类”“生死”，乃指有生之物（“生”）与无生之物（“死”）的区别。前者“有欲”，后者“无欲”，此存在物自然种类之异，与善、恶无关。下文“欲之多寡，异类也”，则指人与禽兽自然类别之异。动物之欲，发而由乎本能，甚少而恒定不变，食草动物只能食草，食肉动物只能食肉，故禽兽之欲是“寡”。人却不同，人有知以分，物与欲“相持而长”（《荀子·礼论》），由是其欲望花样翻新，靡有穷极，故人之欲是“多”。“多欲”与“寡欲”，亦天然类别之异，与善恶无关。“情之数也”，杨倞注：“情之数，言人情必然之数也。”

此解颇含混不清。据下文“治乱在于心之所可，亡于情之所欲……性者，天之就也；情者，性之质也；欲者，情之应也。以所欲数为可得而求之，情之所必不免也”的说法，可知这个“情之数也”，指的就是“情”以应物乃为“欲”。此处虽主要论“欲”，却同时涉及“情”和“性”的内容及结构整体。质言之，人的“情、欲”本身，本自天然，无关乎“善、恶”。

情、欲不假人为，出自天然，故说情、欲“不待可得”，“所受乎天”。是言情、欲本身无现成实质之善恶内容。不过，情、欲作为人的实存内容，内具生命动力的性质，必然要表显于行为。然人的情、欲之发，必在其实存当下的境域中，缘心之“所可”“所是”而涉着于物，见诸于行。是“善、恶”发生之几，出自人心缘境而生之“所可”“所是”的是非判断与抉择作用。“治乱在于心之所可，亡于情之所欲”，说的就是这个意思。

值得注意的是，在这里，荀子特别例举“生、死”这一存在之临界状态，以突显心之“可”的抉择对人趋归于“善”之绝对和必然性意义：“人之所欲，生甚矣，人之所恶，死甚矣，然而人有从生成死者，非不欲生而欲死也，不可以生而可以死也。”生与死，为人的存在之临界状态。人之所欲，莫过于生；人之所恶，莫过于死。人之大欲，莫过于欲生而恶死。然人有时能够慷慨赴死，是人心之“所可”“所是”使然。此即康德所说的人的“自由意志”。人的情欲要求，常受制于其对象，此为自然的因果律。人与自然物（如动物）的区别，在于人能打破因果律的链条，由乎“我”来自做决定。“人有从生成死者”，即突显了这一人异于禽兽的独特品质。无独有偶，《孟子·告子上》亦有类似表述：“生，亦我所欲也。义，亦我所欲也。二者不可得兼，舍生而取义者也。生亦我所欲，所欲有甚于生者，故不为苟得也。死亦我所恶，所恶有甚于死者，故患有所不辟也……是故所欲有甚于生者、所恶有甚于死者，非独贤者有是心也，人皆有之，贤者能勿丧耳。”孟、荀对同一生存事实有共同的认可，差别在于二者对生存抉择之动力机制有不同理解：孟子将之归于仁义礼智内在于实存之当下认可；荀子则将之归于人心缘境而生之“所可”“所是”。

这里便产生了一个重要问题：既然“善、恶”必于情、欲“从心之所可”“所是”之现实境域发生，而非情、欲现成、实质性地所具有，何以荀子又屡称“性恶”？我们可以从《荀子·性恶》中的一段话来理解这一点：

> 今人之性，目可以见，耳可以听。夫可以见之明不离目，可以听之聪不离耳，目明而耳聪，不可学明矣。孟子曰：“今人之性善，将皆失丧其性故也。”曰：若是，则过矣。今人之性，生而离其朴，离其资，必失而丧之。用此观之，然则人之性恶明矣。所谓性善者，不离其朴而美之，不离其资而利之也。使夫资朴之于美，心意之于善，若夫可以见之明不离目，可以听之聪不离耳，故曰目明而耳聪也。

显然，荀子之“性恶”是针对孟子之“性善”而言的。荀子并不否定孟子所谓的人本具先天资朴之美、心意之善。当然，孟子所谓性善，并不局限于此。孟子的人性论，是由性、心、情、气、才的统一而言人的存在本有先天本善之才具。①“所谓

---

① 李景林：《从论才三章看孟子的性善论》，载《北京师范大学学报（社会科学版）》2018 年第 6 期。

性善者，不离其朴而美之，不离其资而利之也。”荀子对孟子性善的评论，有断章取义之嫌。不过，荀子这段话的思想逻辑是很清晰的。在荀子看来，由乎前述人性的固有结构，人之初生便已出离质朴，处身于文明。因此，人之自然资质不可执恃，“善、恶”的道德价值，在人性中虽有结构性的根据，却无现成实质性的内容，当求于“性”之外。

《荀子·性恶》又说：“今人之性，生而有好利焉，顺是，故争夺生而辞让亡焉；生而有疾恶焉，顺是，故残贼生而忠信亡焉；生而有耳目之欲，有好声色焉，顺是，故淫乱生而礼义文理亡焉。然则从人之性，顺人之情，必出于争夺，合于犯分乱理而归于暴。故必将有师法之化，礼义之道，然后出于辞让，合于文理，而归于治。用此观之，然则人之性恶明矣，其善者伪也。”我们要特别注意“顺是……则……”这个句式及用法。人“生而有好利”“生而有疾恶”“生而有耳目之欲，有好声色焉”，皆出于自然之情、欲，并无“善、恶”之意。如前所论，荀子据“正理平治”“偏险悖乱”定义“善、恶”之意。又《荀子·解蔽》说：“心知道，然后可道。”“心不知道，则不可道而可非道。”因此，由“师法之化，礼义之道”所生之“治”或“善”，实由人心之“可道”所生；“顺是……则……”所生之“暴”“乱”或“恶”，实由人心之“可非道”所生。二者悉出于“心之所可”，即现实行为原则之选择，而非情、欲之现成本有。荀子强调“人之情固可与如此，可与如彼”（《荀子·荣辱》），认为性“吾所不能为”，“然而可化”（《荀子·儒效》），故主张“道欲”而反对孟子之“寡欲”，是皆以性及情、欲无现成实质性之“善、恶”，将其发而为“善、恶”之几，完全落在心知及其抉择之“可”上理解。

孟子以仁义内在于人的实存、人性本具先天的道德内容而言人性本善。荀子则据人之肉身实存及情、欲表现“从心之所可”以言“善、恶”发生之机理。“善、恶”在人性中有结构性的根据却无现成实质之善、恶。就“善、恶”之存否言，这个人性的结构，可以说是一个“空”的结构。“无之中者，必求于外。”（《荀子·性恶》）人所当求者为“礼义”之道。礼义之“善”则“生于圣人之伪”（《荀子·性恶》）。换言之，人的情、欲必然受制于人心之所“可”，而所“可”的内容，产生于人为或“伪”的实存过程。① 荀子以性中无善、恶的现成内容，针对孟子人性善说，故言“人之性恶，其善者伪也”，以突显躬行礼义对实现人道之善的必要性。《荀子·性恶》说：“性善则去圣王，息礼义矣；性恶则与圣王，贵礼义矣。”又：“古者圣王以人之性恶……是以为之起礼义，制法度，以矫饰人之情性而正之，以扰化人之情性而导之也。始皆出于治，合于道者也。”就表明了这一点。

四、目的论之善性

荀子的人性结构论，既突显了礼义、教化的必要性，亦蕴含了人达于“善”的可能性。《荀子·性恶》讲“涂之人可以为禹”，“涂之人”“皆有可以知仁义法正之质，皆有可以能仁

① 由“伪”所形成的“心之所可”之内容，本有两端，一是以礼义为行为原则，一是以功利为行为原则。不过，在荀子看来，人对功利原则的选择固然亦出于“心之所可”，但人的情欲好利恶害的自然趋向，使人心易于“不可道而可非道”（《荀子·解蔽》）。荀子虽认为性及情欲既无现成实质性之善，亦无现成实质性之恶，然其所谓“无之中者，必求于外”，则单指礼义之“善”，原因即在此。

义法正之具”，就表明了“善”的可能性。不过，仅此两点，还不足以保证荀子学说在理论上的自洽性。

黑格尔把哲学的逻辑系统理解为一个由开端展开“转变成为终点”并重新回到开端，“自己返回到自己的圆圈”。真正的哲学，必须要达到这种“自己返回自己，自己满足自己”的自足性。① 海德格尔主张，对存在的理解要求我们以适当的方式进入一种解释学的循环，亦提示了这一点。荀子似乎也具有这样的理论自觉。《荀子·王制》曾提出有一个首尾闭合的理论的圆环：

> 以类行杂，以一行万，始则终，终则始，若环之无端也，舍是而天下以衰矣。天地者，生之始也；礼义者，治之始也；君子者，礼义之始也。为之，贯之，积重之，致好之者，君子之始也。故天地生君子，君子理天地。君子者，天地之参也，万物之总也，民之父母也。

在荀子看来，人的存在及其伦理体系，应是一个终、始相扣的自足自洽的系统。荀子所建构的这个以“君子”为中心的理论圆环，在形式上当然是终、始衔接的。不过，从内容上看，此系统之终、始相扣的自足性，尚需作进一步说明。

依照前述荀子的人性结构论，人的实存、情欲，虽必受制于人心之“所可”“所是”，然“可”“是”的内容须由“伪”的实存过程来规定。故人性结构本身，尚存在向着“善、恶”两端开放的可能性。从这个角度看，“天地生君子，君子理天地”这个理论圆环，尚未自成一个终、始衔接密合、“自己满足

① ［德］黑格尔著，贺麟译：《小逻辑》，商务印书馆 1980 年版，第 59 页。

自己”的系统。为确保“天地生君子”或“善”这一理论圆环的必然性，荀子选择了一种目的论的进路，其所理解的人的“善”性，由此可以称作一种“目的论的善性”。

荀子特重“类”这一概念。《荀子·劝学》：“施薪若一，火就燥也；平地若一，水就湿也。草木畴生，禽兽群焉，物各从其类也。”《荀子·大略》：“均薪施火，火就燥；平地注水，水流湿。夫类之相从也，如此之著也。”《荀子·非相》：“以人度人，以情度情，以类度类，以说度功，以道观尽，古今一度也。类不悖，虽久同理。”是言“类”乃宇宙万有之存在方式。故“伦类以为理”（《荀子·臣道》），“类不悖，虽久同理”，事物之理，即物“类”之理，故须就事物之“类”把握其内在的道理。这样，此“类”性之“理”，便成为事物存在的内在原因及其发展、趋赴之目的。就此而言，荀子所理解的“目的”，颇与西方的内在目的论学说相类。

人作为一个“类”，亦具有其内在的理或道。《荀子·非相》：“人之所以为人者，非特以其二足而无毛也，以其有辨也。夫禽兽有父子而无父子之亲，有牝牡而无男女之别，故人道莫不有辨。辨莫大于分，分莫大于礼，礼莫大于圣王。”《荀子·王制》：“水火有气而无生，草木有生而无知，禽兽有知而无义，人有气、有生、有知，亦且有义，故最为天下贵也。力不若牛，走不若马，而牛马为用，何也？曰：人能群，彼不能群也。人何以能群？曰：分。分何以能行？曰：义。”是言人作为一个“类”，异于禽兽的本质特征在于所具有的群、分、礼、义的伦理规定。此即“人道”或“人之道”。《荀子·儒效》说：“道者，非天之道，非地之道，人之所以道也，君子之所道也。”“君子之所道”“人之所以道”，对于荀子来说，就是“礼义”。

故《荀子·礼论》说：“礼者，人道之极也。”“人道之极”，即言“礼义”作为人这个“类”的“道”，同时亦标明了人所趋赴的终极或最高目的。

孔子的学说，为“仁智”统一的平衡系统。孟、荀皆认可这一点。① 思孟一系，乃内转而略偏重“仁”或人的情志，以智思为依情而发用的自觉作用，故注重体证性的内省反思。荀子则略重“知”或“智”。如《荀子·儒效》说：“彼学者，行之，曰士也；敦慕焉，君子也；知之，圣人也。”《荀子·解蔽》：“向是而务，士也；类是而几，君子也；知之，圣人也。”《荀子·儒效》：“志安公，行安修，知通统类，如是则可谓大儒矣。”《荀子·性恶》：“多言则文而类，终日议其所以，言之千举万变，其统类一也，是圣人之知也。”是皆以“知之”为“圣人”“大儒”的最高境界。可见，重“知”是荀子学说的一个重要思想特点。这个“知”的内容，当然就是礼义或“统类之道”。对“知”或“智”的偏重，使得荀子的学说具有一种趋向于“辨合、符验”的现实指向性。②

不过，我们要注意的是，荀子之重“知”，是在肯认仲尼、子弓“仁智”统一的思想结构的前提下对“知”的强调，故此“知”，仍是以“仁”为内容规定的自觉，而非单纯向外的认知。因而，此“知”具有自身的限度，排除了向“非道”任意

---

① 《孟子·公孙丑上》：“仁且智，夫子既圣矣。”《荀子·解蔽》：“孔子仁知且不蔽。”

② 如《荀子·性恶》说：“凡论者，贵其有辨合，有符验，故坐而言之，起而可设，张而可施行。今孟子曰‘人之性善’，无辨合符验，坐而言之，起而不可设，张而不可施行，岂不过甚矣哉！故性善则去圣王，息礼义矣；性恶则与圣王，贵礼义矣。”

开放的可能性。《荀子·解蔽》说：

凡以知，人之性也；可以知，物之理也。以可知人之性，求可以知物之理，而无所疑止之，则没世穷年不能遍也。其所以贯理焉虽亿万，已不足以浃万物之变，与愚者若一……故学也者，固学止之也。恶乎止之？曰：止诸至足。曷谓至足？曰：圣也。圣也者，尽伦者也；王也者，尽制者也；两尽者，足以为天下极矣……向是而务，士也；类是而几，君子也；知之，圣人也。

又《荀子·正名》说：

凡人莫不从其所可，而去其所不可。知道之莫之若也，而不从道者，无之有也。假之有人而欲南无多，而恶北无寡，岂为夫南者之不可尽也，离南行而北走也哉？今人所欲无多，所恶无寡，岂为夫所欲之不可尽也，离得欲之道而取所恶也哉？

这两段论述很好地标明了“知”或“智”之限度及其终极目的或指向性。

《荀子·解蔽》此语，指出了学之所“止”及其限度、终极指向。人心向外的认知，必基于其存在与德性的实现，如此方能获得自身肯定性的价值和意义。“学也者，固学止之也”就指出了这一点。“至足”“两尽”“为天下极”，即学之所“止”的终极目的。为学之终极目的，包括“尽伦”和“尽制”。尽伦，是内在性的道德或伦理目的；尽制，是落实于实存表现之政治或制度目的。“两尽者，足以为天下极”，是言此两者的统一，构成了人的存在和人类社会的终极目的。这个终极目的之人格表现就是圣、王。

《荀子·正名》此语乃回归前述人性“从心之所可”的结

构，以标识“所可”“所知”的目的性指向。“凡人莫不从其所可”，是强调人的情欲要求从心“所知”“所可”之抉择定向，而获得其实现原则与途径的必然性。这与禽兽之欲由诸本能的直接性有本质区别。从人性结构本身的可能性而言，“可”包含着向善与向恶两个向度。如《荀子·解蔽》说：“心不可以不知道。心不知道，则不可道而可非道。”“心知道，然后可道；可道，然后能守道以禁非道。”心是否“可道”，即选择“道”作为情欲实现之原则，关键在于其能否“知道”。人选择“非道”作为自身生命实现之原则而流为“恶”，乃源于“不知道”。而从人的存在“类”性之理、道所规定的终极目的而言，人心必然趋向于由“知道”而“可道”，从而实现“正理平治”之“善”。“知道之莫之若也，而不从道者，无之有也”说的就是这个意思。譬如人之“欲南”而“恶北”，终必将取夫向南而非向北。

荀子推重仲尼、子弓，认为孔子之学“仁知且不蔽”，论心知，亦以“仁智”合一为前提。故其学虽偏重于“知”或“智”，然其所言“知”，仍是一种知情本原一体的体证之“知”。《荀子·解蔽》对此有极精辟的论述：

> 心者，形之君也，而神明之主也，出令而无所受令。自禁也，自使也，自夺也，自取也，自行也，自止也。故口可劫而使墨云，形可劫而使诎申，心不可劫而使易意，是之则受，非之则辞。故曰：心容其择也，无禁必自见，其物也杂博，其情之至也，不贰。

又：

> 知道察，知道行，体道者也。虚壹而静，谓之大清明。万物莫形而不见，莫见而不论，莫论而失位。

又引《道经》"人心之危，道心之微"以论心知，云：

> 夫微者，至人也。至人也，何强，何忍，何危？故浊明外景，清明内景。圣人纵其欲，兼其情，而制焉者理矣。夫何强，何忍，何危？故仁者之行道也，无为也；圣人之行道也，无强也。仁者之思也恭，圣人之思也乐。此治心之道也。

荀子把人理解为一个形、神合一的存在整体，"心"为其最终主宰。"心"的功能包括本原一体而不可分的两个方面："形之君""神明之主"。"形之君"，言"心"为人行之主宰；"神明之主"，言"心"为人的精神活动之主体。"心"虽涵容广大，却表现为一种统一性的精神活动（"其情之至也不贰"）。"心"之主宰作用，乃"出令而无所受令"，自我决定而非由乎他力的精神活动。"知"，乃表现为一种知行本原性合一的体证性自觉。

"知道察，知道行，体道者也。"即把"知道"理解为一种知、行内在合一的体证性之知。如前所述，荀子以"知"来标识圣人大儒的精神境界。但这"知"，是包涵着践行体证的"知"，非一般的对象性认知之"知"。《荀子·儒效》说："不闻不若闻之，闻之不若见之，见之不若知之，知之不若行之，学至于行之而止矣。行之，明也。明之为圣人。"此"明"，亦可谓"清明"或"大清明"，即圣人大儒知通统类、道心精微、无物不照、从容中道、当理之自由的境界，《荀子·解蔽》谓此"治心之道"，从荀子对"心"作为本原合一之主宰的理解看，此"明"或"大清明"，亦可看作是"治心"所复归和实现的心之本然。此即人能"知道"之逻辑与存在性的根据。凡圣同类，禹桀不异。故此亦人"皆有可以知仁义法正之质，皆有可以能仁义法正之具”（《荀子·性恶》）之逻辑与存在性的根据。

综上可见，仅从“从心之所可”的人性结构论向着“伪”的实存过程之开放性而言，荀子所建构的理论圆环，在“天地生君子”这一环上有缺口而不能自圆之处。荀子在目的论这一论域中，则又指出人作为一个“类”的存在之“知道”和趋向于“善”的可能性、终极指向性。这在逻辑上避免了人类存在对于“恶”的无限制的开放性，而将之收归于那个终始无端的圆环，复成一自足的系统。尽管现实中仍会存在“心不知道，则不可道而可非道”的众人，但在人类存在的整体性上，“天地生君子”这一善性指向，由此获得了其自身的逻辑必然性。同时，“心不知道，则不可道而可非道”的不同层级之众人的存在，亦保持了荀子所倡导的礼义教化的必要性这一理论维度。

五、结语

人的实存“从心之所可”的人性结构论与目的论的善性说，共同构成了荀子人性论学说的整体内涵。荀子针对孟子的性善论而言“性恶”，其实质是强调人性中本无“现成的善”，而非言人性中具有“实质的恶”。

强调人性无现成的善，这无疑是正确的；但荀子以此批评孟子，是对孟子（或许是无意的）的曲解。孟子举“四端”为例，说明人心必时有“善端”呈露。不过，细绎《孟子》全书可知，其所谓“善端”，并不局限于“四端”，举凡不忍、不为、恻隐、羞恶、辞让、恭敬、是非、孝悌、亲亲、敬长、耻、忸怩、无欲害人、无穿逾、无受尔汝、弗受嘑尔、不屑蹴尔之食等种种情态，皆可称为“善端”，皆可由之推扩而成德，据以建立合理的人伦秩序。孟子言良心，包括良知与良能，“能、知”的共属一体被理解为人心（良心或本心）的原初存在结构。“善端”即人心“能、知”共属一体的原初存在方式在具体境域中的一种当场性和缘构性的必然情态表现，并非某种预设性的现成天赋、道德情感。孟子由此证成了其性本善的学说体系。①

孟子之心性论，乃即心言性，并落在情上论心。其所言心，本具“能、知”一体的逻辑结构。但孟子重反思内省的特点，使此结构的意义缺乏明晰的逻辑表述，故隐而不彰。借助荀子据其人性结构论对孟子的批评，反观孟子之心性说，后者乃可以从其对立面上反射出自身心性结构的理论意义。

但是，荀子对天人、性伪之间绝对对立的理解，使其人性结构仅具形式的意义而流为一“空”的结构，故只能从此结构之外另取一目的论原则，以成就其终、始相接的理论圆环。是其理论的体系，似圆而终至于非圆。因而，儒家的伦理道德系统，终须基于思孟一系的人性本善论，才能成为一个自身周洽完满的思想体系。思孟的学说在儒学史上能够蔚成正宗而不可或替，良有以也。

① 李景林：《从论才三章看孟子的性善论》，载《北京师范大学学报（社会科学版）》2018 年第 6 期。

荀子的礼治精神及其儒学史意义

王　楷
（北京师范大学副教授）

一、引言

自孔子始，儒家就确立了崇尚德治的理论宗旨和价值取向，夫子有云：“为政以德，譬如北辰居其所而众星共之。”（《论语·为政》）孔子论德治，要义有二：其一，作为社会政治治理的方式和手段，礼乐教化优于刑政，如其所云：“道之以政，齐之以刑，民免而无耻；道之以德，齐之以礼，有耻且格。”（《论语·为政》）其二，特别强调掌握政治资源的统治者自身道德修养之于社会政治治理的基础性意义，如其所云：“政者，正也。子帅以正，孰敢不正?”（《论语·颜渊》）“君子之德风，小人之德草，草上之风，必偃。”（《论语·颜渊》）孔子之后，孟子着重朝着民本的方向将孔子的德治思想进一步展开，如其所云：“民为贵，社稷次之，君为轻。”（《孟子·尽心下》）荀子则在“礼治”的理论模式下①，对孔

① 荀子有云：“隆礼贵义者其国治，简礼贱义者其国乱。”（《荀子·议兵》）“故人无礼则不生，事无礼则不成，国家无礼则不宁。”（《荀子·修身》）

子以来的儒家德治思想做了系统性论述和发展，从而成功建构了一套既具有道德理想层面的价值关怀精神，又具有政治实践层面的可操作性的儒家本位的政治哲学。关于后一方面，阎步克先生已在“士大夫—官人百吏”的理论范式下论之甚精①，基于详人之略、略人之详的原则，本文关注的重心将集中在前一个方面。

在传统的儒学史观下，荀子的学说通常被视为是偏离了孔孟正统的一个儒学支脉，其政治思想尤其被看作是“援法入儒”（郭沫若语），进而“由儒家向法家过渡”（牟宗三语）。此一进路，一方面，囿于宋明以来的道统观成见之局限，心有所偏，则目有所蔽，其议论所及不免失察；另一方面，历来的治荀学者，多在孟子学立足，于荀学本身之整体结构和理论脉络反倒不甚了了，如此，则不免断章取义、曲与生说。有鉴于此，本文尝试在荀子哲学的整体结构下，顺着荀子哲学自身的理论脉络，对荀子政治哲学做内在的了解，以客观呈现其理论特质和性格。

特别地，随着晚近马克斯·韦伯（Max Weber，1864—1920）的社会历史观主导先秦思想史研究的强势，治荀学者的分析架构，往往脱离不了过度强调战国时代的中国，正在从宗法封建的贵族政治，迈向中央集权的官僚帝国之历史趋势的预设，从而习惯性地将荀子的政治哲学置于“君主集权化”的脉络下思考其思想意义。如此处理的一个理论后果就是荀子法家脸谱的老调重弹。也因此，作为一个有限的探讨，本文将自觉地在儒法之争的学理背景下展开，从而彰显荀子政治哲学的儒

① 阎步克：《士大夫政治演生史稿》，北京大学出版社1996年版，第193～223页。

学史意义。不仅如此，由于定位在对荀子法家化模式的理论回应，本文将特别聚焦于学者通常所认为的荀子政治思想中比较接近法家的那些方面，至于荀子政治思想中儒家色彩鲜明的正面论述礼乐教化的那些方面反倒不暇措意。此外，在政治思想的人性论基础层面，荀子与法家（比如韩非子）之间事实上亦有根本性的分歧，然而限于篇幅，本文也只能存而不论了。

二、礼法

战国时代，大规模的兼并战争愈演愈烈，战争驱动之下的功利思潮支配着人主们的精神世界与行为方式，“为了在绵延不断的竞争中存活下去甚或壮大起来，一国之主就不得不将赢得战争或苟活保命作为首要目标”①，故而如刘向《战国策·书录》所言“捐礼让而贵战争，弃仁义而用诈谲，苟以取强而已矣”，“这样，由战争而引发的冲突/竞争就刺激了效率导向型的工具理性文化首先在战争行为中，继而在其他社会领域中的兴起”②。特别地，在法家意识形态主导下的改革运动推动着政治理性化的进程，国家性质与社会形态发生着深刻变化，古代中国开始从宗法封建社会步入官僚帝国社会。这之间，效率导向驱动下的功利思潮弥漫，旧的社会道德秩序急剧衰落，如商鞅对秦孝公曰：“圣人苟可以强国，不法其故；苟可以利民，不循其礼。”（《史记·商君列传》）于是，在法家工具理性的强势话

① 赵鼎新著，夏江旗译：《东周战争与儒法国家的诞生》，华东师范大学出版社、上海三联书店2006年版，第63页。

② 赵鼎新著，夏江旗译：《东周战争与儒法国家的诞生》，华东师范大学出版社、上海三联书店2006年版，第63页。

语之下，如何根据儒家的价值取向重建社会政治秩序就成为儒家所面临的一个严峻的时代课题。并且，在新的社会历史条件下，如何在法家学说之外，提供另一种契合官僚政治与平民社会的“救世之道”，也同样是儒家所要回应的一个严峻挑战。

在此宏观社会背景下，儒家学说通过荀子发生了深刻调整与转向。在这种理解脉络中，荀子的意义在于系统而有创造性地发展了儒家的礼学思想，以儒家的“礼”与法家的“法”相颉颃，为儒家价值取向的道德秩序与社会政治秩序之重建提供了理论基础。今之论者，多以“援法入礼”论荀子礼学，且有以此将荀子目为出于儒而入于法者，可谓谬之大矣。委实，荀子作为先秦学术的集大成者，在对儒家学说的发展中多有取诸子思想资源为己所用者，但其中贯穿儒家本位的主导精神。以这里所讨论的“礼”与“法”而言，荀子尝以“法之大分，类之纲纪”（《荀子·劝学》）说“礼”，显见，在荀子这里，“法”之作为社会生活的政治原则和行为规范要以“礼”作为根据和指导，而与“法”相对意义上的“礼”主要是一个体现儒家道德理想和价值体系的文化观念。由此，重要的不在于“法”的观念在荀子这里是否存在，而在于“礼”与“法”之间的本末、主从关系，尤其是二者作为治世之具在价值优先性上的先后关系，这些也是特别能够彰显荀子政治思想之儒家本位精神的方面。并且，更一般地说，不止荀子，儒家对“法”（“政”“刑”）的拒斥和贬抑原本就只是在相对意义上而言的，故《礼记》尝云：“礼节民心，乐和民声，政以行之，刑以防之。礼、乐、刑、政，四达而不悖，则王道备矣。”（《礼记·乐记》）如朱光潜先生所指出的：

乐较礼为基本，因为“乐者为同，礼者为异；同则相亲，异则相敬”，相亲而后能相敬；“乐至则无怨，礼至则不争”，无怨而后能不争。因此儒家论治国，重德化而轻政刑。孔子说：“道之以政，齐之以刑，民免而无耻；道之以德，齐之以礼，有耻且格。”“道之以德”是乐教中事，政刑仍属于礼，不过是礼之中比较下乘的节目。①

我们读三礼，特别是周礼，便会明白儒家所谓“礼”是一切文化现象的总称。儒家虽特重德化，却亦不废政刑，因为政刑的功用在维持社会的秩序纪律，与礼本是一致。荀子说得很明白：“礼者法之大分，类之纲纪也。”《乐记》也说：“礼以道其志，乐以和其声，政以一其行，刑以防其奸。礼乐刑政，其极一也，所以同民心而出治道也。”儒家所忌讳的不是政刑而是专任政刑。……礼虽是“法之大分”而却不仅是法，有“法的精神”不必有“礼的精神”，有“礼的精神”却必有“法的精神”，因为礼全而法偏。②

孔子云：“道之以政，齐之以刑，民免而无耻。道之以德，齐之以礼，有耻且格。”（《论语·为政》）儒家论治世所以进教化而退“政”“刑”者多据此以为说。然而，照荀子的记述，“孔子为鲁摄相，朝七日而诛少正卯”（《荀子·宥坐》），且有“君子之诛”说，云：

人有恶者五，而盗窃不与焉：一曰心达而险，二曰行辟而坚，三曰言伪而辩，四曰记丑而博，五曰顺非而

① 朱光潜：《乐的精神与礼的精神——儒家思想系统的基础》，见《朱光潜全集》，安徽教育出版社1993年版，第106页。

② 朱光潜：《乐的精神与礼的精神——儒家思想系统的基础》，见《朱光潜全集》，安徽教育出版社1993年版，第106～107页。

> 泽。此五者有一于人，则不得免于君子之诛，而少正卯兼有之。故居处足以聚徒成群，言谈足以饰邪营众，强足以反是独立，此小人之桀雄也，不可不诛也。是以汤诛尹谐，文王诛潘止，周公诛管叔，太公诛华仕，管仲诛付里乙，子产诛邓析、史付，此七子者，皆异世同心，不可不诛也。《诗》曰："忧心悄悄，愠于群小。"小人成群，斯足忧也。(《荀子·宥坐》)

无论孔子诛少正卯是否真有其事，重德化如孔子者亦不能全废政刑，遑论其余。事实上，儒家之所以为儒家，并不在于全取教化而废政刑，而在于以教化作为价值论上的优先选择，以政刑作为不得已而用之的"下乘节目"，是故孔子特别对治民者"不教而杀"提出强烈批评，尝有"四恶"之说，云："不教而杀谓之虐；不戒视成谓之暴；慢令致期谓之贼；犹之与人也，出纳之吝谓之有司。"（《论语·尧曰》）概言之，"礼禁未然之前，法施已然之后"（《史记·太史公自序》），儒家重未然之前的礼，然亦不废已然之后的法。孔子论"为政"必以"正名"为先，云："名不正，则言不顺；言不顺，则事不成；事不成，则礼乐不兴；礼乐不兴，则刑罚不中；刑罚不中，则民无所措手足。"（《论语·子路》）显见，在孔子的社会治理思想中，先礼乐，后刑罚，以礼乐劝民以善，不得已则用刑罚以惩恶。如此，则民知"所措手足"。由此可证，孔子亦非全废政刑。质言之，在儒家，德化与政刑，只可以先后、轻重言，不可以有无言。特别地，在一种社会史的视角下，照钱穆先生的讲法，春秋战国时代，古代中国的国家形态从"邑制国家"向"基于征服之义的国家"转变。相应地，作为治世之具，政刑在相对意义上的重要性也必然有所上升。正如有的学者所指出的：

> 盖孔子论政，乃为春秋之侯国而发，所谓“道千乘之国”，战国世异势殊，纵横数千里之大邦，已具后世帝国之雏形，远非春秋诸侯之可比，治理之法，势必舍旧谋新，于是商鞅、申不害之法治应运而生。①

缪氏此说是着意于法家之所以兴起的历史背景而言，若自儒家内部观之，对于政刑之问题亦不能不正视之，对其“积极”意义亦不能不有所肯定，这也部分地解释了荀子所以“援法入礼”的社会史背景。准此观之，则荀子“凝士以礼，凝民以政，礼修而士服，政平而民安”（《荀子·议兵》）之说所体现的也正是儒家一贯的治世教民精神。质言之，荀子之“援法入礼”，其中固然不乏对这一时期法家某些思想资源的吸收，然而绝不因此在思想主旨和基本精神上归于法家。恰恰相反，荀子的这种“综合创新”是以鲜明的儒家本位为旨归的。儒家“礼的精神”通过荀子得以丰富和发展，扩大了理论解释能力，从而在一种新的变化了的社会形态之下获得了与法家“法的精神”相竞争的理论力量。

三、礼义

特别注重以礼（礼义）治国是荀子政治哲学的一个基本理论特色，此为治儒学者所通见，然关键在于将荀子的礼治做何种理论方向上的解释。在此问题展开之前，笔者以为，有必要对荀子礼治语境下的礼（礼义）的内涵做一概念分析，从而使我们的讨论获得一个明确的、通约性的理论支点。在作为社会

---

① 缪钺：《论荀学》，见《冰茧庵丛稿》，上海古籍出版社1985年版，第2页。

政治治理原则的意义上，荀子习惯“礼”“义”合言，今本《荀子》一书，“礼义”共出现109次。①“礼”“义”合言，呈现出一种“义”体“礼”用（“礼”以“义”为本，“义”以“礼”为用）的结构。孔子尝云：“义以为质，礼以行之，孙以出之，信以成之。君子哉！”（《论语·卫灵公》）《礼记·礼运》亦有言：“治国不以礼，犹耜而耕也；为礼不本于义，犹耕而弗种也。”要之，在从仪式伦理到心志伦理的解释模式下，“义者，宜也”，作为“礼”所体现的行为规范中“合宜”“应该”等观念的抽象化、理性化，“义”逐渐从具体仪节的“礼”中分化出来，成为道德意义上的理性规范，表征着人们在行为规范或社会秩序方面对适当性、正当性原则的价值诉求。

在儒家这里，“礼”作为一种行为规范，不仅在于一个人在言辞、态度及行为上遵循一定的规范程序、仪式而表现出的适当性，更在于这种行为上的适当性是其内在真实情感（仁）的自然表达，是其内在德性（仁、义、孝、悌、忠、信、敬、友等）诉诸于外的必然结果。故孔子有言：“人而不仁，如礼何？人而不仁，如乐何？”（《论语·八佾》）“礼云礼云，玉帛云乎哉？乐云乐云，钟鼓云乎哉？”（《论语·阳货》）是故，儒家言“礼”有“义”“数”之辨，《礼记·郊特牲》云：

> 礼之所尊，尊其义也。失其义，陈其数，祝、史之事也。故其数可陈也，其义难知也。知其义而敬守之，天子之所以治天下也。

“礼之所尊，尊其义也。”作为一种行为规范，“礼”之所

---

① 此统计据引得编纂处编纂：《荀子引得》，上海古籍出版社1986年版。本文中，凡此统计，皆据此书，不复出注。

以在价值意义上得到肯定，在其“义”而不在其“数”，在其根据而不在其表现，在其精神而不在其形迹。

承孔子仁礼之辨，《中庸》以仁义作为礼之价值根据：“仁者，人也，亲亲为大。义者，宜也，尊贤为大。亲亲之杀，尊贤之等，礼所生也。”郭店楚简《五行》更有“知而安之，仁也。安而行之，义也。行而敬之，礼也。仁义，礼之所由生也”的明确提法。孟子亦云：“仁之实，事亲是也。义之实，从兄是也。智之实，知斯二者弗去是也。礼之实，节文斯二者是也。”（《孟子·离娄上》）这种以仁义作为礼之价值根据、礼之用在于“节文”的思想在荀子这里得到了进一步发展，《荀子·大略》云：

> 亲亲、故故、庸庸、劳劳，仁之杀也。贵贵、尊尊、贤贤、老老、长长，义之伦也。行之得其节，礼之序也。仁，爱也，故亲。义，理也，故行。礼，节也，故成。

荀子之所以肯定礼作为行为规范的价值和意义，就在于“礼”行仁义而“得其节”。且就义－礼关系而言，作为对正当性的诉求，义本身是理性的道德原则，具有抽象性。我们能直接看到的是一个人在义这一道德原则指导下的行为，而不是作为理性原则的义本身。易言之，义必须通过外在的行为上的适当（propriety）而得以证明和表达，这种行为上的适当就是礼，即如荀子所言：“行义以礼，然后义也。”（《荀子·大略》）在荀子这里，礼的价值基础就在于礼是义的实现和表达。正因为体现了义，礼方成为一种体现价值关怀精神的文化存在，而不仅仅是一套冷冰冰的仪节性的规范和程序。质言之，荀子提倡礼治，以礼作为基本的政治原则和社会规范，这里的礼所表征者并非行政效率本位的工具理性，而是儒家的道德理想和价值关切。在这个意义上，礼治即德治。礼是德（仁义等）的实现和表达，礼治也正是儒家德治理想借以实现和展开的一种具体的政治理论形态。

四、从道不从君

委实，我们还无法笼统地断言将荀子做法家方向解释的学者在主观上一定是在试图贬低荀子，因为法家作为一种政治思想自有儒家所不及的独到和深刻之处——尽管，从儒家的立场看，法家的深刻不过是一种“片面的深刻”。然而，在历来的荀子法家化的种种解释中，几乎无一例外地着重强调荀子政治思想与君主专制集权之间的理论联系。其中，最著名的是谭嗣同：“二千年之政，秦政也，皆大盗也；二千年之学，荀学也，皆乡愿也。唯大盗利用乡愿，唯乡愿工媚大盗。”（《仁学》）荀子的政治思想是否如谭氏所论，一反孔孟的民本取向，转而为君主专制集权张目，这个问题必须深入荀子哲学自身的理论脉络方能求得一个平实了解。

客观地说，荀子的确对君主的存在做了理论上的肯定，谓之尊君亦无不可。然而，我们必须认识到荀子对君主的肯定是在何种理论意义上而言的。作为一个具有现实主义精神的政治思想家，荀子尤其明白秩序（“群居和一之道”）对于人类社会的必要性，而君主的存在就意味着一种秩序体系的建立，如其所云：

> 人之生，不能无群，群而无分则争，争则乱，乱则穷矣。故无分者，人之大害也；有分者，天下之本利也；而人君者，所以管分之枢要也。故美之者，是美天下之本也；安之者，是安天下之本也；贵之者，是贵天下之本也。（《荀子·富国》）

君者，善群也。群道当则万物皆得其宜，六畜皆得其长，群生皆得其命。(《荀子·王制》)

君者何也？曰：能群也。能群也者何也？曰：善生养人者也，善班治人者也，善显设人者也，善藩饰人者也。(《荀子·君道》)

君主的合法性建立在秩序的必要性上，而秩序之所以必要在于它为人民的社会生活提供了基本的可能和保障。由此，在荀子这里，君主存在的合法性最终是建立在人民的需要之上的，而这完全是儒家一贯的民本思想的体现。在正面论及君民关系的语境中，荀子将此一层意义讲得极分明，如其所云：

天之生民，非为君也。天之立君，以为民也。故古者列地建国，非以贵诸侯而已；列官职，差爵禄，非以尊大夫而已。(《荀子·大略》)

在荀子看来，就逻辑意义而言，君的存在取决于民的需要，而不是相反。即使在一般意义上肯定君的存在是必要的，也并不意味着在实际的社会政治生活中民对君的服从就是无条件的，此一层意思见于荀子“从道不从君”的思想，如其所云：

入孝出弟，人之小行也；上顺下笃，人之中行也；从道不从君，从义不从父，人之大行也。(《荀子·子道》)

伊尹、箕子，可谓谏矣；比干、子胥，可谓争矣；平原君之于赵，可谓辅矣；信陵君之于魏，可谓拂矣。《传》曰：“从道不从君。”此之谓也。(《荀子·臣道》)

志意修则骄富贵，道义重则轻王公。(《荀子·修身》)

在战国时期的历史情形下，荀子“从道不从君”的思想是对早期儒家一贯的“以德抗位”精神的重申和高扬。不止如此，本诸孔子的风草之喻，在荀子这里，君主这一角色还承担着高度的修身方面的道德责任。事实上，在早期儒家话语中，这也是作为个体的君主是否具有合法性的一个必要条件。如其所云：

> 请问为国？曰：闻修身，未尝闻为国也。君者，仪也，仪正而景正；君者，盘也，盘圆而水圆；君者，盂也，盂方而水方。君射则臣决。楚庄王好细腰，故朝有饿人。故曰：闻修身，未尝闻为国也。(《荀子·君道》)

> 君者，民之原也，原清则流清，原浊则流浊。(《荀子·君道》)

> 主者，民之唱也；上者，下之仪也。彼将听唱而应，视仪而动。(《荀子·正论》)

“闻修身，未尝闻为国。”荀子在此特别强调掌握政治权力的君主自身的道德修养之于社会政治治理的基础性意义，而这无疑是对儒家传统德治精神的高扬。

五、余论

战国时代诸子之间的话语竞争是自由的、开放的，每一学派都必须接受来自其他学派的质疑、诘难和挑战。从儒家的立场看，儒学每一阶段的发展在某种意义上都是作为对挑战的回应，是在与论敌的辩论中完成的，孟子如此，荀子亦然。在孟子的时代，杨墨是儒家的主要论敌，“至孟子身后，一方面由庄学之大行，道家之说取杨朱之地位而代之，其势甚张；另一面则墨家后学与名家者流会合激荡，新论滋多，辩议滋繁；亦颇有孟子所未及驳论者。在如此之思想界环境下，儒家亦不能不另有人出，重理旧说，益以新解，以抗诸子之言”①。劳思光着眼于哲学学理层面而立言，强调道家、墨家对儒家的理论挑战，此为有见地之论。另一方面，照《淮南子》的讲法，诸子之学，皆起于救世之弊，应时而兴（《淮南子·要略》），“百川异源而皆归于海，百家殊业而皆务于治”（《淮南子·氾论训》），都希望以学干世主，为本学派的理论和主张争取到政治实践层面上的表达机会。在这一方面，真正处于强势地位，对儒家构成严峻挑战的是法家学说。事实上，在战国时代长期兼并战争的历史条件下，务于“耕战”的法家也是唯一拥有充分政治实践机会的学派。②

在这种理论脉络下，荀子政治思想的意义就在于“重理旧说，益以新解”，以抗法家者言。关于荀子与法家在治道方面的分合纠结是一个整体性、系统性的问题，远非本篇区区短文所能胜任。为简捷计，笔者愿意引一段文字以明荀子与法家的根本分际，其文曰：

有乱君，无乱国；有治人，无治法。羿之法非亡也，

---

① 劳思光：《新编中国哲学史》，三民书局1986年版，第329~330页。

② 当然，这一时期，诸如纵横家、兵家等流派亦为一时人主所重。然而，这些学派所关注者主要在于外交、军事等特定领域的谋略和策略，不在于对整个国家和社会的形态与走向做出理论性的反思和解释，因而，还无法上升到一种在整体的、宏观的意义上指导国家与社会发展的理论形态。整体而言，在经世治国的意识形态层面，这一时期思想学术舞台上的主角是彼此构成主要论敌的儒家和法家。在此意义上，诚如蒙文通所言：“儒家之传本于周，而法家之术大行于战国而极于秦，则儒法之争者为新旧两时代思想之争，将二家为一世新旧思想之主流，而百家乃其余波也。”蒙文通：《法家流变考》，见《诸子甄微》，巴蜀书社2015年版，第86页。

而羿不世中；禹之法犹存，而夏不世王。故法不能独立，类不能自行，得其人则存，失其人则亡。法者，治之端也；君子者，法之原也。故有君子则法虽省，足以遍矣；无君子则法虽具，失先后之施，不能应事之变，足以乱矣。(《荀子·君道》)

"有治人，无治法。""法者，治之端也；君子者，法之原也。"归根结底，在荀子看来，道德连同道德修养良好的精英阶层的存在才是一个社会良好的政治治理的逻辑基础，这也应该是荀子与法家政治思想之间的一个原则性的分疏。"君子者，法之原也"，以此为出发点和理论旨归，荀子的政治思想的核心无疑是孔子以来的儒家"修己"以"治人"的德治传统。《论语·宪问》载孔子答子路"君子"之问：

子路问君子。子曰："修己以敬。"曰："如斯而已乎？"曰："修己以安人。"曰："如斯而已乎？"曰："修己以安百姓。修己以安百姓，尧舜其犹病诸？"

孔子与子路关于"君子"的问答透露出一种儒家价值关切："依照传统的说法，儒学具有修己和治人的两个方面，而这两方面又是无法截然分开的。但无论是修己还是治人，儒学都以'君子的理想'为其枢纽的观念：修己即所以成为'君子'；治人则必须先成为'君子'。"① 质言之，儒学之为儒学，就其基本精神而言，个体道德人格之完善（"修己"）与社会政治责任之担当（"治人"）是其价值关怀中彼此相

---

① 余英时：《现代儒学的回顾与展望》，生活·读书·新知三联书店2004年版，第271页。

连的两个层面。① 就早期儒学而言，这一判断适合于孟子，也同样适合于荀子。准此观之，将荀子法家化的处理方式，亦可谓有见于其“治人”，无见于其“修己”；蔽于其“治人”，而不知其“修己”。

① 只是在不同的儒学思想家那里，对此二者的理论表达和发挥会有不同的侧重而已，而这种不同的侧重也只能是相对意义上的。

银雀山汉简《三十时》与《管子·幼官》比较*

刘爱敏
（山东师范大学副教授）

《三十时》是《银雀山汉墓竹简（贰）》“阴阳时令、占候之类”中的一篇，以十二日为一时，一年分为三十时，这与当今的二十四节气历法体系不同，而与《管子·幼官》记录的三十时一致。学者陈乃华、马涛曾对《管子·幼官》和《三十时》做过简单比较，但均因非以二者比较为研究对象，所以并未展开具体分析。② 学者们对《三十时》研究较少，而对《管子·幼官》早有研究。在成篇时间和文章结构上，有学者认为《管子·幼官》三十时部分是春秋齐国执政者挂在明堂中的历法

* 基金项目：本文系教育部人文社会科学重点研究基地齐鲁文化研究院十三五规划项目“齐鲁文化与中华文明传承创新研究”和泰山学者工程专项经费资助（NO. TSQN20161024）的阶段性成果。

② 陈乃华：《先秦阴阳学说初探——〈曹氏阴阳〉〈三十时〉的文献学价值》，载《山东师范大学学报（社会科学版）》1996 年第 6 期；马涛：《先秦“五行时令”探赜——论〈月令〉所言“中央土”》，载《史学月刊》2017 年第 10 期。

图，被割裂开来后放入了四时框架，是战国晚期以邹衍为代表的阴阳五行家所为①；在历法归属上，陈久金认为《管子·幼官》是五行十月历②，而李零认为是四时五行历。本文在前人研究的基础上，拟对《管子·幼官》与《三十时》两篇文献所言三十时的异同进行全面而深入地比较，试图在传世文献和出土文献的比照中，对三十时这一先秦时令作一探究。

一、《管子·幼官》和《三十时》相异之一：岁首不同

把《管子·幼官》③ 和银雀山汉简《三十时》④ 所记载的三十时节列表比较如下：

表一　《管子·幼官》三十时与银雀山《三十时》节气对比表

上半年				下半年			
时序	积日	《三十时》	《幼官》	时序	积日	《三十时》	《幼官》
一时	12	大寒始，日冬至		一时	12	夏至	
二时	24	大寒之隆		二时	24	乃生	
三时	36	冬没气		三时	36	夏没	
四时	48	作春始解	地气发	四时	48	凉风	期风至
五时	60	少变起	小卯	五时	60		小酉

① 刘宁：《由上古历法推考〈管子〉之〈幼官〉与〈幼官图〉原貌》，载《管子学刊》2013 年第 3 期。

② 陈久金：《论〈夏小正〉是十月太阳历》，见《陈久金天文学史自选集》，山东科学技术出版社 2017 年版，第 349 ~ 367 页。

③ 文本依据黎翔凤撰，梁运华整理：《管子校注》，中华书局 2004 年版，第 147 ~ 157 页。

④ 文本依据银雀山汉墓竹简整理小组编：《银雀山汉墓竹简（贰）》，文物出版社 2010 年版，第 211 ~ 223 页。

（续表）

上半年				下半年			
时序	积日	《三十时》	《幼官》	时序	积日	《三十时》	《幼官》
六时	72		天气下	六时	72		白露下
七时	84	华实	义气至	七时	84		复理
八时	96		清明	八时	96	霜气	始节
九时	108		始卯	九时	108	秋乱	始卯
十时	120	中生	中卯	十时	120		中卯
十一时	132	春没	下卯	十一时	132	秋没	下卯
十二时	144	始夏	小郢	十二时	144	始寒	始寒
十三时	156	渎，柔气也	绝气下	十三时	156	贼气	小榆
十四时	168		中郢	十四时	168	音，闭气也	中寒
十五时	180		中绝	十五时	180		中榆
			大暑至				寒至
			中暑				大寒之阴
			大暑终				大寒终

从上表可看出《管子·幼官》和《三十时》最明显的不同为岁首不同。《三十时》自冬至始；《管子·幼官》自“地气发”始，相当于《三十时》的第四时“作春始解”。

岁首的不同反映出它们各自有着不同的使用目的。《管子·幼官》上半年自“地气发，戒春事”领起十五时，到三暑结束；下半年自“期风至，戒秋事”领起十五时，到三寒结束，以“春—秋”线为界，把一年分为春、秋两季。这与农事节律一致，便于指导农事。从《管子·幼官》节气的安排，即可看出农事乃民众生活中的头等大事：上半年从“小卯，出耕”到“中绝，收聚”，完成春季的农事，之后进入三暑；下半年有“白露下，收聚”，“中寒，收聚”以及“中榆，大收”，共两次“收聚”和一次“大收”，秋季的农事才算完成，之后进入三寒。下半年第一个“收聚”前的“小酉，薄百爵”，与上半年的“小卯，出耕”相对，当亦与农事有关。张佩纶认为，“薄百爵”是为“搏百雀”：“‘薄’当为‘搏’，字之误也。‘爵’‘雀’通。”而黎翔凤认为：“‘薄’假为‘迫’，《易·说卦传》：‘风雷相薄。’‘迫’者，迫近而驱之。小雀不必搏击。”①黎说为是。春、秋两季在农忙中又穿插了重要的民事风俗，上、下半年均有“始卯”“中卯”“下卯”三卯，主要事务皆是“合男女”，可知嫁娶是民众生活中除农事之外的另一大事。

再看《三十时》，上半年从冬至开始，下半年从夏至开始，以冬至和夏至为界把一年二分，这明显与春种秋收的农事节律不符，说明其目的不在指导农事。文中“以战客败”“以战客胜”的推测很多，又有“可以为百丈千丈城，适人之地”“可始入人之地，不可亟刃，亟刃有央（殃）”之类大量与战争有关的推断，可知其关注的重点在于以气之变化预测战争的胜负。作者认为，春、夏阳气生发，赋予万物以“生气”，此时发动战争便能打败敌人，取得胜利，即“以战客败”；秋冬“杀气”升起，“生气”渐消，此时发动战争，便会失败，即“以战客胜”。考虑银雀山汉简多兵书的情况，笔者认为《三十时》应是兵家吸收各种三十时资料，加以改编和增写形成，是三十时的兵家版本。

---

① 黎翔凤撰，梁运华整理：《管子校注》，中华书局2004年版，第156页。

二、《管子·幼官》和《三十时》相异之二：对三十时之外五六天的处理方式不同

《三十时》开篇即提出："日冬至恒以子午，夏至恒以卯酉。二绳四句（钩），分此有道……十三日□至，三百三□六日再至。十二日一时，六日一节。"① 所谓"日冬至恒以子午，夏至恒以卯酉"，《淮南子·天文训》曰："日冬至子午，夏至卯酉，冬至加三日，则夏至之日也。"是以三百六十六日计一年的时长，半年则是一百八十三日，以十二地支纪日，若冬至为子日，夏至则是卯日，次年冬至为午日，夏至则为酉日，三年复为子日，所以说是"冬至恒以子午，夏至恒以卯酉"。后一句"……十三日□至，三百三□六日再至"，当为"［一百八］十三日日至，三百六十六日再至"，一百八十三日和三百六十六日分别是半年和一年的时长，夏至和冬至是确定太阳运行周期的重要节点。如此可知，《三十时》是把三十时之外的五六天均分到了上、下半年，分别在上、下半年的十五时之后再加三天。在观象授时时代，二至这样的重要节日都要举行祭祀和庆典活动。《易纬·易通卦验》记载："冬至日始，人主不出宫，商贾人众不行者五日，兵革伏匿不起。人主与群臣左右从乐五日，天下人众亦在家从乐五日，以迎日至之大礼……五日仪定，（天）地之气和，人主公卿大夫列士之意得，则阴阳之晷如度数。夏日

① 银雀山汉墓竹简整理小组编：《银雀山汉墓竹简（贰）》，文物出版社 2010 年版，第 211 页。

至之礼，如冬日至之礼。舞八乐，皆以肃敬为戒。”① 冬至纵乐五日，夏至如冬至之礼，也纵乐五日，一年时长是365 $\frac{1}{4}$，三十时之外的五六天不知是一并安排在冬至前，还是分置在冬至和夏至两处？

《三十时》各在夏至和冬至前安排三天的处理方式，与《管子·五行》《诗经·七月》不同。《管子·五行》是把一年分为五个七十二日，分别以甲子、丙子、戊子、庚子、壬子领起，因为有干支纪日，说明五行是连续的，五子中甲子与丙子、丙子与戊子等先后的时间间隔都是七十二日，所以剩余的五六天当是一并放到年尾或年首作为过年日。《诗经·七月》有：“一之日觱发，二之日栗烈，无衣无褐，何以卒岁？三之日于耜，四之日举趾，同我妇子，馌彼南亩。”从“一之日”到“四之日”描述的都是年尾和年首的事，也应是与《管子·五行》一样，把剩余几天集中安排在了过年前后。

《管子·幼官》只记载了三十时，未有干支标注具体时日，不知道三十时是否连续，因此对三十时之外几天的处理方式也无从得之。考虑《幼官》与《五行》同为《管子》之一篇，对剩余时间的处理方式很可能相同。在《管子·幼官》与《管子·五行》的参照分析中，还涉及三十时和五行的关系，陈久金和李零都认为三十时属五行历，李零说：“根据《五行》篇，《玄宫》和《玄宫图》的三十时节之所以是以 12 天为一节，乃是为了与五行相配。其中 1 至 6 节为‘甲子木行’，7 至 12 节为‘丙子火行’，13 至 18 节为‘戊子土行’，19 至 24 节为‘庚子

① 〔清〕赵在翰辑，钟肇鹏、萧文郁点校：《七纬（附论语谶）》，中华书局 2012 年版，第 131 ~ 132 页。

金行’，25 至 30 节为‘壬子水行’，五行各 72 日。这种三十时节与五行相配可以整整齐齐，但与四时相配，却有很大矛盾。”①陈久金认为《管子·幼官》中东、南、西、北、中五方正副十图，表示的是五行十个月，每行七十二天，包含两个月；每月三十六天，包含三时；每时十二天。五行、十月、三十时属于同一历法系统。如此，《管子·幼官》与《管子·五行》既然同属五行历系统，那么二者对剩余几天的安排也很可能一致。另外，《三十时》中能把全年时长均分为二的夏至和冬至，是通过天文测影取得的，一年中影子最短的一天是冬至，影子最长的一天是夏至。《管子·幼官》中是以气的变化来划分时节的，未关注到天文测影，也未有二至概念，因此，不大可能准确地把全年一分为二，推测三十时和剩余五六天应是集中进行，一年的顺序应是先三十时，然后剩余几天被一并安排到年底。

这样，在对剩余五六天的处理方式上，分作两类：以《管子·五行》为代表的一类，全年时间分作两个板块，一块是三十时三百六十天，一块是剩余的五六天；以《三十时》为代表的一类，则是以冬至和夏至为界，把一年三百六十六天一分为二，三十时也被一分为二安置在上、下两个半年，各十五时，三十时之外的五六天也被均分于上、下半年中。

三、《管子·幼官》和《三十时》相异之三：三十时与四时的关系不同

《管子·幼官》是对“幼官图”的说明，幼官图是姜齐执

---

① 李零：《〈管子〉三十时节与二十四节气——再谈〈玄宫〉和〈玄宫图〉》，载《管子学刊》1988 年第 2 期。

政者悬挂在宫里的历法图，包括中方本图、东方本图、南方本图、西方本图、北方本图、中方副图、东方副图、南方副图、西方副图、北方副图，共十幅图。其中五幅副图均是兵家之言，池万兴已指出，这些文字与《管子》兵法类篇章中的内容有很大相似性，是兵法篇章中的文字错简而入，与历法关系不大。① 在五方本图中，春、夏、秋、冬四时与东、南、西、北四方相配，三十时被分割后纳入四时框架，结果是春、秋两季各八时，夏、冬两季各七时，中方本图无节气可配。四幅本图的文字说明部分结构相同，均包括四层意思：一是不时之应，二是节气与人事，三是五行配属，四是政论性文字。以东方本图为例：

春行冬政肃，行秋政雷，行夏政阉。

十二地气发，戒春事。十二小卯，出耕。十二天气下，赐与。十二义气至，修门闾。十二清明，发禁。十二始卯，合男女。十二中卯，十二下卯，三卯同事。

八举时节，君服青色，味酸味，听角声，治燥气，用八数，饮于青后之井，以羽兽之火爨。藏不忍，行欧养，坦气修通。

凡物开静，形生理。合内空周外，强国为圈，弱国为属。动而无不从，静而无不同。举发以礼，时礼必得。和好不基，贵贱无司，事变日至。此居于图东方方外。（《官子·幼官图》）

第一段描述的是违背四时带来的灾祸，目的是从反面告诫人们要遵守四时之大顺，开头即摆明了四时历立场；第二段是

① 池万兴：《〈管子〉研究》，高等教育出版社 2004 年版，第 254 ~ 260 页。

三十时被割裂后配入春季的八个节气和相应的人事，第三段是五行配属，第二、三段都属五行历；第四段政论性文字，郭沫若早就指出，这是“以一篇政论文字割裂”① 而成，此段与历法关系亦不大。第一、二、三段反映出四时、三十时、五行三者的关系，这三部分文字形成的时间不同，大概先有五行配属，然后分化出三十时，最后三十时被分割，连同五行配属一起被纳入四时。此部分实质上就是四时历与五行历的整合，全文则是把三十时、五行配属、政论以及五幅副图的兵法等内容一并整合到四时五方的框架中，但因为三十时与四时历的不兼容，所以无论如何也不能避免三十时与四时历分配不均的问题。《管子·幼官》作者是站在四时历的立场上对三十时、五行配属的主动吸纳，所做工作包括四项内容：分割三十时入春、夏、秋、冬四时；连同五行历实施过程中形成的五行配置也一起收录四时历；把三十时放入四时历法体系后，又从反面说明违背四时的后果，警告人们顺应四时这一天道大经；把政论、兵法之言也纳入四时框架。尽管作者以四时历融合三十时的旨意表现得非常清楚，但二者在内容上依旧各自独立，并未融为一体。若把三十时从四时历的框架中抽离，重新组合在一起，依然是五行自五行，四时自四时的状态；而且纳入四时后的三十时节依然只有春、秋二季，并未融入任何四时元素，如《管子·幼官》三十时节名称中只出现了“春”“秋”字眼，没有“夏”“冬”二字。这里，三十时是核心，是内容；四时是外壳，是形式。一句话概括四时和三十时的关系就是：内外分离，互不融合。

① 郭沫若、闻一多、许维遹：《管子集校》，科学出版社 1956 年版，第 116 ~ 117 页。

不同于《幼官》的三十时，银雀山汉简《三十时》体现出了明显的四时理念，其表现在两个方面：第一，尽管二至把冬季和夏季分属两个半年，但夏、冬依然被视为连续的季节，如夏季节气包括七个，从“始夏”开始，经“夏至”，到“夏没”，构成了一个完整而连续的夏季。冬季节气也是七个，开始为“始寒”，“寒”字便说明进入深秋或冬季了，如果说此节气从名称上未明确体现出冬季，加上“冬至”和“冬没”，则依然可以看出冬季的连续性。第二，《三十时》以春、夏、秋、冬四季的“始”“至”“没”来命名节气。文中出现了“冬至”“冬没”“春始（解）”“春没”“始夏”“夏至”“夏没”“秋乱”“秋没”“始寒”等节气名称，《三十时》虽然明确标出的是三十节气，但处处体现的是春、夏、秋、冬的四时理念，即三十时只是自前代沿袭而来的历法形式，表达的历法理念变成了四时。这里，三十时成了形式，四时成了内容，与《管子·幼官》中四时与三十时的关系颠倒了过来，说明《三十时》的成文晚于《管子·幼官》，此时四时历已经确定，人们虽然保留了三十时的形式，但已开始用春、夏、秋、冬的字眼来取代三十时原有的名称。

四、《管子·幼官》和《三十时》相同之一：以气断节

《管子·幼官》三十时和银雀山汉简《三十时》皆以“气”在一年内的变化作为划分时节的依据，这是二者最重要的相同点。

《管子·幼官》中明确以气来命名的节气有十五个，依次是：“地气发”“天气下”“义气至”“清明”，与阴气有关的“绝气下”“中绝”，与暑气有关的“大暑”“中暑”“小暑”

"期风"，以及与寒气有关的"始寒""中寒""寒至""大寒之阴""大寒终"。"清明"是一种风，《淮南子·天文训》作"清明风至"，清明节气得名于清明风，清明风是《淮南子·天文训》所述"八风"之一，风是气的运行，风其实也是气。"期风"，丁士涵认为，"期"字乃"朗"字之误。朗风，凉风也。①另外五个节气"小郢""中郢""始节""小榆""中榆"，李零认为也均与气有关："郢"当作"盈"或"嬴"，指的是阳气满盈，"小郢""中郢"皆与阳气有关；"榆"疑是"肃"之误，"始前"② 或是"始肃"，"始前"（始肃）、"小榆"（小肃）、"中榆"（中肃）三节气与秋天的杀气有关③。这样与"气"有关的时节就增加到二十个，共占三十时的三分之二。"郢""榆"是否确指气，有文献学支持，也有学者们的不同解释。《尔雅·释天》载："春为发生，夏为长嬴，秋为收成，冬为安宁。"郭璞注："此亦四时之别号。《尸子》皆以为大平祥风。"④"嬴"指的是风，风即气，则"小郢""中郢"当也指的是气，这与李零的解释一致。但章炳麟认为："郢"同"盈"；"榆"同"儒"，意为弱、缩；"于夏言小郢、中郢；于冬言小榆、中榆，则以其日之长短言之也"⑤。则"郢榆"意同盈缩，指的是

---

① 黎翔凤撰，梁运华整理：《管子校注》，中华书局 2004 年版，第 155 页。

② 《管子》之《幼官》作"十二始节，赋事"，但《幼官图》作"十二始前节，第赋事"，时节名是"始节"还是"始前"，未能确定。

③ 李零：《〈管子〉三十时节与二十四节气——再谈〈玄宫〉和〈玄宫图〉》，载《管子学刊》1988 年第 2 期。

④ 〔清〕阮元校刻：《十三经注疏》，中华书局 1980 年版，第 2607 页。

⑤ 郭沫若、闻一多、许维遹：《管子集校》，科学出版社 1956 年版，第 116 ~ 117 页。

日之长短，而非阳气和阴气的消长。又黎翔凤认为：“‘榆’通‘逾’，越也。百虫蛰服越冬也。”①“榆”指的又是万物的蛰伏，也非气的盈缩。而“始节”，笔者认为也非李零所释“始前”（始肃），应为“始杀”，意为深秋肃杀之风吹来，草木结节并开始凋零。《国语·周语中》曰：“夫辰，角见而雨毕，天根见而水涸，本见而草木节解，驷见而陨霜，火见而清风戒寒。”其中“本见而草木节解”之意为：氐星早晨在东方出现时，预示草木将要凋落。本，氐星，在寒露之后晨见东方；节解，草木凋落。“始节”是以具体的物候来命名的时节，指的是草木而非气。综前所述，即使后五时与气无关，以气命名的节气也至少有十五个，亦占了三十时的一半。

银雀山汉简《三十时》则用生气、柔气、杀气、刚气、闭气来称呼春、夏、秋、冬一年四季中的气，几乎每个时节都有对于气的说明。如：

> 二时，廿四日，大寒之隆，刚气也。
>
> 三时，卅六日……冬没气。
>
> 五时，六十日，少变起，生气也。
>
> 九时，百八日，□□，生气也。以战客败。
>
> 十时，百廿日，中生，生气也。以战客败。
>
> 十二时，百卌四日，始夏，生气也。
>
> 十三时，百五十六日，凄，柔气也。以战客败。
>
> 二时，廿四日，乃生，生气也。以战客败。
>
> 四时，卌八日，凉风，杀气也。以战客胜。

① 黎翔凤撰，梁运华整理：《管子校注》，中华书局2004年版，第159页。

八时，九十六日，霜气也，杀气也。以战客胜。

九时，百八日，秋乱，生气也。

[十二时，百卌四日，始]寒，刚气也。以战客胜。

十三时，百五十六日，贼气，杀气也。以战客胜。

十四时，百六十八日，音，闭气也。①

其实以气的变化来划分时节，不仅是《管子·幼官》三十时和银雀山汉简《三十时》的共性，也是三十节气与另一种历法体系中的二十四节气的共性，中国历法皆以“气”断节，所以称“节气”。判断时节的根据有物候、气候和天文星象。《左传·昭公十七年》记载了少皞氏以鸟名官的制度：“凤鸟适至，故纪于鸟，为鸟师而鸟名。凤鸟氏，历正也；玄鸟氏，司分者也；伯赵氏，司至者也；青鸟氏，司启者也；丹鸟氏，司闭者也。”根据候鸟的迁徙来确定时令，这是典型的物候历；天文历如《国语·楚语下》所载著名的“绝地天通”的故事：“及少皞之衰也，九黎乱德，民神杂糅，不可方物……颛顼受之，乃命南正重司天以属神，命火正黎司地以属民，使复旧常，无相侵渎，是谓绝地天通。”“火正”，指根据大火星（即心宿二）来确定时节；“南正”，指根据黄昏和平旦南方中天的不同星宿来确定时令。从少皞的物候历到颛顼的天文历，是古代历法的重大变革。三十时则是典型的气候历，节气大都与气有关，《管子·幼官》与天气、地气有关，目的在指导农事；《三十时》与士气有关，目的在预测战争的胜负。

---

① 银雀山汉墓竹简整理小组编：《银雀山汉墓竹简（贰）》，文物出版2010年版，第211～213页。

五、《管子·幼官》和《三十时》相同之二：皆是四时五行历

《汉书·艺文志》数术略五行类有《四时五行经》二十六卷、《阴阳五行时令》十九卷，两书均已亡佚。《管子·幼官》和银雀山汉简《三十时》为我们探究阴阳五行历和四时五行历提供了具体案例。

《管子·幼官》全文结构，前文已分析，是作者站在四时历的立场上，对三十时、五行配属、政论、兵法等做的全面整合，因三十时属五行历，每行六时，每月三时，整整齐齐，所以全文实质上是四时历与五行历的整合。作者把三十时分割为四块，春、秋各八时，冬、夏各七时，放到四时的框子中，分置后的结果是三十时与四时在形式上拼合在了一起，内容上依然保留各自的独立，并未融合为一体。《三十时》与《管子·幼官》一样，也是四时历与五行历的整合，不同的是用四时历中的冬至、夏至两个节气把三十时分作了两块，两块各有十五时。剖开后的三十时虽然保持了三十的形式，但用春、夏、秋、冬四时的“始”“至”“末”来命名时节，说明内容上已四时化了。《管子·幼官》《三十时》都是以四时来分割三十时的，区别只在于分割后二者是否融合为一体。在历法性质上，李零认为《管子·幼官》属于四时五行历，而陈久金认为《管子·幼官》是五行十月历，究其原因，是陈久金只就《管子·幼官》的核心部分三十时来论的，但全文中三十时是被分置到四时中的，若就全文来说，《管子·幼官》应是四时五行历。

这里有一个问题：五行历何以被整合到四时历体系中，而

不是相反？这与土居中央以及虞、舜商周以来居中而治的传统政治观密切相关。我们知道，万事万物都存在于一定的时间和空间中，而现代科学证明，时间和空间是不可分割的统一体①，这就要求表示时间的五行必须与表示空间的五方相合。《史记·封禅书》如淳注概括邹衍的思想是“五行相次转用事，随方面为服”，就是在政治实践中把五行与五方结合在一起。五行相次转用事，即五行以木、火、土、金、水相生的顺序运转，运转到哪一“行”就行哪一“行”之事；随“方面”为服，就是五行与东、西、南、北、中五方结合，五方又系联了五色、五味、五声等一系列生活方面的具体规定，运转到哪一方面，就顺随哪一方面的规定。前文提到，当同为时间段的五行与四时相配时，邹衍为了解决二者的矛盾，从夏季中分出季夏与五行中的土相配，此时的土，居于夏、秋之间，但当表示时间的五行与表示空间的五方相配时，木、火、金、水分别与东、南、西、北对应，居于夏、秋之间的土并不是与南、西之间的西南隅对应，而是与居于中央的“中”相配，因为五方的含义，从来指的就是四方和中心，与四隅无关。这样，与土相配的便是四方所拱卫的“中央”。土居中央的搭配确定后，便意味着“土”从圆形的木、火、土、金、水组成的时间链条中自动退出，不再占有一时。土居中央后，太阳在黄道运行一周 360 度，在时

---

① 汤因比：“爱因斯坦的相对论，如果我没理解错的话，空间只有以时间为基准才能考察和测定。相反，时间只有以空间为基准才能考察和测定。就是说，时间与空间，不管它是存在，还只是人的思考中错觉的范畴，都是不可分割的统一体。”［日］池田大作、［英］阿·汤因比著，荀春生、朱继征、陈国梁译：《展望 21 世纪——汤因比与池田大作对话录》，国际文化出版公司 1997 年版，第 329 页。

间上经过木、火、金、水四行，相应地，在空间上经过东、南、西、北四方，五行中的“中央土”没有相对应的季节。《管子》中《幼官》和《四时》两篇的说法分别是“五和时节”“中央曰土，土德实辅四时”。我们发现，先秦两汉文献中的土行有时与季夏相配，有时又无时间相配，之所以会发生如此情况，是因为五行处在不同的比较对象中。当同为时间的五行与四时相配时，土配季夏；当五行与表示空间的五方相配时，由于“中方”独立四方之外，与之相配的“土”便退出五行，木、火、土、金、水五行变成木、火、金、水四行，与东、南、西、北四方相配，实际上表示一年划分五季的五行自然就变成了四时。要言之，五行之所以演变成四时，是由土居中央引起的。

五方中，中央与四方的关系，向来皆是中央临制四方，此种观念源自古老的帝王居中而治的政治观。清华简《保训》讲述的是有关周文王临终前给儿子武王讲述舜“求地中”和商汤六世祖上甲微改变地中的故事，告诉武王要执“中”而受天命的道理。《保训》载：“昔舜旧作小人，亲耕于历丘，恐求中，自稽厥志，不违于庶万姓之多欲。”① 舜“恐求中”，对求地中之事恭敬谨慎，希望以此自考其志，不辜负庶民万姓的期望，因为古人认为居地中才能得到天授大命。《论语》亦载：“尧曰：‘咨！尔舜！天之历数在尔躬，允执其中。四海困穷，天禄永终。’舜亦以命禹。”《诗经·商颂·殷武》云：“商邑翼翼，四方之极。”郑玄笺：“极，中也。”是说殷商都邑居四方之中。《周礼·地官·大司徒》记载“求地中”之事：“以土圭之法测

---

① 李学勤主编：《清华大学藏战国竹简（壹）》，中西书局2010年版，第143页。

土深，正日景以求地中。”自舜至商周，居中而治的思想世代相传；至秦汉，尚中思想更迎合了统治者建立中央帝国的政治需要。因此，中央土的地位日渐突出，独立于其他四行。五帝中，与土相配的黄帝地位更在其他四帝之上，成了五帝之首。在传统历史观念和现实政治需要的共同推动下，四时历兼并五行历便成了必然。

六、《管子·幼官》和《三十时》相同之三：均成文于阴阳五行家之手

《管子·幼官》和《三十时》中以四时历整合三十时之事发生于何时？成于何人之手？当然，二者成篇时间不同，很明显，《三十时》成文时间比《管子·幼官》晚，这从诸多方面可证：第一，《幼官》三十时只有“春”“秋”二字，《三十时》春、夏、秋、冬四时概念明显，且能通过天文观测取得准确的分至时间。第二，《三十时》“十二日一时，六日一节”，“时”下又分“节”，称“上六”“下六”，比《幼官》细化。第三，四时历与三十时的整合在《管子·幼官》中各自分离，并未融合为一体，而在《三十时》中已是水乳交融，不可分割。第四，二者文风不同，《管子·幼官》三十时语言质朴简短，如“小卯，出耕”，“义气至，修门闾”，“小酉，薄百爵”等；而《三十时》内容丰富，有大量的农谚和物候知识，语言生动形象，如：“日未至，蝉鸣，旱；日已至，不鸣，水。”“桃李华，食榆荚。”“入之七日，西风始下叶。”“侯（候）燕始下，可以鼓舞。”“韭生，苍案（雁）夕鸣。可以远徙。”“鸟不执（鸷），木堇（槿）华，雗鸡鸣。”“青草戴露。”“鹊居巢，鸡居苹，君

子登台，贱人……”① 另外《三十时》又多宜忌，充满神秘色彩，关注的重点是此一时内何事可做，何事不可做，违逆会带来什么灾祸，文中“可”“不可”“有忧”“有殃”之类的话俯拾皆是，如：“不可为百丈千丈、宫室。不可用入人之地，必破败，大将有央（殃）。”“用入人之地，至秋三月必破，上长有央（殃），不死必亡。”“为者必有死亡之罪。”“得人之一里，赏（偿）以十里，得人之将，赏（偿）以长子。”“适人之地，有忧。”“不可取妇，妇不生，唯（虽）生无子。”《三十时》牵于禁忌，使人拘而多畏，感觉非邹衍本人所作，而是后学中“拘者”为之。

《管子·幼官》和《三十时》虽然成篇时代有早晚，但面对的是共同的历法整合问题，《三十时》文中又多有“适人之国”之类的话，因此，笔者判断二者均应形成于周秦之际这一大的历法背景下，是以邹衍为代表的倡导“四时之大顺，不可失也”的阴阳五行家所为。

关于阴阳五行家的宗旨，《史记·太史公自序》和《汉书·艺文志》分别概括为：

> 尝窃观阴阳之术，大祥而众忌讳，使人拘而多所畏；然其序四时之大顺，不可失也……夫阴阳四时、八位、十二度、二十四节各有教令，顺之者昌，逆之者不死则亡。未必然也，故曰“使人拘而多畏”。夫春生夏长，秋收冬藏，此天道之大经也，弗顺则无以为天下纲纪，故曰“四时之大顺，不可失也”。（《史记·太史公自序》）

---

① 此段引文依据银雀山汉墓竹简整理小组编：《银雀山汉墓竹简（贰）》，文物出版社 2010 年版，第 211 ~ 218 页。

阴阳家者流，盖出于羲和之官，敬顺昊天，历象日月星辰，敬授民时，此其所长也。及拘者为之，则牵于禁忌，泥于小数，舍人事而任鬼神。（《汉书·艺文志》）

顺应四时、法天而行是战国秦汉之际诸子百家的共识，《庄子·说剑》有："上法圆天以顺三光，下法方地以顺四时。"《荀子·天论》载："列星随旋，日月递照，四时代御，阴阳大化。"《吕氏春秋·十二纪》《淮南子·月令》均以四时为框架构建全书或全篇的结构。《春秋繁露·四时之副》提出，王要法天而治，因为天有春、夏、秋、冬四时，所以王有庆、赏、罚、刑四政。与其他学派不同的是，阴阳家的职责就是敬授民时，所以向民众宣告四时节令，以及劝导人们顺随四时的自然节律，正是阴阳家的思想主旨。邹衍为了宣传四时教令，特意创造了歌、舞、诗一体的乐歌《迎四时》，歌词被保存在《汉书·礼乐志》中，即十九首郊祀歌中的《青阳》《朱明》《西颢》《玄冥》。班固在这四首歌后明确标注"邹子乐"三字，说明是邹衍创作。汉武帝时，《迎四时》乐歌被用作天子郊祭礼之乐，成为王礼的一部分，收于儒家经典《礼记·月令》。在四时历与五行历两套历法整合的时期，《迎四时》乐歌助推了四时历的最终确定。①

阴阳五行家，名为"五行"家，推行的却是四时历，那么又何以被称为"五行"家呢？天道五行源自上古知识，非阴阳五行家所发明创造，阴阳五行家的最大贡献不是对前人五行遗产的继承，而是对其改造和创新。改造就是把五行历改造为四时历，或融入四时历。最典型的例子就是银雀山汉简《四时令》

---

① 参阅刘爱敏：《银雀山汉简〈迎四时〉与周秦之际的历法整合》，载《孔子研究》2018 年第 6 期。

对《管子·五行》的改造。《管子·五行》是把一年分为五个七十二日的五行历，银雀山汉简《四时令》把此篇内容整合进了四时历。二者的内容对比可列表如下：

表二 银雀山汉简《四时令》与《管子·五行》文本对照表

	银雀山汉简《四时令》①	《管子·五行》②
1	与天调，然后天地之报有……	人与天调，然后天地之美生
2	【正月朔日天子】出令，命东辅入御，令曰：总版，列爵，选贤不宵（肖），受（授）士……	日至，睹甲子木行御。天子出令，命左右士师内御③，总别列爵，论贤不肖士吏，赋秘赐赏于四境之内。发故粟以田数
3	禁斩伐，所以养……□□□蛰虫印剽	出国衡，顺山林，禁民斩木，所以爱草木也。然则水解而冻释，草木区萌，赎蛰虫
4	春辟（避）审，物生蔽	卯菱春辟勿时，苗足本
5	不列抈雏𪊩，不列元婴儿……	不疠雏𪊩，不夭麑麇，毋傅速，亡伤襁葆，时则不凋
6	【四月朔日，天子出令，命南辅入御，令曰：】……驰车马，所以发大气也。然【则天无】疾风，草木偃印（仰），□气□，民不疾，荣华……	君子修游驰以发地气……然则天无疾风，草木发奋，郁气息，民不疾而荣华蕃

① 银雀山汉墓竹简整理小组编：《银雀山汉墓竹简（贰）》，文物出版2010年版，第224~226页。

② 黎翔凤撰，梁运华整理：《管子校注》，中华书局2004年版，第865~881页。

③ 《管子·五行》之“内御”当从简文读“入御”，即入仕之意。尹知章注“内御”为“内侍之官”是错误的。见银雀山汉墓竹简整理小组编：《银雀山汉墓竹简（贰）》，文物出版社2010年版，第225页。关于银雀山汉简《四时令》和《管子·五行》两篇文献的文字校证将另文探讨。

（续表）

	银雀山汉简《四时令》	《管子·五行》
7	□□□缓刑□，免罪人，为……□□，草木养长，五谷蘩（繁）实而英大矣	大扬惠言，宽刑死，缓罪人。出国，司徒令命顺民之功力，以养五谷。君子之静居，而农夫修其功力极。然则天为粤宛，草木养长，五谷蕃实秀大……
8	七月朔日，天子出令，命西辅入御，令曰：趣赋敛，兴力事，审关市，斩伐勿禁，弋射田邋（猎）勿御	
9	然则天为之□寒下霜，草木收敛，五谷成孰（熟）而实坚矣	然则凉风至，白露下……然则昼炙阳，夕下露，地竞环，五谷邻熟草木茂。实岁农丰，年大茂
10	十月朔日，天子出令，命北辅入御，令曰：擅（缮）甲厉兵，合计为伍，修封四疆□……	天子出令，命左右司马衍组甲厉兵，合什为伍，以修于四境之内
11	【所以】责天地之所闭臧（藏）也。审关钥，计百官之事，决疑狱，□当死。然则天为下寒合冰，毛虫不犊（殰），绳（孕）妇不消汁，草木根本必美矣	令民出猎禽兽，不释巨少而杀之，所以贵天地之所闭藏也。然则羽卵者不段，毛胎者不殰，孕妇不销弃，草木根本美

银雀山汉简《四时令》全文有十一句话，其中十句可在《管子·五行》中找到对应之处，可证《四时令》确实就是对《管子·五行》的改造。在四时历与五行历的整合中，因为春、夏、秋、冬四时分别与木、火、金、水构成固定搭配，所以问题的关键点在于对土行如何处理。“□□□缓刑□，免罪人，

为……□□，草木养长，五谷蘩（繁）实而英大矣”这句话，在《管子·五行》中属土行，遗憾的是，“由于竹简残缺，简文是否在夏秋之间分出代表土德的一段时间与四时并列，已不可知，简文此数句也可能就属于‘四月朔日……’一段”①。如果我们从银雀山《四时令》中看不出邹衍对四时配五行矛盾的处理方法，那么，传世文献可证邹衍创造了“季夏”这一概念，使土行在时间上有了落实：《周礼·夏官·司爟》载有“司爟掌行火之政令，四时变国火，以救时疾”一句，郑玄注引《邹子》佚文曰：“春取榆柳之火，夏取枣杏之火，季夏取桑柘之火，秋取柞楢之火，冬取槐檀之火。”在“变国火”的政令中，“季夏”与春、夏、秋、冬四时并列，成为单独的一个时段，“季夏”这一时段，纯粹是邹衍站在四时历的立场，为了最大限度地继承和保留五行历而设立的。此后《吕氏春秋·十二纪》《淮南子·时则训》《礼记·月令》皆承袭了“季夏”这一概念。邹衍尽管用设置“季夏”这一方法来为“土德”落实了具体时间，但季夏是从四季之一的夏季中分出来的，并未破坏四时这一自然铁律，是在遵守“四时之大顺，不可失也”的原则下对上古五行理论的继承。

阴阳五行家的创新表现在，在四时十二月为框架的月令文献中，把自然之“五行”发展为人文之“五德”和“五令”。如《礼记·月令》记载：“‘某日立春，盛德在木’……命相布德和令，行庆施惠，下及兆民。庆赐遂行，毋有不当。”其他夏、季夏、秋、冬时段的盛德分别在火、土、金、水，君主也

① 银雀山汉墓竹简整理小组编：《银雀山汉墓竹简（贰）》，文物出版社2010年版，第225页。

要发布与此盛德相应的政令。银雀山汉简有《五令》，是阴阳五行家为帝王总结出的与自然节律相配合的五种施政纲领，即德令、义令、惠令、威令、罚令。邹衍在“五德”思想形成的基础上，又变历法中五行的“相生”关系为“相胜”关系，把一年四季的小循环推广到朝代更替的历史大循环，创造了“五德终始说”，目的是希冀执政者“尚德”，其思想宗旨归于儒家的仁义节俭。由天文历法领域中的五行，到帝王主体修养之“五德”，以及帝王施政宗旨之“五令”，阴阳五行家成功地把“五行”概念由探讨自然规律引向聚焦人类政治治理和历史发展规律的社会领域。

还有一个问题，五行历和四时历的整合何以发生在周秦之际？很简单，是社会形势的需要。战国末年，天下统一成为大势所趋，与政治形势相适应，学术思想上也呈现出百川归海之势。自西周初年诸侯分封之后，诸侯国各自为政，历法并不统一。且不论全国，仅齐地范围，既有四时历，也有五行历，四时主崇拜的琅琊地区实行的应是四时历，夏人后裔杞人所在的区域①实行的应是五行历②。所以整顿历法以适应即将到来的大

① 关于杞国在山东的区域，请参阅杨善群：《杞国都城迁徙与出土铜器考辨》，载《学术月刊》2000 年第 2 期；钱益汇：《杞国都城迁徙及相关历史地理问题疏证》，载《首都师范大学学报（社会科学版）》2011 年第 4 期；赵兴彬：《论杞国在山东的八次迁徙》，载《泰山学院学报》2011 年第 1 期。

② 杞人继承的历法应是夏人历法《夏小正》，陈久金先生根据文中斗柄下指到斗柄上指中间相差五个月，以及最长日（夏至）到最长夜（冬至）也相差五个月等多项记载，认为《夏小正》是一年为十个月的纯太阳历，确实具有无可辩驳的说服力。陈久金：《论〈夏小正〉是十月太阳历》，载《自然科学史研究》1982 年第 4 期。

一统国家的需要，是当时阴阳五行家面临的最重要的时代任务。

综上所述，银雀山汉简《三十时》和《管子·幼官》异同点各有三。相异之处：一是岁首不同；二是对一年中三十时之外剩余五六天的处理方式不同；三是两文中三十时与四时的关系不同。相同之处：一是皆以气断节；二是同属于四时五行历；三是皆成篇于周秦之际阴阳五行家之手，反映了文化大一统背景下历法整合的社会现实。

清华简《管仲》初探

李　锐
（北京师范大学教授）

清华简《管仲》记载了齐桓公和管子的一些对话，其开篇说：

> 齐桓公问于管仲曰：“仲父，君子学与不学，如何?”管仲答曰：“君子学哉，学于（乌）可以巳（已）? 见善者【一】墨焉，见不善者戒焉。君子学哉，学于（乌）可以巳（已）?”

整理者以《荀子·劝学》“君子曰：学不可以已”来证明上述释读，并且指出《太玄·盛》“盛不墨”，司马光《集注》：“法也。”墨，在此为动词，意为效法。“焉”，此处用作指示代词，与“之”同。“戒”，《说文》：“警也。”《论语·里仁》：“见贤思齐焉，见不贤而内自省也。”上博简《从政》：“君子闻善言，以改其言；见善行，纳其身安（焉）。可谓学矣。”

整理者的说法言之成理。不过，笔者的想法与此不同。因为齐桓公所问乃学与不学，而且很明显偏重问的其实是不学，因为要学是常识；而上文似乎只回答了一半，只谈学。笔者以为，上述对话可当如此释读：

> 齐桓公问于管仲曰："仲父，君子学与不学，如何？"管仲答曰："君子学，才（在）学于可以已！见善者【一】墨（敏），见不善者戒焉。君子学，才（在）学于可以已！"

其中的"墨"字，司马光《太玄集注》解释为"法"，恐怕过晚且罕见，且已经有一些学者表示了疑义。笔者以为当读为"敏"。敏，古音明纽之部；墨，明纽职部，古音相近。《中庸》有"人道敏政"，郑玄注："敏，犹勉也。"

这样读，那么齐桓公所问学与不学，就都有了明确的对应回答。因为"已"之意为止，"学于可以已"，就是学在于达到可以止，止就是不学，也就是说学的目标在于达到不学。如何达到不学呢？"见善者敏，见不善者戒。"初看这似乎还是在谈怎么学，其实这里是讲不学或学于止的方法，这个方法看起来很简单易行。作为王者师的管仲，不可能教人君不学，但是桓公问及不学，管仲不能不回答。如果仅以一般的学来作为回答，那他就不是管仲了。管仲巧妙地谈到了学于止，看似已接近不学，而且有简便的方法，但是一旦桓公开始照着做，或者哪怕深入地思考一下，就不难发现这个学于止，其实是一个并不简单的学习过程，因为善者有那么多，不善者更多，即便以圣人为榜样，那也得长期学习而且也未必能成功。

这里"见善者敏，见不善者戒"，和《论语·里仁》之言相应，较大的不同则是学在于达到不学。这种思想，看起来老庄有相近者。

《老子》第64章有云："是以圣人欲不欲，不贵难得之货。学不学，复众人之所过。"近出几种《老子》均如此读，只有郭店楚墓竹简《老子》甲种作"不"，或读为"教不教"，但其实

《说文》有“斈”字：“斈，效也”，有仿效，学习之意，故不当读教。“复众人之所过”，“复”古代指免除赋税，有免除、遏止之意。所以“复众人之所过”，即免除众人所存在的过失。然《老子》是说圣人学的是不学，因为“为学日益，为道日损”，圣人学的是道，他通过学习不学来免除众人为了“益”而有的过失。看来老子的“学不学”和《管仲》所说有不同，而老子所强调的“知止不殆”没有和学联系起来。此外，《文子·上德》有所谓老子之言“见善如不及，宿不善如不祥”，但没有谈见不善的内容。

《庄子·天下》有“教则不至”，“田骈亦然，学于彭蒙，得不教焉”，“教”疑皆本为“斈”，或都当读为“学”。《庄子·外物》说（至人）“彼教不学”，或许不必改读，但也是谈“不学”。《庄子·庚桑楚》有：“学者，学其所不能学也；行者，行其所不能行也；辩者，辩其所不能辩也。知止乎其所不能知，至矣。若有不即是者，天钧败之。”这里说的“学所不能学”等，吕惠卿、陆长庚等都作正面评价，但宣颖说学、行、辩三者都是不知止①。姑不论做何解释，这段话和竹简《管仲》所说“学于可以已”有点关联，但还是有一定差距。

可见，老子所言“学不学”，《庄子》所说“学不学”“学其所不能学”，和《管仲》的“学于可以已”并不完全对应，但是有思想关联。也许桓公所问君子学与不学，或可表明所问的君子不学在当时有一定影响。管仲所说学于可以已，和老子、《庄子》的学不学，可能都是对此的回答。

容易发现《左传·昭公十八年》载：

---

① 崔大华：《庄子歧解》，中华书局2012年版，第620页。

> 秋，葬曹平公。往者见周原伯鲁焉，与之语，不说学。归以语闵子马。闵子马曰："周其乱乎！夫必多有是说，而后及其大人。大人患失而惑，又曰：'可以无学，无学不害。'不害而不学，则苟而可，于是乎下陵上替，能无乱乎?夫学，殖也。不学将落，原氏其亡乎！"

可见讲"无学""不学"的人确实有①，而且"多有是说"，更值得注意的是这是文化遗存丰厚的周地在讨论这些东西，真令人不胜感叹唏嘘！《新序·杂事》也记："鲁哀公问子夏曰：'必学而后可以安国保民乎？'子夏曰：'不学而能安国保民者，未尝闻也。'"鲁哀公也是一位对学的质疑者，这恐怕也是听人之言而问于子夏。

《老子》中有"为学日益，为道日损"之说，这里将学和道对立起来，也有贬低一般性的学的意味；《老子》第 47 章也说："不出户，知天下；不窥牖，见天道。其出弥远，其知弥少。是以圣人不行而知，不见而名，不为而成。"所以他用"学不学"来说明该学什么。《礼记·学记》则说："玉不琢，不成器；人不学，不知道。"将学和道统一起来。当然，二者对学和道的认识绝不一样。《论语·为政》说："学而不思则罔，思而不学则殆。"将学和思对立起来，或也侧面说明可能有重思不重学的倡导者存在。《荀子·解蔽》就说过："空石之中有人焉，其名曰觙，其为人也，善射以好思。耳目之欲接则败其思，蚊虻之声闻则挫其精，是以辟耳目之欲，而远蚊虻之声，闲居静思则通。"

---

① 杜预注谓"大人患失而惑"是"患有学而失道者以惑其意"，估计是借用《老子》"为学日益，为道日损"来讲说，恐非是。

所以当时有不少类似于《荀子·劝学》的作品存在。整理者引《荀子·劝学》的“学不可以已”来疏证简文，其实这句话也见于《大戴礼记·劝学》：“学不可以已矣。”此外，《子思子》佚文中也有部分同于《荀子·劝学》的文字，《尸子》、《吕氏春秋》、贾谊《新书》皆有《劝学》。故荀子的《劝学》，可能是传承的学问，至多是其早期的思想，后来他也谈学要学止之，《荀子·解蔽》曰：

> 凡以知，人之性也；可以知，物之理也。以可以知人之性，求可以知物之理而无所疑止之，则没世穷年不能遍也。其所以贯理焉虽亿万，已不足以浃万物之变，与愚者若一。学，老身长子而与愚者若一，犹不知错，夫是之谓妄人。故学也者，固学止之也。恶乎止之？曰：止诸至足。曷谓至足？曰：圣也。圣也者，尽伦者也。王也者，尽制者也。两尽者，足以为天下极矣。故学者，以圣王为师，案以圣王之制为法，法其法，以求其统类，以务象效其人。向是而务，士也；类是而几，君子也；知之，圣人也。

相较于老庄的学不学，荀子这里的学于止之，和《管仲》所说学于可以已最为接近。虽然《管仲》讲的是通过“见善者敏，见不善者戒”来达到不学，而荀子讲的是“止诸至足”，成为圣人，以不学。

荀子早期作品《荀子·修身》有“见善，修然必以自存也；见不善，愀然必以自省也”，和《管仲》的“见善者敏，见不善者戒”也有相近之处。荀子虽或可能承自孔子的“见贤思齐焉，见不贤而内自省也”，但孔子自谓述而不作，其“见贤思齐焉，见不贤而内自省也”可能也有古代的思想渊源①。然《管仲》之言也未必来自孔子。

清华简《管仲》的年代上限目前还不能完全确定，但按照古书形成的一般规律看，此篇归为《管子》佚文应该是没有问题的。当前讨论《管子》者，多将之分组。有关桓公和管子对话的内容，显然是最当归为《管子》者，不同的学者对不同篇章有不同的断代结论，主要是因为对篇章所说是真的桓公管子对话记录，还是好事者依托，较难判断。然而究其实，主要还是从思想背景和古书同文来判断。这两种方法，从当前的研究来看，都还存在一定的疑问②。不过清华简的年代下限，李学勤先生指出，曾请北京大学加速器质谱实验室、第四纪年代测定实验室做了 AMS 碳 14 年代测定，“经树轮校正的结果是公元前 305 ± 前 30 年”，为战国中晚期之际。③ 笔者曾考定庄子的年代不同于朱熹之说及钱穆《先秦诸子系年》之结论，有可能年长于孟子④，或至少和孟子同时代；钱穆考惠施卒于公元前 314—前 310 年⑤，庄子卒于此后，则《管仲》的年代下限接近于庄子卒年。竹简经过抄写、流传，其篇章的形成、写定时间当更早。因此，不管对《庄子》内外杂

---

① 杨树达《论语疏证》指出《国语·晋语七》载司马侯曰：“诸侯之为，日在君侧，以其善行，以其恶戒。”

② 李锐：《“同文”分析法评析》，见《同文与族本——新出简帛与古书形成研究》，中西书局 2017 年版。

③ 李学勤：《论清华简〈保训〉的几个问题》，载《文物》2009 年第 6 期。

④ 李锐：《孟子见梁惠王年岁及相关诸子年代考》，载《饶宗颐国学院院刊》2017 年第四期。

⑤ 钱穆：《先秦诸子系年》，商务印书馆 2001 年版，第 441 页。

篇的年代有何种早晚判断①，《管仲》的内容可能要早于《庄子》。然上述和《管仲》相近的论学与不学的言论，除了《老子》，《庄子》《荀子》的有关内容都可能要晚于《管仲》。这么说来，《管仲》中的这种思想，不管是不是前有传承，《庄子》《荀子》都有可能吸收了《管仲》的某些思想。而竹简是用楚文字所写，说明《管仲》流传到了楚地。可想而知，其他地方也有。若荀子思想真曾受其影响，则其没必要到稷下。

由清华简《管仲》、上博简《慎子曰恭俭》等篇章来看，当时思想、文本流传的速度，远远超过了今人的预料。这一点或可以提示我们，稷下先生的作品，流传很快。这些先生各有门徒，思想各异，因此并不存在所谓的稷下学派。那些托名管子所作，搜集、传播有关管子思想者，或许可以算作管子学派。但是这种学派，像其他的依托黥子书如托黄帝、伊尹等一样，可能并没有一个宗师或核心的人员存在，而是不同的人和团体都在讲。故即便有一些小团体可能流传有序，学派的名称也只能是指兴趣、宗旨相近意义上的学派，而不是学术师承渊源意义上的学派。② 今日流传下来的《管子》，可能就是收集这些不同托名管子的小团体的作品而成，故而内容庞杂。虽或可能存在部分和稷下先生相关的作品，但整个《管子》恐怕不能看作稷下学派的作品。

---

① 刘笑敢：《〈庄子〉内篇的年代》，见《庄子哲学及其演变（修订版）》，中国人民大学出版社 2010 年版；王叔岷撰：《庄学管窥》，中华书局 2007 年版。李锐：《〈庄子〉内外杂篇的关系问题》《再论〈庄子〉内外杂篇的问题》，并见《同文与族本——新出简帛与古书形成研究》，中西书局 2017 年版。

② 学派的区分，参见李锐：《“六家”、“九流十家”与“百家”》，载《中国哲学史》2005 年第 3 期。

黄老学“贵因”论甄微

——兼论对清华简《子产》“因”思想性质的判定

向净卿
（曲阜师范大学副教授）

在中国古代哲学中，“因”是一个独特而又重要的概念。“因”主要出现在黄老道家文献中；最早提出“贵因”论的是《管子·心术上》“解六”：“道贵因。”“贵因”即重视因循，“舍己而以物为法”，“无益无损”，采取纯客观的态度，避免主观的负面影响。其他黄老文献虽然没有直接使用“贵因”这一表述，但同样也有重视因循的思想。较早出现“因”思想的文本是《国语·越语下》，该文多次提到“因时”“因天地”“顺天道”等有关因循的观念。出土帛书《黄帝四经·观》也有典型的关于“因”的思想。《慎子》逸文有《因循》，强调要因天之大，因人之情。《吕氏春秋·贵因》认为三代圣王的功业要归功于对“因”的运用。其他道家文本如《鹖冠子》《尹文子》《淮南子》等，也有因循天道的观念。① 总之，“因”思想是先

---

① 根据杨伯峻的分析，“因”有四种含义：其一，介词，表凭借，例如，“因生以赐姓”；其二，介词，今言“趁”，例如，“因其凶也而攻之”；其三，连词，表结果，例如，“因以为族”；其四，动词，因袭，例如，“季蒯因之，有逢伯陵因之”。杨伯峻、徐提编：《春秋左传词典》，中华书局1985年版，第248页。

秦哲学认识论中的一种追求客观性的方法，强调要因循客观形势，避免主观性偏好的介入。

在先秦诸子时代，除了黄老文献中常见“因”思想，在其他学派文献中也有许多“因”的表述。如兵家文献《六韬》：“太上因之。”儒家文献《礼记·坊记》：“因人之情。”《荀子·解蔽》：“由天谓之道，尽因矣。”而郭店竹简《性自命出》说“礼作于情”，实际上也蕴含着“礼因人情”的观念。①

到了汉代，司马谈《论六家要旨》中对道家（黄老道家）的思想进行了理论总结，认为道家理论的核心是“以虚无为本，以因循为用”，按照司马谈的观点，“虚”即道之常，而“因”为君之纲。如此看来，“因”与“虚”在道家学说中具有同等重要的意义。不过，在道家学说中，“虚”还可以追溯到老子——“致虚极”（《老子》第16章），而“因”在老子那里还未被使用。道家学说内部有不同的流派，老子的道家学说，重视道的本体论，认为道是万物之本原，而司马谈所论的“道家”实际上是指黄老道家，该派学说主张推天道以明人事，认为天道是具体的，可以因循，从而被运用于人事、法政上。曹峰教授把前者称为老子类型的道论，后者称为黄帝类型的道论。②

随着汉代“罢黜百家，独尊儒术”格局的形成，“因”的

---

① 关于先秦诸子中“贵因”思想的列举，详见王尔敏：《先秦贵因思想》，载《台湾师范大学历史学报》1999年第27期。

② 曹峰：《出土文献视野下的黄老道家研究》，载《中国社会科学》2013年第2期。

观念渐渐淡出历史舞台。但清中期以来，由于西方思想的冲击，“贵因”理论又重新被左宗棠、蒋益沣、薛福成等广泛讨论，因袭西学，以应时局。①

“因”是人们在认识世界的过程中保证客观性的一种方法，是“推天道以明人事”得以实现的具体方式。目前，研究“因”的论著不少②，但是它们对“因”的认识还不够深入。“因”有多种类型：有因天道自然，因人情人性等。因天道自然，在与自然有紧密关系的领域，如农事或战事等方面，具有客观性、科学性，但是在社会关系领域，如礼制、法政方面，显得过于抽象，不易把握。社会关系领域的问题，多与礼法相关，因而要“因人性”“缘人情”，而不是直接因天道自然。因此，古代的“因”思想具有一定的复杂性。对于“因”思想的深入讨论，对重新审视中国哲学中认识论的相关概念有很重要的意义。

---

① 王尔敏：《晚清政治思想史论》，台湾华世出版社 1969 年版，第 78 ~ 80 页。

② 如王尔敏：《先秦贵因思想》一文，及《晚清政治思想史论》一书中的“广贵因论”一节。贺凌虚：《吕氏春秋的政治理论》，台湾商务印书馆 1970 年版，第四章相关内容。殷乐：《战国时期黄老道家因循思想探析》，首都师范大学 2013 年硕士学位论文。许建良：《〈管子〉因循思想探析》，见方勇主编《诸子学刊（第四辑）》，上海古籍出版社 2010 年版，第 277 ~ 298 页。杨菁：《战国黄老道家重“时”观之探讨》，载《台北大学中文学报》2015 年第 18 期。另曹峰《文本与思想：出土文献所见黄老道家》（中国人民大学出版社 2018 年版）、《〈文子·自然〉研究——兼论对“道法自然”的理解》（《现代哲学》2018 年第 5 期），王中江《黄老学的法哲学原理、公共性和法律共同体理想——为什么是“道”和“法”的统治》（《天津社会科学》2007 年第 4 期）等文中也有相应讨论。

一、黄老学“因”思想的发展线索

“因”字的使用，在《左传》《论语》等早期文本中屡见，有凭借、因袭等意，但还未发展成为一种具有特定意义的概念。① 在《国语·越语下》中，“因”思想则具有典型的黄老学的特征：

> 王曰：“不谷之国家，蠡之国家也，蠡其图之。”范蠡对曰：“四封之内，百姓之事，时节三乐，不乱民功，不逆天时，五谷睦熟，民乃蕃滋。君臣上下，交得其志，蠡不如种也。四封之外，敌国之制，立断之事，因阴阳之恒，顺天地之常，柔而不屈，强而不刚，德虐之行，因以为常；死生因天地之刑，天因人，圣人因天；人自生之，天地形之，圣人因而成之……”②（《国语·越语下》）

《国语》记载的范蠡对“因”的理解有：因天地、因人等，而因天地实为因天道，又具体表现为因阴阳之恒、因天时等。范蠡所说的文种所擅长的乃“四封之内”之事，即生养民众，而自己所擅长的是“四封之外”之事，即带兵打仗。此二事在《黄帝四经》中是经常被并称为“力地”与“举事”、“静”与

---

① 《逸周书》也多见用例。详见王尔敏：《先秦贵因思想》，载《台湾师范大学历史学报》1999 年第 27 期。

② “天因人”，韦昭注：“因人善恶而福祸之。”不确。《国语》后文说：“人自生之，天地形之，圣人因而成之。”人能够自生，天地不过是“形”之、因之。《黄帝四经·十大经·观》：“……寺（恃）地气之发也，乃梦（萌）者梦（萌）而兹（孳）者兹（孳），天因而成之。弗因则不成，〔弗〕养则不生。”同样在表述“人自生”这个自然现象。“天因之”是指天地表现（因循）“人自生”这个自然现象。

“动”等。而不管哪种事，都要有所“因”。《黄帝四经》关于“因”的思想集中体现在《十大经·观》一文，而该文恰与《国语·越语下》的文本内容、思想比较相似。此二文都体现出《论六家要旨》中所说“因阴阳之大顺”“因天时”“因物”等因循天道的内容。有学者认为，《黄帝四经》中的“因”还是初步提及，并不成熟；《国语·楚语下》中的“因”“并非表达一种思想概念……只是一种策略的分析，并不能当作思想观念”①。但实际上，《黄帝四经》与《国语·越语下》中的“因”已经是一种成熟的哲学概念，其主要内容为“因天道”。另外，学界长期争论的《黄帝四经》是战国初期还是中后期的作品，这个问题一直悬而未决。从《十大经·观》与《国语·越语下》的文本关联，如“因”的相似性看，《黄帝四经》的某些语料与思想确实早出。

集稷下学之大成的《管子》中的《内业》《心术》《白心》等篇较早由郭沫若、刘节等确认为黄老学派作品。其中的《心术上》“经六”说：“应物也若偶之，静因之道也。”“应也，非（注：缺‘己’字）所设也。”“应物”就是遵循事物的规律。“静因”，即先虚静然后因循。这一点与《论六家要旨》所论类似：“与时迁移，应物变化。”“有度无度，因物与合。”但是《管子·心术上》恪守“因应事物”的原则，反对变化——“过在自用，罪在变化”。这似与《论六家要旨》“应物变化”的说法有所抵牾，体现出黄老道家内部学派具有不同的主张。

《管子·心术上》“解六”则对“因”“应”论进行了详细

---

① 王尔敏：《先秦贵因思想》，载《台湾师范大学历史学报》1999年第27期。

解释："因也者，舍己而以物为法者也。""变化则为（注：通伪）生，为生则乱矣。故道贵因。"《管子·心术上》提出的"贵因"思想要求严格遵守事物的规律，不能有自己的私心自用，而且强调不能变化，这与实际因循的对象或环境有关。《管子·心术上》认为："人之可杀，以其恶死也。其可不利，以其好利也。"即人可以通过被杀戮而得以警示，因为他厌恶死亡；可以通过不能获利而得以控制，因为他喜好利益。这说明《管子·心术上》面对的多是社会礼制、法政问题，因循社会规则，当然要过于严格一些。社会规则又如何而来?《管子·心术上》说："礼者，因人之情，缘义之理，而为之节文者也。"礼仪等社会规范应该因循人情，但是也要考虑缘乎义理，考虑适宜的一面。"为之节文"，即要考虑节制纹饰人情。因为"礼出乎义，义出乎理，理因乎宜者也"。而"法者，所以同出不得不然者也。故杀僇禁诛以一之也。故事督乎法，法出乎权，权出乎道"(《管子·心术上》)。在《管子·心术上》作者看来，法与礼的制定类似，都需要考虑权变、变通。

因此，在制定礼法时，要"贵时""因时"，"与时迁移，应物变化"(《论六家要旨》)，因人情的同时要考虑变通；使用礼法、适用规则时要"因应事物"、反对变化——"过在自用，罪在变化"，不可擅自改变根据人情制定的礼法。

《黄帝四经》中"因"的对象是"天道"，与《国语·越语下》的适用范围比较一致，多在农业和军事领域，这个范围内，"天道"具体表现为阴阳四时。对农业和军事而言，"天道"是具体的、可操作的。但是在社会礼制、法政范围内，"天道"太过抽象，在具体操作上不好实现，无法运用。因此，《管子·心术上》的作者将"天道"具体化为人间之"道"，"道贵因"的

“道”更多地指向社会礼仪、法制范畴，因而“因”的思维和逻辑也相应发生了改变。郭沫若说：“不增一分，不减少一分。……完全泯却主观，采取纯客观的态度。”① 郭沫若虽然没有明确指出《管子·心术上》的针对对象，但他这个理解是正确的，正如《管子·心术上》所说：“不顾（注，偏）言，因也。因也者，非吾所所顾，故无顾也。”同文“解五”：“无为之道，因也。因也者，无益无损也。以其形，因为之名，此因之术也。”在社会治理问题上，确实需要严格遵循社会的既定规则。

《慎子·因循》比《管子·心术上》有更加具体的论述：“天道，因则大，化则细。因也者，因人之情也。人莫不自为也，化而使之为我，则莫可得而用矣。是故先王见不受禄者不臣，禄不厚者不与入难。人不得其所以自为也，则上不取用焉。故用人之自为，不用人之为我，则莫不可得而用矣。此之谓因。”《慎子》将因“天道”细化为因人情。所谓因人情，即根据人的自为、自利心理制定法律。②《韩非子·八经》：“凡治天下，必因人情。人情者有好恶，故赏罚可用；赏罚可用则禁令可立，而治道具矣。”这也与《管子·心术上》《慎子·因循》对人情——“恶死好利”的因循与利用是非常相似的。

与稷下学有密切关系的《吕氏春秋》一书，有《贵因》篇

① 郭沫若：《十批判书·稷下黄老学派的批判》，见郭沫若著作编辑委员会出版《郭沫若全集·历史编》第二卷，人民出版社 1982 年版，第 165 页。

② 此外，《慎子》的“因”思想还体现在政治之术上，如《慎子·民杂》：“大君因民之能为资。”《慎子·逸文》：“礼从俗，政从上，使从君。”“从”与“因”在内涵上是一致的。

专门讨论“因”：禹“因水之力”、尧“因人之心”、汤武“因民之欲”，“夫审天者，察列星而知四时，因也”。其汲取了黄老学因天道、因人情的思想。

被质疑晚出的《文子》也有关于“因”的论述，其特点是将因循与老子的自然无为联系在一起①，以因循作为自然无为的具体实现方式：“以道治天下，非易人性也，因其所有而条畅之。故因即大，作即小。”具体来看，就是要“因民之欲”“因民之性”。其他道家文本如《鹖冠子》《尹文子》《淮南子》等也有许多讨论因循思想的内容。

总之，黄老道家的“因”思想，从“因”的对象看，有一个从天道自然向礼法制度推衍的趋势。《黄帝四经·十大经·观》《国语·越语下》等篇重在因循天道，主要针对农业生产和军事战争等领域；而《慎子·因循》《管子·心术上》等篇，因循的对象多在人情、人性、习俗上，主要针对社会关系中涉及的礼法问题；战国晚期《吕氏春秋》中的《贵因》，则兼重因天道与因人情。

二、黄老学“因”思想的三种类型

先秦“因”思想，因语境不同，各自言说的对象也不相同。因循对象大体上可以分为三类：天道、人性以及习俗。

1. 因天道

《老子》虽未直接论及“因”，但其自然无为的思想，实际上蕴含了因循天道之义。《庄子》则明确提出尚自然、因天道的

① 具体分析见曹峰：《〈文子·自然〉研究——兼论对“道法自然”的理解》，载《现代哲学》2018 年第 5 期。

原则，《齐物论》：“照之于天，亦因是也。”《养生主》：“因其固然。”《德充符》：“常因自然而不益生。”《刻意》：“去知与故，循天之理。”《庄子》虽然提出了因任自然、循天道的观点，却仍然比较抽象，不好把握。黄老学则将因天道、因任自然具体化。这表现在如下几个方面：

其一，因阴阳。阴阳化为四时，遵守天道四时的作息规律也就因循了阴阳之道。据《黄帝四经·十大经·观》的论述，黄帝将混沌的天地“始判为两，分为阴阳，离为四［时］，□□□□□□□［德虐之行］，因以为常”。因此，阴阳、四时必为一切行为的准则，须因之以为常法。具体来看，如“春夏为德，秋冬为刑”，农业在春夏，战事则在秋冬（同书《经法·论约》：“三时成功，一时刑杀。”与此稍异），“先德后刑以养生”。司马谈《论六家要旨》也谈道“因阴阳之大顺”，《国语·越语下》则表述为“因阴阳之恒”。

其二，因天时。《论六家要旨》：“有法无法，因时为业。圣人不朽，时变是守。”《黄帝四经》：“圣人不巧，时反是守。”《国语·越语下》：“上帝不考，时反是守。”《汉书·司马迁传》：“圣人不巧，时变是守。”《国语·越语下》与《黄帝四经》的语境更多指向的是军事战争，但在其他行为领域，因循天时也是很重要的。①

其三，应物。《论六家要旨》：“应物变化”，“有度无度，因物与合”，须做到“无成执，无常形”，这样才能“究万物之情”。《黄帝四经·十大经·观》：“天道已既，地物乃备。”言

① 值得注意的是，因天时与因阴阳，或有交叉，但二者也稍有区别。阴阳或与四季密切相关，因天时更多看重的是时机。

天道万物具备，人但顺成其事。《管子·心术上》“经六”：“其应也，非（注：缺“己”字）所设也。……其应物也若偶之，静因之道也。”如前所述，《管子·心术上》的语境多指向礼法秩序，所以《管子·心术上》不谈变化，“过在自用，罪在变化”，只谈因循。而《论六家要旨》认为须“应物变化”，应物的同时也要适时变化。

其四，因人。人自身的生衍繁殖这一自然规律在稷下道家、黄老学派看来也是应该要遵循的。

> 死生因天地之刑，天因人，圣人因天；人自生之，天地形之，圣人因而成之。（《国语·越语下》）
>
> 时若□□□□□□□□□□寺（恃）地气之发也，乃梦（萌）者梦（萌）而兹（孳）者兹（孳），天因而成之。弗因则不成，［弗］养则不生。……然则五谷溜孰（熟），民［乃］蕃兹（滋）。君臣上下，交得其志。天因而成之。夫并时以养民功，先德后刑，顺于天。① （《黄帝四经·十大经·观》）
>
> 天因人，圣人因天。天时不作，勿为客。人事不起，勿为始。……故不犯天时，不乱民功，秉时养人。先德后刑，顺于天，微度人。（《管子·势》）

文本中“人自生之”与“天因而成之”都不好理解，过去的解读含混不清。“人自生之”与人的生养即“萌者萌，孽者孽”，“民乃藩滋”，都指向了人自身生长和养成的自然规律。这涉及道家哲学中生成论的问题。按照曹峰教授的研究，道家有

① 通假及补字，采陈鼓应说，见陈彭应注译：《黄帝四经今注今译——马王堆汉墓出土帛书》，商务印书馆2016年版，第210，223页。

三种生成方式：他生、相生和自生，他生，即创生，如《老子》“道生万物”；相生，如《老子》“道生一，一生二，二生三，三生万物”；自生，如上博简《恒先》“气是自生”。[①]《国语·越语下》与《黄帝四经·十大经·观》就涉及了自生的问题。人自生属于天道的一部分，当言说“因循天道”时，同样也要因循人的生养规律，因为“弗因则不成，弗养则不生”。从这个意义上看，上博简《恒先》说“恒气之生，因之大”，确实也是一种典型的因循论。[②]

2. 因人性

据前所述，《管子》与《慎子》等文本中的因循思想主要就是针对社会治理而言的。由于天道的概念在由人与人构成的社会之上，距离太过遥远，所以天道在由人组成的社会里必然需要细化为与人密切相关的人道。推天道以明人事，最终对天道的因循还要落实到人事上面。《慎子·因循》：“天道，因则大，化则细。因也者，因人之情也。人莫不自为也。”“自为”，隐含有自利的意思，正因为人之自利，则“化而使之为我，则莫可得而用矣。是故先王见不受禄者不臣，禄不厚者不与入难。人不得其所以自为也，则上不取用焉。故用人之自为，不用人之为我，则莫不可得而用矣。此之谓因”（《慎子·因循》）。韩非子则说：“凡治天下，必因人情。人情者有好恶，故赏罚可用；赏罚可用则禁令可立，而治道具矣。”

---

① 曹峰：《文本与思想：出土文献所见黄老道家》，中国人民大学出版社 2018 年版，第 67 ~ 77 页。

② 曹峰：《文本与思想：出土文献所见黄老道家》，中国人民大学出版社 2018 年版，第 73 ~ 74 页。

(《韩非子·八经》)韩非子与慎子的思想有密切联系，都认为“人之好恶”是法律制度、国家治理可以因循的基础。

《慎子》中的因循理论主要针对法而言，《管子·心术上》则主要针对礼：“礼者，因人之情，缘义之理，而为之节文者也。”如前所述，此处的“礼”应该指向礼仪规则的制定，而不是人对礼仪规则的遵守。因为后文说：“故礼出乎义，义出乎理，理因乎宜者也。”显然这是针对规则的制定而言的。法的制定也具有同样的原则：“法者，所以同出，不得不然者也。故杀僇禁诛以一之也。故事督乎法，法出乎权，权出乎道。”(《管子·心术上》)权，即适宜。相反，《管子·心术上》反对“变化”——“过在自用，罪在变化”，应更多指向对立法规则的运用，而不是在礼法规则的制定方面。

如前所述，《文子·自然》认为“以道治天下”，就不能通过改变人性来实现，只能“因其所有而条畅之”，“因即大，作即小”。《文子》认为，自然之道在政治上的落实，需要依靠“因民之欲”“因民之性”这个原则。

《逸周书·常训》说：“天有常性，人有常顺。顺在可变，性在不改。不改可因，因在好恶。好恶生变，变习生常。常则生丑，丑命（注：通明）生德。明王于是生（注：设）政以正之。”① 这段文字语言简洁，但意思不易理解。黄老学中关于人自生、自为以及因循人性的理论，对该段文字的理解有较大

① 关于《逸周书·常训》的文本年代，王尔敏先生认为出自文王时期，见《先秦贵因思想》。黄怀信先生认为是春秋早期作品，见黄怀信：《逸周书校补注译（修订本）》，三秦出版社2006年版。按，从语言风格和内容上看，《逸周书》之《常训》《度训》《命训》等篇，战国时期写定的可能性较大。

帮助。该段文字与黄老学的区别在于后半段，后面的文字偏向儒家“德性”的生成，所以《逸周书·常训》的文献性质也不易判定。另外，儒家经典《礼记·坊记》也说：“礼者，因人之情而为之节文。”郭店竹简《性自命出》说“礼作于情”，说明“礼因人情”在战国时期是一个普遍的观念。

因循人情、人性的一个形上依据是人的自生与自为，这表现出对个体的尊重。因循人情、人性是在社会公共领域发生的，据此产生的效果也具有公共性和客观性。①

3. 因习俗

相比于因天道与因人情，黄老学文献没有在因循习俗上使用“因”字，而是使用“从”和“出于”等字眼。但“从”和“出于”等字眼与“因”的含义大体类似。《慎子·逸文》：“礼从俗，政从上，使从君。”《管子·枢言》：“法出于礼，礼出于治。”社会规则的制定和运行需要遵照习俗。《黄帝四经·君正》：“一年从其俗，二年用其德，三年而民有得。四年而发号令，［五年而以刑正，六年而］民畏敬，七年而可以正（征）。一年从其俗，则知民则。”《黄帝四经·君正》的作者认为，政从俗，则民众易知道法则、遵守法则，正所谓“俗者，顺民心也”。实际上，司马谈《论六家要旨》也提到要遵从习俗：“与时迁移，应物变化，立俗施事。”“立俗施事”，即立于习俗以施行政事。做到包括“立于习俗”在内的这三件事，才能“无所不宜，指约而易操，事少而功多”。

综上，从因循的对象看，因天道可以具体化为因阴阳、因

---

① 王中江：《黄老学的法哲学原理、公共性和法律共同体理想——为什么是“道”和“法”的统治》，载《天津社会科学》2007年第4期。

天时、应物、因人等。因天道多针对人与自然之间发生关系的生产领域，体现出对自然规律的因循；因人性、因习俗则主要针对人与人之间发生关系的社会领域，体现出在礼法的制定和实施时对客观形势的考量。不论是在生产领域，还是在社会领域，因循思想都保证了方法上的客观性。“因”体现了先秦哲学认识论中对客观性的追求，尽量避免主观意志的干扰。

三、从黄老学的“因”看清华简《子产》因循思想的性质

清华简第六册收录了一篇政论文献《子产》，因子产在儒家、法家中的地位甚高，该文献也受到学界的重视。该文中论及子产因循三代的政令与刑罚作“郑命”“野命”“郑刑”“野刑”等法令。其中有言“因前遂故”，“善君必察昔前善王之法，聿求尽之贤，可以自分，重任以果将”。[①] 有研究者据此认为，《子产》具有因循先王之法的思想，因循思想贯穿了《子产》始终，“因循”又是黄老学的一个重要内容，故“《子产》是具有黄老学倾向的文本”[②]。

清华简《子产》文本所表述的因循先王之法，蕴含着一种因循、借鉴思想，但还不是本文前述分析的黄老学的“因”——因天道、因人情的内容。清华简《子产》所说的

---

① 李学勤主编：《清华大学藏战国竹简（陆）》，中西书局 2016 年版，第 137 页。整理者原断句为：“善君必察昔前善王之法聿（律），求尽之贤，可以自分，重任以果将。”

② 袁青：《论清华简〈子产〉的黄老学倾向》，载《哲学与文化》2019 年第 2 期。

“因”，只表示沿袭、借鉴之意，与《论语·为政》中的“因”相类：“子曰：殷因于夏礼，所损益，可知也；周因于殷礼，所损益，可知也。其或继周者，虽百世，可知也。”清华简《子产》与《论语·为政》的“因”，都是因袭、沿袭前代之法的意思，黄老学中的“因”则是“因循客观情势”的意思。因此，《子产》中的“因”具有黄老学倾向，这个观点值得商榷。当然，这不妨碍我们论证《子产》在其他方面具有黄老学的倾向。① 如《子产》文本中的“聿求尽之贤，可以自分，重任以果将”，也与黄老学的“君逸臣劳”有相似之处。

因循先王之法并非黄老学所固守的观念，相反，黄老学主张“察今”，“因时”而变。《吕氏春秋·察今》：“上胡不法先王之法，非不贤也，为其不可得而法。”《察今》并不赞赏一味因循先王之法，而是要“贵时”：“凡先王之法，有要于时也，时不与法俱至。法虽今而至，犹若不可法。”《论六家要旨》在论道家（黄老道家）时指出，“与时迁移，应物变化”，“有法无法，因时为业”。《黄帝四经·经法·四度》《黄帝四经·经法·论》《黄帝四经·十大经·观》等多篇都强调因天时，要“动静有时”。《管子·内业》：“是故圣人与时变而不化，从物而不移。”《管子·白心》：“以靖为宗，以时为宝。”总之，贵时在黄老学的方法论里占有重要位置。

---

① 其他方面的黄老学倾向如：治身思想、“命”“刑”并重、恐惧意识等，具体论证见袁青《论清华简〈子产〉的黄老学倾向》（《哲学与文化》2019 年第 2 期）一文。

王尔敏先生指出，近代以来，中国面临变革，不能再因循守旧，须学习西方，于是以左宗棠、蒋益沣等为首的改革派上溯《吕氏春秋》，主张“贵因论”，主张吸取西方的思想文化，因袭西学，以应时局。① 王尔敏先生把该类思想叫作“广贵因论”，而不是直接认定其为“贵因论”，因为这类主张并非先秦黄老学中的“因”论思想。但实际上，左宗棠等人的“贵因论”恰好体现了先秦黄老学中“贵时”的观念，“应物变化”“因时为业。”

四、结语

“贵因”是先秦哲学尤其是黄老学中的一个重要概念。“贵因”即贵在因循，采取客观态度，依据客观形势，避免主观的负面影响。从现有文献看，由于语境不同，因循对象不同。《黄帝四经·十大经·观》《国语·越语下》等篇重在因循天道，重点针对农业生产和军事战争等领域；在这个领域中，因循天道又可以细化为因阴阳、因天时、应物、因人等几个方面。而《慎子·因循》《管子·心术上》等篇，因循的对象多在人情、人性、习俗上，主要针对社会关系中发生的礼法问题。战国末期《吕氏春秋》的《贵因》则兼论“因天道”与“因人情（人欲)”，认为“因者无敌”。

黄老学的因循观念，并未直接见于《老子》，但与《老子》崇尚自然、无为守静的思想具有内在一致性。因循天道实质就要求自然无为，只不过，因循天道似乎显示出一种比自然无为

① 王尔敏：《晚清政治思想史论》，台湾华世出版社 1969 年版，第 78 ~80 页。

更加积极的行动原则，而在这个行动原则的指导下，黄老道家把抽象的“道”转化为具体的“天道”与“人道”，把“道”之“无名”发展为礼法之“有名”。黄老学在重视因循天道的同时，也注重因循人道——因人情，以韩非子为代表的法家沿着“因人情”的思想脉络，将人性的“好生恶死”特征利用至极致，发展出“刑德二柄”的理论。

五年师旋簋与齐哀公史事补考*

李秀亮

（山东师范大学讲师）

1961 年发现于陕西长安张家坡的五年师旋簋铭文记载了周天子赏赐并命令师旋“羞追于齐”的史实。经郭沫若、唐复年等先生的释读①，铭文内涵已基本清晰。但因文辞简略，对其所载史事，学者之间多有争论。可喜的是，近年山东高青陈庄遗址新出土的引簋铭文，可与之相对读。两者都记载了西周时期齐国的有关史事，可相互启发，故有深入研究的必要。笔者不揣浅陋，愿在前人工作的基础上，略陈管见，以正方家。

一、铭文所载史实辩证

先录铭文如下：

惟王五年九月，既生霸壬午，王曰：师旋，令女（汝）

* 基金项目：山东省社会科学规划项目（20CLSJ05）、教育部人文社会科学重点研究基地十三五规划项目阶段性成果。

① 郭沫若：《长安县张家坡铜器群铭文汇释》，载《考古学报》1962 年第 1 期；唐复年：《师旋簋新释》，见裘锡圭《古文字论集（一）》，中华书局 1992 年版，第 30～35 页。

> 羞追于齐，侪汝干五昜（锡）登盾生皇（凰）、画内（枘）、戈琱㦰、歀（厚）必（柲）彤沙（苏），敬毋败速（绩），旋敢昜扬王休，用乍（作）宝簋子子孙孙永宝用。①

“王五年”，“夏商周断代工程”西周金文历谱排在孝王五年②，唐复年认为是周夷王五年③。大致不出西周中期晚段。“羞”，《尔雅·释诂》：“进也。”“羞追于齐”句式与不𡴃簋“羞追于西”、多友鼎“羞追于京师”相同，交代作战的地点。“侪”，赐。“干……戈……”被赏赐的内容。“败速（绩）”，《左传·庄公十一年》：“大崩曰败绩。”“敬毋败速（绩）”，不能打败仗。

很明显，师旋之所以被赏赐，得因于受王命出征，并被要求“毋败速（绩）”。但出兵原因、讨伐对象及作战结果等，铭文都略而不提，在体例上与一般的军事铭文大有不同。学者因研究视角的差异，所得结论多有分歧。

唐复年、白川静等先生认为，该簋制作的背景与周王室烹杀齐哀公有关。周、齐之间因哀公的被杀而矛盾激化，彼此互有军事冲突，师旋奉王命追剿的，当是齐国的军事武装。李学勤、侯志义等先生认同此说。④

陈梦家先生对此提出疑义，他指出簋铭“羞追于齐……毋

---

① 中国社会科学院考古研究所编：《殷周金文集成（修订增补本）》，中华书局2007年版，第4216～4218页。

② 夏商周断代工程专家组：《夏商周断代工程1996—2000年阶段成果报告（简本）》，世界图书出版公司2000年版，第31～32页。

③ 唐复年：《师旋簋新释》，见裘锡圭《古文字论集（一）》，中华书局1992年版，第30～35页。

④ 李学勤：《高青陈庄引簋及其历史背景》，载《文史哲》2011年第3期；侯志义主编：《西周金文选编》，西北大学出版社1990年版，第265页。

败速（绩）”与不騏簋“驭方、厥（狎）允（狁）广伐西俞，王令我羞追于西”同例，与禹鼎所载南淮夷入侵有关，而与周王室烹齐哀公之事无关。① 李凯、赵庆淼等先生进一步指出，“羞追于齐”是在齐地作战，而非与齐国作战。师旋所追击的对象，当为齐地的淮夷部族，铭文记载的是周王室征讨淮夷的史实。②

对此争论，2010年山东高青陈庄遗址出土的引簋铭文，或可提供些许佐证。

引簋出土于陈庄遗址35号墓，共两件，器盖同铭。M35是一座带一条墓道的“甲”字形大墓，除引簋外，还出土了壶、盘、匜、戈、车马器等10余件青铜器，体现了墓主生前高级贵族的身份。其铭文曰：

> 唯正月壬申，王各于龏（共）大室。王若曰：“引，余既命汝更乃祖，䟽司齐师，余唯𤔲（申）命汝，则汝彤弓一、彤矢百、马四匹。敬乃御，毋败敾。”引拜稽手，对扬王休，同𨸏追，俘吕兵，用作幽公宝簋，子子孙孙宝用。

“龏（共）大室”，周共王的宗庙，说明器物制作于周共王之后。“䟽司”，管理。“齐师”，或认为是齐国的军队③，或

---

① 陈梦家：《西周铜器断代》，中华书局2004年版，第205页。

② 李凯：《五年师旋簋蠡测》，载《华夏考古》2010年第2期；赵庆淼：《高青陈庄引簋铭文与周代命卿制度》，载《管子学刊》2015年第3期。

③ 方辉：《高青陈庄铜器铭文与城址性质考》，载《管子学刊》2010年第3期；李学勤等：《山东高青县陈庄西周遗址笔谈》，载《考古》2011年第2期。

认为是周王室的军队①，但周王明显拥有对齐师的直接掌控权。引的身份为率领齐师的高级军事将领。“败歒”，即五年师旋簋中的“败速（绩）”，指战争时的大溃败。“同”，聚合。“隓”，读为随，训从。“俘吕兵”，俘获兵器，可知战争以胜利告终。

周天子在共王宗庙册命引，令其率齐师出征、毋败绩的对象，李学勤等先生都认为是齐国。② 出征的原因是齐哀公被烹杀后，周王室为稳定齐国政局，而派兵征讨不服从统治的叛乱者。

据《史记·齐太公世家》记载，齐哀公当政时，荒淫失政，民多怨言③，又与周边纪国关系恶化。之后，纪侯进谗言，周天子怒而烹杀齐哀公。为争夺君位，齐哀公的两个同族兄弟吕静和吕山彼此争斗，齐国政局动荡，周室东土不宁。后来，周王室大力扶持吕静继任，是为齐胡公。事情发生的时间，李学勤、李零等先生都认为在周懿王时期，司马迁所载周夷王时期并不可信。④ 今从之。

引簋所反映的是周王室为扶持齐胡公继位，而派遣齐师征讨反对胡公继位的、以吕山为首的军事武装。仔细体会“毋败歒”的告诫，可知周天子迫切需要出征者尽早稳定齐国政局。

---

① 李零：《读陈庄遗址出土的青铜器铭文》，见山东省文物考古研究所编《海岱考古（第四辑）》，科学出版社 2011 年版，第 370 ~ 377 页；魏成敏：《陈庄西周城与齐国早期都城》，载《管子学刊》2010 年第 3 期。

② 李学勤等：《山东高青县陈庄西周遗址笔谈》，载《考古》2011 年第 2 期。

③ 《诗经·齐风·鸡鸣》诗序曰：“哀公荒淫怠慢。”《诗经·齐风·还》诗序曰：“哀公好田猎，从禽兽而无厌，国人化之遂成风俗。”

④ 李学勤：《高青陈庄引簋及其历史背景》，载《文史哲》2011 年第 3 期；李零：《读陈庄遗址出土的青铜器铭文》，见山东省文物考古研究所编《海岱考古（第四辑）》，科学出版社 2011 年版，第 370 ~ 377 页。

从“同隧追，俘吕兵”来看，引所率齐师最终大获全胜，齐胡公也顺利继位。

在西周铭文中，有“败绩”之称的，仅见于引簋与五年师旋簋。李学勤先生还指出，两器的形制、纹饰基本相同，时间都属于西周中期后段，铭文内容相近，应属于同一时事。① 因此，由引簋铭文，似可佐证师旋簋中羞追的对象，也应该是齐献公吕山所率领的军事武装。

另外，从时间上看，五年师旋簋所载与周烹哀公的时间基本吻合。与五年师旋簋同出的还有四件同铭的元年师旋簋，其记载了师旋受周王册命之事。铭文中充当佑者的是迟公，即伊簋中伊的文祖皇考迟叔。伊簋作于周厉王二十七年。因厉王前的夷王、孝王在位时间都较短（详下），故其文祖皇考应主要活动于周懿王时期。此迟公既可作师旋册命时的佑者，说明师旋亦主要活动于同一时期。师旋作簋纪念的对象，是文祖益仲。唐复年先生已考证，此益仲即铭文中常见的益公，永盂、询簋、休盘、王臣簋、益公仲、王臣簋等对其皆有记载。益公于周共王九年（或更早）开始用事，共王十二年至懿王二年间担任要职。② 作为益公子辈的师旋，或许即在益公用事的前后被任命，最晚也可至周懿王时期。再者，元年师旋簋在内容上属于一篇成熟的册命金文，“王乎乍（作）册尹克册命师旋”一句，可归于“王乎史官册命某”的格式，这种辞例主

---

① 铭文关键字词的释读，主要依李学勤先生的意见，详见李学勤：《高青陈庄引簋及其历史背景》，载《文史哲》2011 年第 3 期。

② 唐复年：《师旋簋新释》，见裘锡圭《古文字论集（一）》，中华书局 1992 年版，第 30～35 页。

要流行于恭、懿时期，如“王乎乍（作）册尹册命山”（士山盘，《集成》14536），“王乎乍（作）命尹册命䚕”（䚕簋，《集成》5362），“王乎内史册命豆闭”（豆闭簋，《集成》5326）等。依此，五年师旋簋可能作于周懿王前后，与周烹哀公之事相近。

其实，从铭文体例上看，五年师旋簋与伐淮夷类铭文并不相同。在录卣、伯冬鼎（周穆王时期）、史密簋（共、懿时期）、敔簋（夷王时期）、翏生盨、伯𢦚父簋（厉王时期）、师寰簋、兮甲盘（宣王时期）等周伐淮夷铭文中，都明确提到交战的对象是淮夷、南夷或南淮夷，铭文的地名、人物也都可与伐淮夷之事相关联，大多还明确交代出征的原因和战后所获，却未见一例将出征原因、交战对象与战争结果都省略不提的。故五年师旋簋所记，当与周伐淮夷无关。

综合以上诸点，似乎可以确定，五年师旋簋中“羞追于齐”的对象，并不是南淮夷，更与淮夷侵略齐地和东土无涉。师旋所追讨的当为齐国，与周王烹杀哀公事件密切相关。

通过引簋与五年师旋簋所载内容，我们似可相信，在哀公被烹后齐国内乱过程中，周天子为确保齐胡公顺利继位，很可能做了两手准备，一方面命引统帅齐师与吕山势力对抗；另一方面，又任命师旋整军备战，以备不时之需。师旋所统率的，应该是周王朝在王畿内的驻军。元年师旋簋中师旋的职官是“备于大左”，管理“丰还”的左右师氏。丰地位于周王畿内，丰地驻军理应属于王室直属的西六师之一。

五年师旋簋只记周王的赏赐，不载战争结果和交战对象的原因，李学勤先生认为是由于“这一使命大约不曾执行"[1]。也就是说，师旋仅收到周王出征的指令，最终却因故并未参战。从引簋铭文得知，由于引及其率领的齐师提前结束了战斗，已确保齐胡公成功继位，而且协助胡公稳定了东土局势，故无须师旋再次出征。

最后，还需要交代的是，师旋的族属，应该是益公家族的支系小宗。师旋作器纪念的益仲，应该为益公的同族兄弟，益公为大宗，或即牧簋中的益伯，益仲则为其分支小宗。师旋为益仲的孙辈，无疑属于益公宗族旁支的后代。像益公、益仲这样同族兄弟各司王室且世代延续的宗族，金文中多见。如召公一子继承自己召公的职位，另一子继承其大保之职。[2] 姜太公的两支郭公、郭季也同时职司王室，世代延续。[3]

二、齐哀公被烹杀原因探析

齐国首任国君姜太公，曾为周王室的成立付出汗马功劳。姜太公之所以被封于齐，是为了替周王室镇抚东方的殷商残余势力。在就国之初，周天子曾许诺给姜太公征伐大权，包括"东至于海，西至于河，南至于穆陵，北至于无棣"在内的"五侯九伯"，太公都可以酌情"征之，以夹辅周室"（《左传·僖公四年》）。据李零先生考证，"五侯，是齐、鲁、晋、

---

① 李学勤：《高青陈庄引簋及其历史背景》，载《文史哲》2011 年第 3 期。

② 李学勤：《克罍、克盉的几个问题》，见《走出疑古时代》，辽宁大学出版社 1994 年版，第 159～161 页。

③ 李学勤：《论西周王朝中的齐太公后裔》，载《烟台大学学报（哲学社会科学版）》2010 年第 4 期。

卫、燕；九伯，是穿插其间的小国”①。可见齐国在周初分封时是一等诸侯国，地位远非鲁、卫、燕所可比拟。另据《史记集解》，太公之后的五世国君都可“反葬于周”，享受特殊的王室待遇。

到齐国第五任国君齐哀公时，却因纪侯的进谗，使周天子一反先王成例，致诸侯、烹哀公。其中原因，颇值得深入探究。

在西周时期，诸侯国君被周天子杀掉的，还有鲁国国君伯御。据《史记·鲁周公世家》记载，伯御因杀害了周宣王选立的鲁懿公，严重违背了周室号令，而被宣王出兵攻杀。由伯御的经历似可推论，齐哀公在任时的所作所为，肯定是触犯了周王室的根本利益，才让周天子坚决欲以除之。纪侯的进谗只是表面现象，周天子对哀公的怨恨才是根本动因。

那么，齐哀公究竟触犯了周王室什么利益？对此典籍并未明言。

日本学者白川静曾推测，齐哀公可能在经营淮夷问题上，严重冒犯了周王室。齐国“从很早起就采取了容纳客卿、富国强兵的政策，其经营地域从沿海诸夷进而达到淮河下游。西周后期周的经营也以淮水流域诸夷为对象……两者的利害对立大约是难以回避的”②。此说可商。据《孟子·万章下》记载，西周时期各封国的规模都很有限，“公、侯皆百里，伯七十里，子、男五十里”。齐虽为大国，但最多不过百里的规模，能否如

① 李零：《读陈庄遗址出土的青铜器铭文》，见山东省文物考古研究所编《海岱考古（第四辑）》，科学出版社 2011 年版，第 370～377 页。

② ［日］白川静著，袁林译，徐喜辰校：《西周史略》，三秦出版社 1992 年版，第 104 页。

春秋之后那样将统治势力扩展至淮河流域，实未可知，更未有可靠资料予以佐证。即使齐国已能经营淮夷之地，在周王室极具权威的西周时期，齐国是否敢公然与之对抗，也令人怀疑。

近日，李凯先生另辟蹊径，将周王室杀齐哀公的原因，从周、齐文化礼俗差异的角度重做解释。在他看来，齐哀公时，所奉行的齐太公立国时即确立的“因其俗，简其礼”的治齐政策，对东夷文化礼俗有更大程度的保留，这与西周中期周天子试图利用强硬手腕大力推行周人文化制度的目的格格不入。为了打击齐国包括祭天在内的东夷文化背景，改变齐国固有的因俗政策，周天子只能烹杀哀公，大力扶持亲周的齐胡公继位。① 此说虽新颖，但终与有关史实相抵牾。在周王室所封诸国中，最忠实地实施周人礼乐制度的首属鲁国。但据鲁故城考古资料显示，直至春秋时期，鲁故城内仍然保留着体现殷夷文化的习俗，说明周王室允许并认可殷夷文化的存在。反过来亦可证明，周人在西周中期并未有用行政手段大力推行周文化、打压殷夷文化之举。故此说若想成立，仍需要更多材料的佐证。

以笔者愚见，齐哀公的被烹杀，很可能与西周中期周王室的内乱息息相关。

与齐哀公、齐胡公同时的周天子，有周懿王、周孝王、周夷王三位。据《史记·周本纪》所列世系，周懿王去世后，并没有传位嫡子，而是由共王的弟弟、懿王的叔叔孝王继位。孝王去世后，再次破坏嫡长子继承制，不传位于嫡子，而是由前

① 李凯：《周王“烹齐哀公于鼎”事件考析》，见《苏鲁豫皖地区商周时期考古学文化学术研讨会论文集》，2019 年于滕州，第 151 ~ 162 页。

任懿王的儿子夷王继任王位。夷王再传子周厉王后，王位传嫡之制始重新得以延续。因此，周孝王的继位和传位，都严重破坏了周代王位继承制度。

据《夏商周断代工程年表》推断①，周懿王在位 8 年，周孝王 6 年，周夷王 8 年。但 2012 年新公布的畊簋给出了新的纪年资料。铭文中赏赐畊的周王自称其考为“龚王”，则其为周懿王无疑。铭文记载的时间却为王“十年正月初吉甲寅”，可知懿王在位的时间当不少于 10 年。朱凤瀚先生利用近年新出的诸相关纪年铭文，认为周懿王应在位 20 年，孝王仅 3 年，夷王 7 年，并指出“孝王是共王弟，共王执政如达三十余年，其子懿王又有二十年，则至孝王及位时，其年岁必已高，在位年数短应是有可能的”②。

依此，懿王即位 20 年去世时，其嫡长子燮（即周夷王）业已成年，按礼制应为王位的合法继承人。而孝王此时已接近 60 岁，年龄过大，又违背礼制，似无必要再继大统。最终仍是孝王坐了天子之位，这其中很可能伴随着武力的抢夺。

《史记·周本纪》曾记载：“懿王之时，王室遂衰。”说明孝王很可能是借朝政衰败之际而夺位。孝王在位仅 3 年，时间如此之短，既显示其继位并未全得人心，又说明周夷王的不满和争夺一直未曾停止。另，孝王 60 余岁去世后，其嫡长子年龄已然不小，王位却未传嫡，仍由懿王之子夷王继位，应该也

---

① 夏商周断代工程专家组：《夏商周断代工程 1996—2000 年阶段成果报告（简本）》，世界图书出版公司 2000 年版。

② 朱凤瀚：《关于西周金文历日的新资料》，载《故宫博物院院刊》2014 年第 6 期。

是政治斗争的结果。很可能在懿、孝、夷之间，为争夺王位，已先后发生过数次激烈的政治斗争。周孝王的即位以及周夷王的夺位，应该都是武力抢夺的结果。崔述《丰镐考信录》已对此深表怀疑："懿王之崩，子若弟不得立而立孝王，孝王之崩子又不立而仍立懿王子，此必皆有其故；史失之耳。"① 这里的"其故"，依我们推测，应该是为争夺王位而发生的一系列政治、军事斗争。

对此，传世文献给我们提供了些许信息：

> 孝王崩，诸侯复立懿王太子燮，是为夷王。（《史记·周本纪》）
>
> 觐礼，天子不下堂而见诸侯。下堂而见诸侯，天子之失礼也，由夷王以下。郑玄注："夷王……时微弱，不敢自尊于诸侯。"（《礼记·郊特牲》）
>
> 当周夷王之时，王室微，诸侯或不朝，相伐。（《史记·楚世家》）

我们从中至少能看出两层意思：其一，周夷王的继位并非一帆风顺，而是诸侯力争的结果。周夷王屈尊降礼、下堂而见的，肯定仅是扶立其继位有功的诸侯。其二，在孝、夷争斗的过程中，王室内外的各级诸侯也分属孝、夷两党，各相依附，彼此争斗。之所以出现《史记·楚世家》中"相伐"的局面，很可能也是随着孝王、夷王两人的党争而展开的。

与孝、夷之争相类似的，可举周幽王晚年太子宜臼与幽王之弟余臣间的夺位之争。据新出清华简《系年》记载，周幽王

---

① 〔清〕崔述撰著，顾颉刚编订：《崔东壁遗书·丰镐考信录》，上海古籍出版社 2013 年版，第 234 页。

及伯服去世后，“邦君者（诸）正乃立幽王之弟舍（余）臣于虢（虢），是畯（携）惠王。立廿（二十）又一年，晋文侯戠（仇）乃杀惠王于虢（虢）……逆坪（平）王于少鄂，立之于京𠂤（师）。三年，乃东遷（徙），止于成周”①。很明显，平王虽为太子，在幽王及伯服去世后，得到“邦君诸正”拥立继位的，则是其叔父余臣。二十一年后，平王才在晋文侯、郑武公等诸侯的大力支持下，最终继位为王。而据《史记》等典籍记载，晋文侯原来是支持幽王的，并不属平王一党。后来之所以转变阵营，很可能是平王之党全力争取、笼络的结果。晋文侯前后立场的转变，不但说明王位斗争中诸侯立场的摇摆，更体现了诸侯国力量对王位确立所起的重要作用。②

在孝、夷王位争夺过程中，作为东方大国的齐国，其立场的选择理应起着关键作用。据现有资料推测，作为国君的齐哀公，很可能是维护嫡长子继承制，坚决支持太子周夷王的。齐哀公的行为应该是惹怒了势力强大的周孝王一党。很可能在周懿王晚年时，趁着纪侯进谗言的机会，孝王一党便迫使周懿王杀掉了哀公，而立亲附自己的齐胡公为君。后周孝王顺利继位，齐胡公也进一步坐稳了齐君的位置。等到周懿王太子夷王重新夺得王位后，便对齐胡公心存怨恨，而对齐哀公、齐献公一党暗存支持。齐哀公的同母少弟吕山也正是看准了周夷王的这个心思，才在隐忍数年之后，毅然率众袭杀胡公，自立为君，是

---

① 李学勤主编：《清华大学藏战国竹简（贰）》，中西书局 2011 年版，第 138 页。

② 代生：《清华简〈系年〉所见两周之际史事说》，载《学术界》2014 年第 11 期。

为齐献公。从文献记载中看不出周王室对献公之举的任何反对态度，因此很可能是默许其行为的。这也从侧面反映了周夷王应该与齐哀公有着同样的政治立场。

若此推测不误，则齐哀公的被烹杀，齐胡公的被扶立，很可能都是周王室内部王位争斗的结果。具体言之，由于周孝王与周夷王之间的王位之争，致使各诸侯之间彼此党争，相互攻杀。齐哀公因支持夷王即位而被孝王杀害，齐胡公又因支持孝王而又被夷王杀害。齐国政局的动荡，与王室权位的争夺紧密联系在一起。

三、周烹哀公事件对周、齐关系的影响

前文已指出，西周初期，齐国公室享受着周王室特殊的政治礼遇，“比及五世，皆反葬于周”（《礼记·檀弓上》）。按《齐太公世家》所列世系，第五位齐君为哀公，已因违背周室号令被烹杀，他返葬于周的可能性不大。或许其父癸公以上的乙公、丁公、太公四代，皆能享受返葬于周的殊荣。《尚书》《左传》等皆有记载，太公、丁公都在周王室内任要职，先后服侍武王、成王和康王。其后，则史料缺载，未知其详。1981 年陕西岐山县鲁方彝盖铭文的出土，对此提供了新的佐证材料。

齐生鲁方彝盖有铭文五十余字，记录了齐人鲁至周经商之事，可从侧面反映周齐之间的关系。现录其铭文如下：

> 唯八年十又二月，初吉丁亥，齐生（甥）鲁肇贮（贾），休多赢。唯朕文考乙公永启余鲁，用乍（作）朕文考乙公宝蹲彝。鲁其万年，子子孙孙永宝用。

依李学勤先生考释，“生”当读为“甥”，齐生鲁的称名形式，同与《论语》中的微生高、微生亩，齐为国名、氏名，鲁为私

名。“肇”，始。“贾”，经商。“休”，美好、喜庆。“赢”，利。“启”，教也。“乙公”，齐丁公之子乙公得。铭文内容是说，某王八年十二月的丁亥日，齐生鲁经商伊始便多有赢利，作器纪念并感谢他的父亲齐乙公得。

方彝的时代，根据其形制、纹饰及铭文字体等特征，可推定在周恭王时期，器做于周恭王八年。①

齐生鲁既为齐乙公之子，必当为其庶子，齐乙公嫡子为齐国的第四任国君癸公慈母。作为齐公族成员的鲁所做方彝之所以出土于周王畿腹地之陕西岐山县，应该是他曾经商至此所遗留。

鲁方彝盖的问世，不但显示出齐国境内浓厚的经商传统，更证明司马迁记载姜太公建齐后，“因其俗，简其礼，通工商之业，便鱼盐之利”，所言不虚。而且，由此器还能看出，直到周恭王时期的西周中期，周、齐间的关系仍旧非常融洽，齐公室成员可至周经商，且遗器于此，说明彼此多有交往，未有阻碍。

从周懿王开始，因出现烹杀哀公事件，周、齐关系开始恶化。伴随着齐国政局的动荡，周王室数次对齐国用兵，又多次插手齐君人选，公然干涉齐国内政，致使周、齐关系紧张，兵争不断。上述五年师旋簋与高青陈庄引簋铭文对此都有很好的体现。

双方关系的僵持，应该一直持续到周厉王时期，直至齐献公继位之后，才有所缓和。据《史记·齐太公世家》记载，齐献公在位九年后卒，“子武公寿立。武公九年，周厉王出

① 李学勤：《鲁方彝与西周商贾》，载《史学月刊》1985年第1期。

奔，居龛”。依《夏商周断代工程年表》所定周厉王在位三十七年推算①，齐献公卒、武王继位时应是厉王二十八年，而齐献公继位是厉王十九年。

西周晚期的师寰簋记载了周王室征伐淮夷之事，出征的人员中有齐师，其铭曰：

> 王曰：师寰，㦰淮夷繇（旧）我員（帛）畮臣，今敢博厥众叚，反厥工吏，弗速我东䧹（国）。今余肇令女率齐帀（师）、㠱、贅（莱）、僰、屃、左右虎臣，征淮夷……

关于师寰簋的年代，学者多定在周宣王时期②，刘启益、吴镇烽定为周厉王时期③。齐师参与征伐淮夷之事，还见于史密簋，其时代多定为西周中期后段，但张懋镕等考证在周宣王时期④。齐师，学者一般认为指齐国的军队。齐师既多次听命周王室的调遣，参与周伐淮夷的战争，说明周、齐关系已逐渐走向缓和。尤其是齐献公继位之后，周天子并未对其杀胡公之事过多追究，反而让其坐稳了国君的位置，说明彼此之间已达成共识，双方的关系始恢复正常。

很明显，齐哀公因故被烹杀之事，使原本良好的周、齐关系走向破裂。周王室最初承诺给齐国国君“返葬于周”的殊荣，

---

① 夏商周断代工程专家组：《夏商周断代工程 1996—2000 年阶段成果报告（简本）》，世界图书出版公司 2000 年版。

② 郭沫若：《两周金文辞大系图录考释》，上海书店出版社 1999 年版，第 138 页；彭裕商：《西周青铜器年代综合研究》，巴蜀书社 2003 年版，第 438 页。

③ 刘启益：《西周纪年》，广东教育出版社 2002 年版，第 371 页；吴镇烽编撰：《金文人名汇编（修订本）》，中华书局 2006 年版，第 148 页。

④ 张懋镕、赵荣、邹东涛：《安康出土的史密簋及其意义》，载《文物》1989 年第 7 期。

至周懿王时被彻底取消。彼此间的正常政治交往，变成了持续不断的军事战争。齐国政局动荡，周室东土不稳。这种对立和争执直到周厉王时期才逐渐走向缓和。可以说，周烹哀公之事，无疑当为西周时期周、齐关系的重要转折点。

综上所述，五年师旋簋记载了周王室对齐国的征伐，其与齐哀公被烹、齐胡公继位的史事紧密相关。齐哀公被烹杀，很可能是周王室内孝王、夷王争位所致。由于哀公的被烹杀，周、齐关系开始恶化，彼此相伐。直至西周晚期齐献公继任后，双方关系才恢复正常，终春秋之世，周、齐之间再无战事发生。

齐国的东扩与东夷华夏化蠡测

李　楠

（山东省社会科学院助理研究员）

武王伐纣，周得天下，“封师尚父于齐营丘”（《史记·齐太公世家》），齐国自此建立。师尚父，即姜尚，又称太公望、吕尚、吕望，为炎帝之后，本为姜姓，因其先祖伯夷为尧帝四岳，在舜帝时为秩宗，典掌三礼，佐大禹平水功劳很大，为禹帝的股肱重臣，受封吕侯，封地吕国，为吕氏始祖，后世从其封姓，故曰吕尚。齐国初封于营丘，疆域仅仅局限于今山东北部，东与纪、莱，西南与鲁，北与燕、卫为邻。齐地多盐卤，地贫人寡，太公至国，“修政，因其俗，简其礼，通商工之业，便鱼盐之利，而人民多归齐，齐为大国”，在经济上，齐国成了大国。至武王崩，成王继位，周公旦摄政。管蔡作乱，淮夷叛周；周天子乃使召康公命太公曰：“东至海，西至河，南至穆陵，北至无棣，五侯九伯，实得征之。”（《史记·齐太公世家》）齐国由此获得征伐的权力，在政治上，齐国成了大国。随着齐国大国地位的确立，齐国开始不断向东方开拓疆土，征服了大量的东夷土著，在增强齐国国力和疆土的同时，也带动了东夷地区的华夏化进程。

一、齐国对东方的开拓

周王室分封出来的诸侯国主要是姬姓国，如鲁、晋、燕、卫、管、蔡、霍等，另有一些前代王朝的后裔，如夏的后裔杞、商的后裔宋、尧的后裔焦以及舜的后裔陈等。异姓姻亲自然也是周王室分封的对象，特别是姜姓部族，其世代与周室通婚，太公望既是武王克商的重要谋臣又是周公东征时的主要军事将领，所以在分封诸侯时，师尚父为首封，被封到海岱之间的薄姑旧地，建立齐国，国都营丘。这里本是东夷人的居住地，东夷在此创造了灿烂的史前文化，在种植业，畜牧业，酿酒业，玉器、陶器制造业，金属冶炼，纺织业，渔业航海，宗教历法以及工艺美术、音乐等方面都取得了令人瞩目的成就，其中有些方面在当时还处于全国领先地位。

由于此前夷夏关系十分紧张，战争不断，东夷人对华夏诸国有着根深蒂固的抵制情绪。其时，东夷土著势力尚较强大，对周室东方的统治威胁极大。齐的分封不仅为周室的东方经略提供了强大的保证，使得周王朝在渤海沿岸东夷地区有了主动态势，而且对东夷地区的反周势力及部族也起到了镇抚作用，有效屏护了周室东方的安全，阻挡了东夷的西进。这也意味着齐国被置于周室经营东夷的最前线，齐国在建国之初就面临着东夷土著的威胁。太公刚到齐地，东夷土著莱侯便兴兵进犯，史载："莱侯来伐，与之争营丘。"（《史记·齐太公世家》）且先后有七次争夺。同时，齐地"负海舄卤，少五谷而人民寡"（《汉书·地理志》），南有鲁国，西有晋国，北临大海，为了巩固统治，发展国力，谋取富强，齐国必然走上向东夷土著地区拓疆的道路。

齐国自分封伊始，便开始了对外扩张的道路。《史记·齐太公世家》记载："及周成王少时，管蔡作乱，淮夷畔周，乃使召康公命太公曰：'东至海，西至河，南至穆陵，北至无棣，五侯九伯，实得征之。'齐由此得征伐，为大国。都营丘。"由于齐国立国之初，力量尚不足，诸多东夷土著势力又较为强盛，终西周之世，齐国的疆域虽有扩张，但东境未过纪隋一带。齐国的大规模扩张主要是在春秋以后进行的，到了鲁昭公二十年（前522），齐国的疆域大为拓展，东境已达平度一带，向西则达聊城一带。至战国田齐威宣全盛之时，齐国已经发展成为"自泰山属之琅邪，北被于海，膏壤二千里"的大国，领土包含了整个半岛地区。

齐国疆域由小到大的变化，是经过历代齐君励精图治取得的，齐国的扩张主要是向东进行的，所获得的土地多为东夷土著的土地。齐国在东扩过程中，第一个描准的便是纪国。纪为东夷大国，故城在今山东寿光南，古器铭作"巳"。近代在寿光、莱阳、烟台等地均有纪国青铜器出土，可见其时纪国国境甚广。从地缘上看，纪国与齐国位置最近，且与齐临淄东北部接壤。齐国对纪国的征伐，不仅单纯出于扩张的目的，而且源于两国间的世仇，在齐哀公时，"纪侯谮之周，周烹哀公而立其弟静，是为胡公。胡公徙都薄姑，而当周夷王之时"（《史记·齐太公世家》）。由此，齐纪结仇，为日后齐国伐灭纪国埋下了导火线。齐襄公五年（前693），迁纪之郱、鄑、郚三邑；齐襄公七年（前691），纪季把酅地割让给齐国；齐襄公八年（前690），纪侯"大去其国"，纪国灭亡。齐桓公继位，"正封域，东至于纪酅"①。

---

① 〔清〕顾栋高辑，吴树平、李解民点校：《春秋大事表》，中华书局1993年版，第508页。

齐国在东扩过程中灭掉的另一个重要的东夷国家是莱国。莱国是山东地区历史悠久的土著国家，据《通志》记载："周不得姓之国。莱氏。"关于莱国的地域范围，据《尚书·禹贡》记载："海、岱惟青州……莱夷作牧……浮于汶，达于济。"① 其国土范围大概囊括了今山东济南、淄博、潍坊、烟台、威海、青岛六市的范围，可谓东方大国。是以自太公望分封到营丘以来，莱国对齐国的侵扰就一刻不曾停止。前文提到，太公望初到齐地，莱人便与齐人争国。其后数百年，齐莱两国斗争不断，旷日持久，齐国几乎动用了政治、经济、军事等各种手段与之争衡，终于将之逐步征服，莱国渐渐成为齐国的附庸而听命于齐。至襄公六年（前692），被迁往黄县，莱国基本灭亡；到战国时期，莱国彻底成为齐国治下的疆土。

在齐人东进过程中被灭掉的东夷国家尚有莒国、谭国、郯国、小邾国、宿国、夷国等。其中莒国与莱国均为东夷部族最具代表性的国家，往往"莱莒"并称，因此莱国同为齐国东扩道路上的最大障碍。莒国的地望，《左传·隐公二年》注云：莒国"旧都介根，今山东胶县西南；春秋初迁徙于莒，在今山东莒县境"。春秋时期，莒国一度强盛，曾灭向国和鄫国，"莒人入向"，开《左传》所载一国入他国之先河。但莒国终为齐国所灭，其地也被齐国占领。灭莒之后，齐国已经实际掌控了半岛地区，齐国对东部夷人地区的征服与拓展基本完成。

---

① 〔清〕孙星衍撰，陈抗、盛冬铃点校：《尚书今古文注疏》，中华书局2004年版，第151～153页。

二、齐国对东夷土著部族的管理

齐国对境内土著东夷部族的管理，延续了太公确立的“因其俗，简其礼”的温和政策。这种政策的实施，主要表现在以下几个方面：

在政治上，简君臣之礼，从其俗。周代华夏诸国重视君统和宗族，强调尊尊亲亲，通过分封建立起了亲疏有别、尊卑有序、贵贱分明的统治秩序。君臣之礼，正是各国调节统治集团内部关系的道德标准和行为法则。齐地的东夷民族，地处偏远，不习周礼，受正统思想的影响较弱，少有严格礼节的约束。针对这种情况，齐国统治者在充分尊重当地的风俗习惯和民众价值取向的基础上，简化君臣之礼，颁布简单易行的政令，妥善处理征服者与被征服者的政治关系，缓和二者之间的矛盾，建立稳定的政治局面。同时，在选拔人才方面，实施了“举贤尚功”的政策，突破周礼在宗法关系上的约束，推崇事功，不强调血缘和族群界限。通过“举贤”，加强与东夷土著部族上层的合作，充分吸收东夷上层进入齐国的管理机构，淡化征服与被征服的关系，尽量消弭东夷土著部族的反抗情绪，从政治上淡化族群界限，争取土著部族在政治上对齐国的支持；通过“尚功”，适应了东夷人尚勇好战的文化传统，使东夷土著部族中下层亦有了晋阶之路，能够更好地归心于齐国的统治。

在文化上，主要采取了“因其俗”的文化政策。这里所谓的“因其俗”，就是因循东夷人的风俗习惯。东夷文化是一种相对独立的文化体系，东夷拥有众多部族，但它们有着共同的文化特征，即以鸟作为部落图腾。《左传·昭公十七年》记述郯子来朝时提及本国文化："我高祖少皞挚之立也，凤鸟适至。故纪于鸟，为鸟师而鸟名。"可见东夷诸部族文化体系的独立性非常鲜明，迥异于华夏诸邦。随着齐、鲁诸华夏邦国在东夷地区的建立，华夏文化亦随之进入东夷故地，与原东夷文化产生了激烈冲突，当地的土著文化对外来文化产生了本能反抗。早在齐国建立之初，便出现了"不臣天子，不友诸侯"① 的"狂矞、华士"以及"以仁义乱齐"的营荡②，这些东夷文化士人以不合作的态度对抗西来的华夏文化。虽然对于这些人，齐国采取了严厉的镇压手段，但为了减少东夷土著在文化上的反感和抵触，齐国统治者采取了因地制宜的政策，承认齐地土著东夷文化与诸夏文化的差异性，不强迫东夷部族改变自己的社会结构和文化传统，不强制推行华夏文化以取代东夷文化，而是在尊重东夷文化的基础上，推行华夏文化对东夷文化的渐进性改造。这种政策的推行，在收获东夷诸族民心的同时，也逐步完成了对东夷文化的改造，加快了夷夏文化的融合，团结了境内诸民族，进一步巩固了齐国对半岛地区的统一。

在经济方面，齐国土地盐碱贫瘠，不利于五谷生长。《汉书·地理志》对齐地的评价就是："齐地负海舄卤，少五谷而人民寡。"《盐铁论·轻重》亦云："昔太公封于营丘，辟草莱而居焉。地薄人少。"但齐地背靠大海，鱼盐资源十分丰富，当地东夷人擅长从事植桑养蚕、制陶、冶铁以及鱼盐等工商

① 〔清〕王先慎撰，钟哲点校：《韩非子集解》，中华书局 1998 年版，第 315 页。

② 〔清〕董仲舒著，〔清〕苏舆撰，钟哲点校：《春秋繁露义证》，中华书局 1992 年版，第 370～371 页。

业。齐国统治者在经济政策的制定上充分考虑当地的实际情况，顺应东夷的传统经济格局，在重视农业生产的同时，大力发展工商业，“通利末之道，极女工之巧”（《盐铁论·轻重》），“劝其女功，极技巧，通鱼盐，则人物归之，繦至而辐凑。故齐冠带衣履天下，海岱之间敛袂而往朝焉”（《史记·货殖列传》）。为了促进国内工商业的发展，开发东夷故地的鱼盐资源，齐国通鱼盐于东莱，使关市讥而不征，廛而不税，在国内外实行开放公平的经济贸易。由此使各国和地区之间经济资源得以互补，并且充分利用了齐国自身和外部的资源，充实了自己的实力。同时对境内关卡实施免税政策，只对进出商品实施稽查而不征税，对商人存放的货物也不收取费用，这大大繁荣了本国的市场，扩大了齐国的影响力，提高了齐国的政治威望。同时，开发了东夷故地的资源，推动了当地经济的发展，也沟通了齐国东西部各地的联系，使东夷人民获得了丰厚的经济收益，帮助他们提升了自身的经济实力，以示对这些部族的友好之情，使这些部族能够拥护齐国，乐于接受齐国的统治。

三、齐国治下东夷的华夏化

通过对东夷地区的征服和管理，齐国治下的东夷文化发生了很大改变，大大促进了东夷对华夏的认同，二者出现了相互融合的趋势，对此可从以下几个方面进行探讨：

首先，齐国对纪、莱等东夷大国的征服，加速了齐国境内夷夏间的民族和文化融合。对纪、莱的吞并，尤其是对莱国的吞并，使当时东夷诸部族中最强大的一支完全处于齐国的控制之下，虽不能使东夷传统文化立即融于华夏文化，但终归使其丧失了长期独立存在的地域条件和政治条件。同时，随着齐国疆域的扩大，大量东夷土著开始与齐人杂处，在社会生活中相互影响，东夷人开始逐步接受齐人的生活习惯和风俗，同时也为齐文化注入了东夷的文化特色。

这种华夷文化的融合，在考古发现中亦得到证实。1963 年，在山东莒县天井汪出土了一批莒国青铜器，这批莒器的造型、组合、纹饰和当时的中原地区没有多大差别①；1975 年，在山东莒南大店镇的花园村与老龙腰发现了两座春秋时期的大墓，其中花园村墓出土的编钟有“隹正月初吉庚午，簷叔之中（仲）子平自乍铸其游钟”② 一语。这两座大墓为莒国高级贵族墓，其出土的器物风格，更能证明夷夏文化的融合，通过对其铜器铭文的考证，发现其在历法方面与华夏诸国完全一致。1978 年，在山东沂水刘家店子莒墓也出土了大量的莒国青铜器，其中青铜礼器占了相当大的比重。在薛国贵族墓地亦清理出 9 座墓葬。其中 1～4 号墓为春秋大墓，6，7，9 号墓为春秋中期墓，5，8 号墓为战国墓。其中，春秋时期的几座墓葬除了 4 号墓的椁室压在京沪铁路路基下无法考证以外，均有殉人的出现，而且随葬有大量的青铜礼器。“不管薛国贵族的葬制是合乎周礼还是僭越之礼，有一点是清楚的，墓葬间随葬品的相对多寡，特别是铜礼器的多寡、铜鼎的数量、质量，确实是区分薛国贵族之间社会地位尊卑贵贱的指示物，是接受、模仿周礼而来的、自有

① 齐文涛：《概述近年来山东出土的商周青铜器》，载《文物》1972 年第 5 期。

② 山东省博物馆临沂地区文物组、莒南县文化馆：《莒南大店春秋时期莒国殉人墓》，载《考古学报》1978 年第 3 期。

一定之规的薛国丧葬礼制的反映。"① 1995 年，在济南市长清仙人台遗址发掘的邿国贵族墓地，共清理出 6 座年代由西周晚期到春秋晚期的墓穴。② 邿国贵族墓葬既有殉狗腰坑；使用独木棺，棺下横置枕木；具有超大型随葬器物箱；随葬礼器多为偶数组合等东夷传统礼俗③，也随葬有大量周式铜礼器、玉礼器、车马器等符合周王朝礼制的器物。

这些墓葬中周式和东夷式器物共存的现象表明，夷夏间的物质交流已经达到很深的程度，其推动了夷夏之间在意识形态方面的相互渗透，族群界限逐渐消失。至迟到春秋晚期，东夷文化原有的传统器物大部分都消失了，少部分残存可视为齐文化中包含的东夷文化孑遗。

其次，齐国对东夷故地的统治，采取了开明的民族政策，积极吸收东夷上层精英进入诸夏文化圈。一些东夷上层人士的文化修养已达到相当的高度，在意识形态上，已将自己视为华夏的一部分，形成了对华夏强烈的族群归属意识。《左传·僖公二十一年》载："任、宿、须句、颛臾，风姓也，实司大皞与有济之祀，以服事诸夏。"须句受到邾人的攻伐，求救于鲁国。须句乃为僖公夫人成风的母国，成风说："崇明祀，保小寡，周礼也；蛮夷猾夏，周祸也。"（《左传·僖公二十一年》）说明这一

① 邵望平、高广仁：《两周时期海岱考古遗存所反映的夷夏关系》，见张政烺先生九十华诞纪念文集编委会《揖芬集——张政烺先生九十华诞纪念文集》，社会科学文献出版社 2002 年版，第 84 ~ 85 页。

② 任相宏等：《山东长清仙人台遗址发现邿国贵族墓地》，载《中国文物报》1995 年 12 月 17 日。

③ 任相宏：《山东长清县仙人台周代墓地及相关问题初探》，载《考古学报》1998 年第 9 期。

时期，“服事诸夏”的东夷小国已把周礼作为处世的准则。须句也自认为是华夏，而视邾人为蛮夷。公元前 589 年，吴伐郯，郯成。季文子曰：“中国不振旅，蛮夷入伐而莫之或恤。”（《左传·成公七年》）郯也是把自己视为华夏的一部分了。这些事例中的东夷诸国，虽不是齐国治下的地区，但并不影响我们以此来推测，齐国治下的东夷诸部族对齐的国家认同以及对华夏的族群归属意识已经达到一个相当的高度。

最后，也是最重要的一点，齐国在经济上实施的开放政策和重商传统，推动了资源经济特别是齐国的鱼盐经济的发展，这不仅沟通了齐国东西部各地的联系，而且满足了各地夷夏族民的生活需要。在交通贸易物资流通的同时，夷夏族民的联系亦得到加强，便于形成共同的生活习俗，从而使东夷与华夏族趋向一体融合。一方面，齐国通过经济手段，增强了与东夷地区的经贸往来，也推动了齐国对东夷地区的统一，齐国曾多次使用贸易手段降服东夷，如《国语·齐语》云：齐桓公时“通齐国之鱼盐于东莱”。《管子·轻重戊》也载：“桓公问于管子曰：‘莱、莒与柴田相并，为之奈何？’管子对曰：‘莱、莒之山生柴。君其率白徒之卒，铸庄山之金以为币，重莱之柴贾。’莱君闻之，告左右曰：‘金币者，人之所重也。柴者，吾国之奇出也。以吾国之奇出，尽齐之重宝，则齐可并也。’莱即释其耕农而治柴。管子即令隰朋反农。二年，桓公止柴，莱、莒之籴三百七十，齐粜十钱，莱、莒之民降齐者十分之七。二十八月，莱、莒之君请服。”最终，齐桓公通过经济手段降服莱、莒之民。另一方面，东夷传统经济中的优势部分也为齐国所继承。以畜牧业为例，莱夷的畜牧业对齐国的经济有着重要的影响，据《左传·襄公二年》记载：“齐侯伐莱，莱人使正舆子赂夙沙卫，以索马牛皆百匹，齐师乃还。”其后，齐国灭莱国，莱夷丰富的畜产品以及畜牧业生产经验并为齐国所获，丰富的畜产品通过各种途径流入齐国腹地，《论语·季氏》称：“齐景公有马千驷。”后世在齐临淄城多次发现大规模、特大规模的殉马坑，殉马数量之多堪称周代列国之最，可见齐国的畜牧业在东夷人的基础上得到了很大发展，以至在墓葬中多有僭侈违礼的殉马现象。经济上的融合，必然会加速民族和文化的融合。

经过两周时期齐国对海岱地区东夷部族的征服，华夏文化与东夷文化逐步融合，至战国时，以齐文化为代表的华夏东方文化圈得以形成。秦统一六国后，齐地被列于郡县，夷夏诸民皆散为编户，华夷文化混而为一，融为一体。东夷文化的华夏化进程至此基本得以完成。

齐文化考古发现与中外文化交流

魏成敏　王国坤
（山东省文物考古研究院研究馆员、临淄区文化和旅游局）

地处中国东部地区的周代齐国都城临淄，是中国古代最大的城市之一，也是古代东方的政治、经济、文化中心。20 世纪 60 年代以来，山东省文物考古部门以临淄作为考古工作中心，对临淄齐故城及周边地区进行了大量的考古调查、勘探和发掘。考古发现表明，周代齐国不仅与中原地区各国有着紧密的联系，而且与中亚、西亚乃至地中海地区也有密切的文化交流。临淄地区考古发掘出土的具有明显西方文化色彩的遗物，为探讨齐文化对外交流提供了重要依据。任何文化交流均具有双向影响的特性，以下对相关问题分别进行探讨。

一、临淄出土具有西方文化色彩遗物

（一）蜻蜓眼琉璃珠

蜻蜓眼琉璃珠，一般指在琉璃珠上用白、赭、蓝或其他彩色圆点作为瞳孔，以环绕的彩色环圈作为眼白，凸起图案类似蜻蜓眼睛，这种装饰类似凸起蜻蜓眼式的琉璃珠学界一般称之为“蜻蜓眼”。我国最早能确认出土这类“蜻蜓眼”琉璃珠的时间可追溯到20世纪30年代，据传洛阳金村被盗掘的周代贵族墓葬中出土了一批蜻蜓眼式琉璃珠（也称玻璃珠，本文除引文及引述外，均称琉璃珠），还有使用“蜻蜓眼”琉璃珠镶嵌的铜镜。①

20世纪50年代以来，在田野考古中不断出土类似蜻蜓眼式的琉璃珠，目前在新疆、河南、山东、湖北、陕西、山西、广东、重庆等省市经过正式考古发掘的周代至汉代墓葬中均有发现。据不完全统计，迄今全国出土的蜻蜓眼琉璃珠有近千件，分布于全国十八个省市自治区，年代上至周代，下迄两汉。

在周代齐国都城临淄地区，随葬蜻蜓眼式琉璃珠的贵族墓葬也多有发现。

1. 蜻蜓眼式琉璃珠的出土

目前，临淄地区发表出土蜻蜓眼式琉璃珠资料的墓葬共有四座，其中三座位于现淄博市临淄区临淄齐故城附近，分别为郎家庄M1、单家庄M1、相家庄M2。另一座在临淄齐故城以西相距十多千米的张店区隽山以西，在已发掘的隽山M1中也发现随葬蜻蜓眼式琉璃珠。

郎家庄M1为临淄出土蜻蜓眼式琉璃珠最多的大型墓葬，墓室南北长21米、东西宽19.5米，因遭到村民取土破坏，无法确认南侧是否有墓道，但临淄地区目前经过考古发掘发现战国时期的大型墓葬均有墓道。该墓葬椁室被盗，墓室中有17个陪葬坑，其中蜻蜓眼式琉璃珠出土于椁室，另在第9陪葬坑

① 赵德云：《中国出土的蜻蜓眼式玻璃珠研究》，载《考古学报》2012年第2期。

出土月牙形装饰蜻蜓眼的料器。椁室内出土的9枚蜻蜓眼式琉璃珠有圆球形和扁圆形两种，它们大小不一，用豆青、淡蓝、白色装饰眼睛（发掘报告中称鱼目纹），多为四面有眼的四眼珠。其中以M1∶131个体最大，直径在1.4厘米左右，呈圆球形，中间穿孔，四面各装饰1个淡蓝色的眼睛，眼睛周围装饰4个凸起的白色乳钉。另外的8枚形态相近，均为扁圆形，中间为穿孔，四面各装饰1个眼睛（鱼目纹）的四眼珠。第9号陪葬坑出土1件半圆形琉璃器，正面在中间穿孔的两则装饰4个蜻蜓眼。质地和装饰手法与椁室出土的蜻蜓眼式琉璃珠相同。①

单家庄M1，地面上仍保留有封土堆，为有一条南向墓道的“甲”字形大墓，墓室南北长19.8米、东西宽18.8米，椁室居中，四周有6个陪葬坑。由于椁室被盗，发现的蜻蜓眼式琉璃珠出土于第3号陪葬坑。第3号陪葬坑位于椁室西侧，是出土随葬器物最多的陪葬坑，出土陶、铜、铁、金、玉、石、琉璃、水晶、玛瑙、骨、蚌等质地的各类礼器、日常用品、工具及装饰用品80余件。其中出土蜻蜓眼式琉璃珠11枚，橘瓣形料珠1枚。11枚蜻蜓眼式琉璃珠个体较小，直径在1～1.1厘米，至少有白色和绿色两种。LSM1P3∶27－6，绿色球体，中间穿孔，四周用白、赭、蓝三色圆圈纹装饰眼睛，属于四眼蜻蜓眼式琉璃珠，直径1.1厘米。LSM1P3∶27－4，白色球体，用蓝色装饰眼睛，属于三眼蜻蜓眼式琉璃珠，直径1厘米。

值得注意的是该陪葬坑出土的1枚花瓣纹琉璃珠，扁圆球体，中间穿孔四周有10组花瓣纹，花瓣凸起，蓝白相间，上下

① 山东省博物馆：《临淄郎家庄一号东周殉人墓》，载《考古学报》1977年第1期。

蓝白两色又相互交错，而且凸起的花瓣近似具有西方文化色彩的水滴纹或裂瓣纹。①

相家庄 M2，墓葬上部保留有封土，墓室南北长 22 米、东西宽 20.8 米，并有一条南向墓道，属于“甲”字形大墓。墓葬为临淄地区少见的“四联冢”的一座，也即封土相连的 4 座大型异穴并葬墓处于前排中间的一座。墓葬中发现的蜻蜓眼式琉璃珠出土于椁室内，由于椁室被盗，随葬时蜻蜓眼式琉璃珠的放置位置及数量不明，共发现 3 枚。3 枚琉璃珠至少有绿色和蓝色两种。LXM2G∶65－1，浅绿色球体，用白、赭、蓝三色相间装饰凸起眼睛，直径 1.4 厘米。LXM2G∶65－2，蓝色球体，用白、赭、蓝三色相间装饰凸起眼睛，并装饰橘黄色凸起乳钉，直径 1.4 厘米。

临淄相家庄墓地共有战国时期的大型墓葬 7 座，在该墓地发掘的 6 座墓葬均被盗掘，但也仅在 M2 中发现蜻蜓眼式琉璃珠。M2 位于“四联冢”的前排中间，属于该家族墓葬的主墓。②

张店隽山 M1，墓葬为带一条墓道的“甲”字形土坑竖穴墓，墓道位于墓室南部，长 13 米。墓室平面呈长方形，南北长 9.1 米、东西宽 7.75 米，至二层台深 4.15 米。椁室四周有陪葬坑 6 座，分布于椁室四周的二层台上，南北二层台各两座，东西向，东西二层台各一座。

该墓葬随葬品有陶器、铜器、水晶、玛瑙、琉璃、滑石、骨器等器类。由于墓葬被盗，发现的 1 枚琉璃珠出自椁室内。

---

① 山东省文物考古研究所编著：《临淄齐墓（第一集）》，文物出版社 2007 年版。

② 山东省文物考古研究所编著：《临淄齐墓（第一集）》，文物出版社 2007 年版。

琉璃珠系蜻蜓眼式琉璃珠，编号为 M1G: 9，浅蓝色球体，中间有穿孔，孔四周用白、浅绿色相间装饰凸起眼睛，分上下交错的两组，每组 3 眼，属于 6 眼珠，直径 0.9 厘米、孔径 0.2 厘米。采用缠丝法制胎，再分别蘸取染料以环状点于珠胎，在两者未完全凝结时黏结而成。①

2. 蜻蜓眼式琉璃珠内涵

我国考古发现的蜻蜓眼式琉璃珠主要流行于春秋战国至两汉时期，这一时期出土的蜻蜓眼式琉璃珠不仅数量众多，而且分布范围较为广泛。目前，考古发现的蜻蜓眼式琉璃珠均出土于墓葬，其随葬数量多则上百枚，少则仅有一枚。其中，出土数量最多的为曾侯乙墓，其随葬的蜻蜓眼式琉璃珠有 170 余枚。面对出土如此数量的蜻蜓眼式琉璃珠，特别是曾侯乙墓的发现，引起了国内外研究者的注意。

国内许多学者对出土的蜻蜓眼式琉璃珠进行了相关研究。安家瑶把此类装饰图案像眼睛的琉璃珠称为“镶嵌玻璃珠”，认为“镶嵌玻璃珠是指在单色玻璃珠的母体上嵌进另外一种或几种不同于母体颜色的玻璃，构成美丽的图案”。这类蜻蜓眼式琉璃珠在西亚不仅出现的时代早，而且经过了漫长的发展过程。“西亚的镶嵌玻璃珠的出现晚于彩色玻璃珠饰几百年，而彩色玻璃的首次出现又晚于单色玻璃珠饰一千多年。”② 赵德云认为，

---

① 山东省文物考古研究所、淄博市文物局：《山东淄博隽山战国墓发掘简报》，载《文物》2016 年第 10 期。

② 安家瑶：《镶嵌玻璃珠的传入及发展》，见联合国教科文组织、中国社会科学院考古研究所编《十世纪前的丝绸之路和东西文化交流沙漠路线考察乌鲁木齐国际讨论会（1990 年 8 月 19—21 日）》，新世界出版社 1996 年版，第 351，359 ~ 360 页。

这种琉璃珠的制造方法多样，绝非“镶嵌”一种，以其形制命名为“蜻蜓眼式玻璃珠”应更为形象全面，认为“所谓蜻蜓眼式玻璃珠，是指以眼睛图案作为装饰的玻璃珠。在珠体上嵌入一种或数种不同于母体（Matrix）颜色的玻璃，形成一层或多层类似眼睛的效果，或在珠体上造出凸出表面的眼睛形状，形成‘鼓眼’，颇似蜻蜓的复眼”①。

这类形制特殊、内涵丰富的蜻蜓眼式琉璃珠最早发现于古代埃及第十八王朝，由埃及卡奥（Qau）遗址出土。这类蜻蜓眼式琉璃珠最早出现于古代埃及不是偶然的。用眼睛装饰器物在古埃及十分流行，将眼睛镶嵌于棺木、木乃伊及其面具、小雕像等器物上，应用广泛，种类繁多。这种蜻蜓眼式装饰应与西亚、北非以及欧洲的广大地区所谓的“恶眼意识”有着密切的关系。人们相信，某些人的眼中充满邪恶的力量，能够杀死鲜活的生命，摧毁无生命的物体。恶眼的第一次注视力量最为强大，而佩戴适当的护符，可以吸收恶眼的第一次注视的强大力量，使人能够承受后面渐弱的攻击。蜻蜓眼式琉璃珠就是其中流传最为广泛的护符，由于“恶眼意识”这种共同的信仰，蜻蜓眼式琉璃珠出现之后，很快在北非、西亚以及南欧等地中海周边地区广泛流行。②

由于中国出土的蜻蜓眼式琉璃珠的时代明显晚于西亚，对中国早期出土蜻蜓眼式琉璃珠是否均为西方传入，还是中国本土生产，学界也有不同的观点。有学者认为：“中国至今还没有

① 赵德云：《中国出土的蜻蜓眼式玻璃珠研究》，载《考古学报》2012年第2期。

② 赵德云：《中国出土的蜻蜓眼式玻璃珠研究》，载《考古学报》2012年第2期。

发现比春秋末更早的玻璃制品，也就是说中国最早的玻璃中即有镶嵌玻璃珠。没有任何发展过程，就突然出现的镶嵌玻璃珠只能用贸易品来解释。”① 作为商品，蜻蜓眼式琉璃珠主要经联结欧亚的草原之路由西亚带到了中国的新疆。新疆位于东西两大文明的接触点，是古代游牧民族最活跃的地区，在新疆轮台县群巴克发现公元前8—前5世纪的墓葬中出土的镶嵌琉璃珠与伊朗高原出土的镶嵌琉璃珠非常相似，这一发现进一步证实了在公元前一千纪的中叶，镶嵌琉璃珠由欧亚草原之路经俄罗斯、哈萨克斯坦进入新疆。②

也有学者认为，最早的一批蜻蜓眼式琉璃珠进入中国是从黑海沿岸沿欧亚草原之路，由游牧民族传播至阿尔泰地区，然后一路进入新疆，到达拜城、轮台等地。二是并未直接进入新疆，而是从阿尔泰山东北行，经阿尔泰边区至米努辛斯克和蒙古高原等地，再南下进入中国的内蒙古、山西等地，并进抵中原地区。③

我国考古发现的蜻蜓眼式琉璃珠主要流行于春秋战国至汉代，大多出土于战国至秦汉的墓葬，其中出土数量最多的为战国时期的曾侯乙墓，该墓随葬的蜻蜓眼式琉璃珠有170余枚。④

---

① 安家瑶：《镶嵌玻璃珠的传入及发展》，见联合国教科文组织、中国社会科学院考古研究所编《十世纪前的丝绸之路和东西文化交流沙漠路线考察乌鲁木齐国际讨论会（1990年8月19—21日）》，新世界出版社1996年版，第361页。

② 赵德云：《中国出土的蜻蜓眼式玻璃珠研究》，载《考古学报》2012年第2期。

③ 赵德云：《中国出土的蜻蜓眼式玻璃珠研究》，载《考古学报》2012年第2期。

④ 湖北省博物馆编：《曾侯乙墓》，文物出版社1989年版。

曾侯乙墓随葬如此数量的蜻蜓眼，其来源及性质引起了国内外许多研究者的关注。利用科学检测来分析探讨其根源，成为学界关注的焦点。

由于受到当时相关条件的限制，对曾侯乙墓出土蜻蜓眼式琉璃珠进行检测的样品过少，而且对数据的认识也存在争议。《曾侯乙墓》报告检测者认为“从化学成分上看，除 SiO_2 外就是 Ca 和 Na 为主，几乎不含 Ba、Pb。阿拉伯产的料器，Ca、Na 是其主要成分，中国产料器则是以 Ba、Pb 为主要成分。从这点可以认为它是阿拉伯产的料器”①。李青会等也对曾侯乙墓出土的蜻蜓眼琉璃珠进行了检测，认为“从成分上看，均属于$Na_2O-CaO-SiO_2$ 玻璃。但是，样品中的 Na_2O 含量明显低于西方同类玻璃中的含量，而且含有一定的 PbO”，认为“曾侯乙墓出土的这种成分类型的镶嵌玻璃珠应是本地产品”。②林梅村则认为，据化学成分检测，这批琉璃珠皆为西方的钠钙玻璃，根本不是中国本土制造的。并通过对中国蜻蜓眼式琉璃珠的出土地点排列研究，认为蜻蜓眼式琉璃珠从西向东传播，“自西而东为：费尔干纳盆地的斯基泰古墓、新疆轮台群巴克古墓、山西长子牛家坡、山西太原赵卿墓、山西长治分水岭、河南洛阳中州路、河南郑州二里冈、湖北随州曾侯乙墓”。③

---

① 陶克捷、张培善：《曾侯乙墓部分玉器、料器的鉴定》，见湖北省博物馆编《曾侯乙墓》，文物出版社 1989 年版，第 658 页。

② 李青会等：《一批中国古代镶嵌玻璃珠化学成分的检测报告》，载《江汉考古》2005 年第 4 期。

③ 林梅村：《中国与西域的最初接触》，见《丝绸之路考古十五讲》，北京大学出版社 2006 年版，第 54 ~ 74 页。

随着研究的深入，中外学者普遍认为，早期蜻蜓眼式琉璃珠应从西域传入，但战国中期以后，有相当数量的琉璃珠是在中国本土制造的。认为其中一部分是西方传入，也有中国人对埃及蜻蜓眼进行了仿制。金村出土的蜻蜓眼式琉璃珠与古埃及以及西亚地区发现的蜻蜓眼式琉璃珠极其相似，由此，许多中外学者认为，洛阳金村出土的蜻蜓眼式琉璃珠具有西方根源，由联结欧亚的草原之路传播到了中国。通过对蜻蜓眼式琉璃珠进行成分测试也证实，其一部分属于西方传入的钠钙玻璃，另一部分或属于本土自制的铅钡玻璃。尽管中国出土标本中有相当数量是在中国本土制造的，但毫无疑问，这种形制特殊、内涵丰富的蜻蜓眼式琉璃珠装饰品，应追溯至古代埃及地中海沿岸和伊朗高原，并明显受到西方文化的影响。

（二）花瓣纹银豆（盒）

花瓣纹银豆由于其形制的特殊性，又称裂瓣纹、凸瓣纹或水滴纹，这类纹饰手法还有青铜器和玻璃器质地，但以金银器最豪华。花瓣纹金银器，多用一整块金片或银片模仿绽放的花瓣用模具捶揲而成。由于器物系捶揲而成，花瓣内心外凸、四边内凹，形成独特的装饰效果。

目前，我国共发现6件花瓣纹银豆，它们分别出土于山东临淄大武西汉齐王墓、青州西辛战国墓M1、广州南越王墓、巢湖北头山M1、江苏大云山M1。共有3件出土于齐国都城临淄附近的两座大型墓葬，其中青州西辛战国墓M1出土两件，大武西汉齐王墓出土1件。

1. 山东临淄大武西汉齐王墓

该墓位于淄博市临淄区原大武公社窝托村南，1978—1980

年发掘，属于有南北墓道的“中”字形大型墓葬。墓葬原有封土底径250米，封土堆高24米。墓室呈方形，南北长约42米、东西宽约41米。墓室南北各有一条墓道，南墓道长约63米，北墓道长约39米。墓室没有发掘，仅将墓室上部的封土进行了清理，并发掘了封土下墓室之外的5座陪葬坑。其中出土花瓣纹银豆的为一号陪葬坑。①

一号陪葬坑位于墓室西北部，南距墓室14米，东距北墓道5米。坑东西长19.9米、南北宽4.1米、深3米。坑内设置木器物箱，长19米、宽约3.3米、高约1.75米。随葬品放置于器物箱，主要是礼器和生活用具，计有铜器、陶器、银器、铁器、漆器等200余件，其中坑内出土花瓣纹银豆1件、鎏金银盘3件。

花瓣纹银豆K1∶72，豆腹和豆盖上均饰花瓣纹，花瓣分双层，上下相互交错。豆盖中部装饰三兽钮，圈足较矮，其三兽钮及圈足为铜质，分别与银豆盖和豆腹铆接。高11厘米、口径11.4厘米，重570克。

2. 青州西辛战国墓

该墓葬平面呈“中”字形，有南北墓道，南北全长100余米。墓室南北长27.4~27.75米、东西宽25.5米、深14米。南墓道全长约30.75米，北墓道残长21.05米。墓葬多次被盗，椁室内被洗劫一空。幸运的是在木椁外东侧与石椁之间最底部的一个器物箱未被盗墓者发现，其内的金器、银器、铜器和玉器得以保存下来。

---

① 山东省淄博市博物馆：《西汉齐王墓随葬器物坑》，载《考古学报》1985年第2期。

器物箱内的金、银器很有特色，有金环首 1、金泡 1、银豆 2、银盘 2、银匜 1、银泡 1 件。其中两件银豆为花瓣纹。①

两件银豆形制相同。标本 B1∶11 高 11.1 厘米、腹径 11.3 厘米、底径 5.6 厘米，重 375.25 克。字母口，腹盖扣合。豆腹和豆盖均饰双层花瓣纹，花瓣上下交错。腹上沿和盖下缘装饰凸弦纹，弦纹中间用錾刻短斜线纹。盖中部装饰三兽钮，矮圈足。其三兽钮或为铜质，圈足为铜质鎏金。三兽钮与圈足分别与银豆盒焊接。标本 B1∶12 形制与上器相同。

目前，国内发现 6 件花瓣纹银豆（银盒），时间在战国至西汉时期。对这 6 件银豆的研究表明，上部的银质盒体与下部的铜质柄部属于分别制作。研究者普遍认为，银豆上部装饰花瓣纹的银豆盒，具有西方的艺术风格和制作工艺，下部的柄部或圈足则与战国秦汉时期的豆类相同。

关于这类银豆是在哪里制作，学界有不同观点。林梅村提出，这种裂瓣纹金银器，最早见于近东埃兰文明，工艺传统后来为波斯人、帕提亚人传承。伊朗近年发现一件埃兰银器，艺术造型与山东青州战国墓出土的银盒以及西汉齐王墓出土的银盒如出一辙。器高 17.8 厘米，口沿刻有埃兰文，年代大约在公元前9—前 6 世纪。② 山东半岛出土的公元前 3 世纪的埃兰银盒显然是从海路传入中国的。③ 孙机认为，虽然其铜盖钮和铜圈足

① 山东省文物考古研究所、青州市博物馆：《山东青州西辛战国墓发掘简报》，载《文物》2014 年第 9 期。

② 林梅村：《古代中国与西方的海上交通》，见《丝绸之路考古十五讲》，北京大学出版社 2006 年版，第 92～109 页。

③ 山东省文物考古研究所、青州市博物馆：《山东青州西辛战国墓发掘简报》，载《文物》2014 年第 9 期。

为后期配置，但银盒体绝非中国器物，花瓣纹为外来风格，金银捶揲也是外来工艺。① 赵德云则认为，除了盒体本身的装饰风格，银盒（豆）整体的造型使人联想到中国以子母口契合的带盖器皿，如敦、盖豆等，认为“这些中国出土的凸瓣纹器物，亦存在外来工匠在中国制作的可能性”②。另有国外学者认为器物或为本地铸造，完全是中国人的作品。③

近年，对中国出土的这类花瓣纹银豆，李零进行了系统研究。他认为从银豆的整体工艺看，盒体用银片捶揲，盖纽、圈足用青铜范铸，辅以錾刻、焊接、铆接、鎏金和镀锡，集多种工艺于一身。从风格看，这类器物是带有异国情调的奢侈品，但经过中国式改造，盒体饰裂瓣纹，属于西方风格。盖置三纽，底配圈足，属于中国风格。他认为这六件银器其盒体部分不是铸造而是捶揲。捶揲是西方制作金银器的重要工艺，而中国早期没有这种工艺。从纹饰风格和制作工艺看，花瓣纹银豆盒应是西方制作的产品，经陆路或海路传入。这类裂瓣纹“起源甚早，传播甚广。它不仅流行于埃及、两河流域、小亚细亚半岛、伊朗高原和南亚次大陆，也流行于希腊、罗马，是西方艺术的典型纹饰”④。

---

① 孙机：《凸瓣纹银器与水波纹银器》，见《中国圣火：中国古文物与东西文化交流中的若干问题》，辽宁教育出版社 1996 年版，第 139 ~ 155 页。

② 赵德云：《凸瓣纹银、铜盒三题》，载《文物》2007 年第 7 期。

③ 李零：《论西辛庄战国墓裂瓣纹银豆——兼谈我国出土的类似器物》，载《文物》2014 年第 9 期。

④ 李零：《论西辛战国墓裂瓣纹银豆——兼谈我国出土的类似器物》，载《文物》2014 年第 9 期。

对花瓣纹银豆的综合研究表明，这类银豆从纹饰风格和制作工艺看，上部的花瓣纹银豆盒应是西方制作的产品，经陆路或海路传入，而下部的柄部或圈足应是在中国加配的。中国文明不是孤立的文明，必定受到外来影响，花瓣纹银豆“无论从境外输入还是在本地仿造，都无碍一个基本前提：器物的主体纹饰是外来风格。这种风格的传入不管多么曲折，我们还是可以把它当做东西方交流的重要见证”①。

二、战国秦汉时期中国对中西亚的影响

任何文化交流均具有双向影响的特性。在中原地区出土具有西方文化风格遗物的同时，中西亚地区也出土了战国秦汉时期的丝绸、铜镜、钱币和漆器等。以下简要介绍出土的丝绸、铜镜。

（一）丝绸

先秦时期草原之路与汉代丝绸之路是古代中国与中亚、西亚地区以丝绸贸易为主的重要的商品贸易通道，中国生产的丝绸通过此贸易通道，源源不断地输向西方，而西方的商品也由此进入中国。在对西方的贸易中，沿途出土的丝织品为研究中西方文化和商品交流提供了重要依据。目前，发现出土来自中国的丝织品的地区有叙利亚、以色列、俄罗斯、乌兹别克斯坦等。

俄罗斯巴泽雷克墓地。20 世纪 40 年代，俄罗斯考古工作者在俄罗斯戈尔诺阿尔泰地区巴泽雷克墓地的考古发掘中发现丝

---

① 李零：《论西辛战国墓裂瓣纹银豆——兼谈我国出土的类似器物》，载《文物》2014 年第 9 期。

织品，出自一座石棺墓。[1] 丝织品有蔓草花鸟纹刺绣、平纹经锦等。出土的平纹经锦属于双色经锦，图案有磬纹、杯纹、三角纹等。从整体风格看，与战国时期的丝织品相近，属于战国时期丝织品。[2]

乌兹别克斯坦萨帕利遗址。乌兹别克斯坦的考古学者，在费尔干纳附近的一座女性屈肢葬的墓内发现尸骨的头部有绢的残片，尸骨旁边有汉代铜镜。该墓出土的绢片应不晚于汉代。[3]

叙利亚帕尔米拉遗址。该遗址发现的汉代经锦种类有三四种。一种为方格纹联璧龙纹锦；第二种是“明”字云气动物纹锦，其很有可能是长乐大明光锦的局部；还有一种是葡萄纹锦，其中可以看到有采葡萄的人物的场面。另还有若干种不可识别的汉锦残片。[4]

（二）铜镜

在中、西亚地区出土的战国及秦汉时期的遗物中，除了丝绸，铜镜也是具有显著中国特征的重要器类。在这一地区出土的铜镜中，有典型的战国时期的四山镜，汉代的连弧纹铭带镜、四乳四虺纹镜、博局纹镜、云雷连弧纹镜等。出土铜镜分布在

---

① 葛承雍：《中国记忆中的丝绸之路——中国国家博物馆〈丝绸之路〉展览总述》，见国家文物局编《丝绸之路》，文物出版社 2014 年版。

② 赵丰：《万里锦程——丝绸之路出土织锦及其织造技术交流》，见国家文物局编《丝绸之路》，文物出版社 2014 年版。

③ 樋口隆康、张静：《出土中国文物的西域遗迹》，载《考古》1992 年第 12 期。

④ 赵丰：《万里锦程——丝绸之路出土织锦及其织造技术交流》，见国家文物局编《丝绸之路》，文物出版社 2014 年版。

俄罗斯、乌兹别克斯坦、哈萨克斯坦、阿富汗等国。

战国四山镜出自俄罗斯巴泽雷克墓地。该墓地出土战国时期的遗物非常丰富，不仅有织锦、刺绣等丝织品，还出土了战国时期的四山镜和漆盘。其中四山镜出土于巴泽雷克墓地 6 号墓，年代大约在战国中期。①

中亚地区出土汉式铜镜的地点多达 24 处。② 白云翔对此进行了系统地梳理研究，认为这一地区出土的汉式铜镜大致可分为两类，即“汉镜”和“仿汉镜”。属于汉镜的有连弧纹铭带镜、四乳四虺纹镜、博局纹镜、云雷连弧纹镜、夔凤铭文镜等。

连弧纹铭带镜出土多枚，在阿富汗蒂利亚山墓地、乌兹别克斯坦孟察克山墓地均有发现，塔什干博物馆也收藏 1 枚。此类铜镜铭文字数较多，为单圈铭文带，铭文内容有“洁清白而事君……”“日有熹……”“内清质以昭明……”根据内容一般称为昭明镜、洁〔清〕白镜、日有熹镜。

四乳四虺纹镜比较少见，卡拉布拉克发现 1 枚，制作精致，保存完好。为半球形纽，主纹为 4 组 S 形变体虺龙纹，用 4 枚圆座乳钉相隔，周围用细小的禽兽点缀，宽平素缘。

博局纹镜数量最多，在乌兹别克斯坦的卡伊拉加奇墓地、卡拉·特克梯尔墓地，哈萨克斯坦的列别杰夫卡 5 号墓地均有出土。半球形纽，主纹在双线凹面的 TLV 纹，圆座乳钉之间装饰瑞兽、祥鸟、独角兽及枝蔓等，镜缘装饰双线波折纹或流云纹。

① 林梅村：《中国与西域的最初接触》，见《丝绸之路考古十五讲》，北京大学出版社 2006 年版，第 54 ~ 74 页。

② 白云翔：《汉式铜镜在中亚的发现及其认识》，载《文物》2010 年第 1 期。

云雷连弧纹镜比较多见，拉布拉克、列别杰夫卡、卡拉·特克梯尔、托拉·塔什等地均有发现。半球形纽略大，四叶纽座，主纹为八内向连弧纹、小乳钉和连弧线组成。

夔凤铭文镜比较少见，杰尔·阿克雷出土1枚，保存比较完整。半球形纽较大，圆圈钮座，镜纽上下有铭文框，框内上下各两字："位至""三公"，铭文框外左右两侧装饰对称的夔凤文。

关于这些汉代铜镜的年代，白云翔参照与中原地区同类镜的流行年代，认为连弧纹铭带镜、四乳四虺纹镜、博局纹镜、云雷连弧纹镜等镜类均属于西汉中晚期至东汉早期，只有夔凤铭文镜的年代晚至东汉晚期。

三、齐国——古代丝绸重要产地

据文献记载，养蚕丝织业在我国起源甚早，地处黄河下游的齐鲁大地，在西周至秦汉时期的养蚕丝织业中占有重要地位。尤其以临淄为中心的齐国，姜太公建国之初在政治上推行"因其俗，简其礼"，经济上推行"劝以女工之业"，"治丝麻以成之，谓之妇功"。到春秋战国时期，齐国的养蚕丝绸纺织业已经非常发达，号称"齐冠带衣履天下"。

（一）考古发现战国时期的丝织品

20世纪70年代以来，齐国都城临淄地区发掘的多座战国墓出土有丝织品。但由于鲁北地区的地理环境不利于丝织品的保护，目前仅有3座大型齐国墓葬出土丝织品得以保存，其中两座经正式考古发掘，并位于齐国都城临淄一带。

1. 临淄郎家庄M1

郎家庄M1为墓室南北长21米、东西宽19.5米的大型墓葬，有陪葬坑 17 个，墓葬盗掘严重，随葬的丝织品有纺织品、编织品、丝编、草编等遗物残片，均集中出土于墓主入椁室东壁，因与棺椁一起被焚碳化而得以保存下来。此外，在陪葬坑内出土的铜镜等器物上和填土中也发现有已腐朽的绢纹。①

该墓出土的丝织品有以下五种：

绢为平纹编织，每平方厘米经丝 76 根，纬丝 36 根。

织锦标本为经二重组织，每平方厘米约经丝 56 ×2 根，纬丝 32 根。每根经丝又是双头合股的（是同色丝的合股还是花色丝的合股无从判断），拈度很不均匀。测其投影宽，经丝为 0. 2 ~0. 25 毫米，纬丝为 0. 13 ~0. 2 毫米。残片完全碳化，外观黯黑，但组织结构还十分清晰，顺着一根经丝查看，在一个（三上一下的）长浮线位置里，可以找到表经浮过夹纬转入背里，里经又浮过同一夹纬转到正面的情况。在这里，表经、里经都只浮过两根纬丝，并且此种现象在相邻的地方是多见的。这正是“经纬起花的平纹重织物”不同颜色的两组经丝互换位置起花的特征。因而可以确定，标本是一件典型的两色织锦残片。它在织造工艺方面已臻于成熟，是出土较早的织锦遗物。它是采用两组不同染色的经丝和一组纬丝重叠交织而成的。两组经丝各一根为一对，其一色作为表经，有三浮一沉的浮长线；另一色为里经，只有一个浮点，掩压在表经长浮线之下。起花时由提花装置控制，里经转到正面，表经同时转到背面，如此往复组成花纹。纬丝则只有一组，即一个颜色一样粗细的一种，图中绘做黑白两色，黑色为夹纬，在结构上不起交织作用，只

① 山东省博物馆：《临淄郎家庄一号东周殉人墓》，载《考古学报》1977 年第 1 期。

是便于起花。白色为明纬，它们和各种经丝交织成平纹组织。织成品的正反两面，花纹相同而颜色相反，一般以深的浅花为正面。通体织做小单位的几何纹样，是为早期织锦的通式。历经春秋、战国、秦、汉至少流行六七百年。后来由于提花装置的改进，以及经丝分区工艺的创造，这种小单位花锦格式才为横贯全幅的大单位图案——山云动物花纹的多彩织锦所突破。

丝编织品有两种，可能是丝履上不同部位的残片。其一，设双头的合股丝相当于经线，则每厘米可排 13 根（26 个头）；单根的是纬丝，则 9 根/厘米。实际上它不是一般的机织品，而是手工缝制的编织品。首先，是根据适当的宽度、长度要求，把加工成统一拈（Z）向拈度的合股丝线整齐的单行排好，然后以针引单丝。在这些股线的同一打绞中间穿过（每拈回是一个往返），直到把股线紧紧地缝钉成一块织物。由于“经”线具有极大的屈曲度，“纬”丝却完全呈直线状态，故编织物表面显现出强烈的畦纹效果。成品厚实紧密，应是丝履鞋帮的部分。所谓的经向是与鞋底相平行的。此外，同类残片还有较细密的一件，编制方法稍有变化，但基本上属于一个形式。

其二，残片可能是丝履上鞋面的一部分。表面饰有乳钉状花饰。它的编结方式与上一种不同，是用 S 加拈的丝线穿绕编成的。结构类似于平纹机织物，不起绞。麻绳粗约 1.6～2.0 毫米，每厘米可排 3 根。丝线每厘米要挤下 20 根，表面只露 10 根。厚度为 2.5～3.0 毫米，编制紧密结实。编好的成品，还要在相邻的两根麻绳之间，以针引双根线自背面刺出表面，挽成散点布置的乳钉纥繨针法全同于后世绣花的“打籽”。其作用主要是保护鞋面的丝线，使之比较耐磨、耐穿，以获得实用与装饰兼得的效果。

该墓出土的刺绣残片，是在绢地上以丝缕用锁绣针刺绣，以二至三道并成块面花纹。绣工风格比较粗放疏朗，针脚长短不甚整齐。用丝也略分粗细，目的在于增强纹饰的表现力。绣花的绢地密度为每平方厘米经丝48根、纬丝43根。并经碾砑加工，织物不仅表面平滑，而且看不出明显的空隙。

2. 临淄大夫观 M1

该墓为有南北两条墓道的“中”字形大型墓葬。墓室平面为方形，口大底小，现存墓口边长31.7米，墓室四壁自墓口至二层台设有6级台阶，逐级内收，现存深度为4.55米。两条墓道开设于墓室南北两侧的中部，南墓道上口残长30.2米，北墓道略短于南墓道，上口长26.3米，坡长31.2米。墓室中部为石椁室，四角各有1个陪葬器物坑，编号M1K1－4号。4个器坑形制基本相近，都为3×3米左右的正方形，深2米左右①。

椁室位于墓室中部，上口长11.6米、宽10.7米、高5.4米。椁室内放置木质棺椁，随葬的丝织品出土棺内。在墓主骨架的右侧发现很多纺织品，大多为精致的丝织品，也有较粗的麻纹布。从放置的位置看，麻纹布是做包袱用的，这组衣物应是主人的服装。其他纺织品有被子，棺底下出，M1∶23，用织花做面，无花者做里。绳，床绳，外用丝织品包好，并施彩绘，已不明显，还能窥出痕迹。内椁用丝织品悬挂于四壁外，用竹席铺底，席上再铺一层纺织品。在内椁西侧的漆盒下面发现1块长30厘米、宽11厘米、多层厚度近3厘米的丝绸布，可能是用来包裹漆盒的。

---

① 山东省文物考古研究院考古发掘资料。

墓葬中出土的丝织品有纱、绢、锦、刺绣等品种，另外还有部分麻编织品。（故宫博物院的高霭贞、张凤荣鉴定）

纱出土时大部分呈棕色或黑色。3－①，两经相绞与一根纬线交织。经纬密度为36×14根/每平方厘米；3－②，系并经与单纬交织，经纬密度为92×19根/平方厘米。3－③，纵31厘米、横7厘米，经纬度为34×29根/平方厘米。

绢经纬密度相差较大，2－②，丝锦袍里，棕色，经纬密度为69×40根/平方厘米。2－③，丝锦袍面，黑色，经纬密度为130×40根/平方厘米。2－⑨，丝锦袍面，黑色，经方捻，纬不捻，经纬密度为110×44根/平方厘米。2－⑦，棕色，成卷，应为一匹，幅宽24厘米，经纬密度为32×28根/平方厘米。机边为平纹组织。

锦用作绢面丝袍的袖头，4－①，黑地几何纹织锦，袖头，黑地，红棕色花纹，袖宽16.3厘米，锦面纵18厘米、袖里内折5～7厘米，为四枚三重平纹织锦组织，表经、里经各46根/平方厘米。明纬、夹纬各22根/平方厘米。在纵9.6厘米、横19.2厘米的花纹单位中有几何纹、杯纹、三角回纹、呈齿状相对的三角纹等11种纹样。4－⑤，小几何纹锦，黑地，红花，纵25厘米、横14厘米，为四枚二重平纹组织，表经、里经各38根/平方厘米，明纬、夹纬各24根/平方厘米。织有几何纹、杯纹、N纹等10余钟纹样。

绢绣花残片1－①，纵18根/平方厘米、横24根/平方厘米，绢为棕色，经纬密度为92×36根/平方厘米，采用紫、黄两色绣花线编绣，花纹具体纹样不详。

麻织物残片，5－①，经纬反捻，捻度较强，经纬密度高，16×14根/平方厘米。5－②，添缅残片，出自棺内，沾有胶漆，以左右两边的斜向经线编织而成。

3. 山东博物馆藏战国绮织物

2013 年 8 月，山东博物馆接收了一批捐赠的文物，出自临淄地区的大型墓葬中，其中的纺织品经中国社会科学院考古研究所等单位专家鉴定，属于战国晚期的实物，有两件平纹组织提花织物残片黏附在一只履上，织物质地柔软、轻薄。

残片 1：最大尺寸 7 ×6 厘米。织物外观呈深褐色，有黄色星点状显花，显示出规则的提花图案。破损，有条状撕裂痕，表面还黏结一块带动物毛发的硬结物

残片 2：最大尺寸 11 ×5 厘米。织物外观为长条状，呈深褐色，有黄色星点状显花，局部有浅蓝色污迹，破损，有幅边和明显的锁边痕迹。

两件织物都较柔软、轻薄且透光性好，残片 1 的透光性接近于纱。山东地区发现的战国时期的丝织品数量较少，这两件提花织物是研究战国时期齐、鲁两国丝织品生产的珍贵实物资料。

两件织物结构特征完全相同，对其进行显微结构观察，发现织物的组织为平纹结构，地经为捻褐色丝线，投影宽度为 0. 18 毫米左右，经线密度为 28 根/厘米；纬线为无捻褐色丝线，投影宽度为 0. 12 毫米左右，纬线密度为 26 根/厘米；纹经为无捻黄色丝线，投影宽度为 0. 11 毫米左右。根据纹经的显花特点，相邻两根最近的纹经之间横向间隔 4 根地经，相邻两根最远的纹经之间横向间隔 12 根地经，可测量出纹经经线密度为 4 根/厘米。3 种线都具有较好的丝线光泽，呈扁平状。

黄色纹经从织物正面的一个平纹组织点穿入背面后，即悬浮在织物背面，直到需要显花时，才从下一个平纹组织点穿出

至织物正面，与褐色地经并行排列后，再与黑色纬线进行一上一下交织，形成平纹组织。由于纹经在正面显花点的数量有所不同，因此，造成纹经在织物背面的背浮线长度不尽相同，从而形成或短或长的扭曲线段。

这类织物在汉代被称为绮。绮作为丝织品名称，已见于战国史书，《战国策·齐策四》："下宫糅罗纨，曳绮縠，而士不得以为缘。"

在已出土的战国时期丝织品中，即有这种平纹地显示斜纹小提花织物，如江陵马山1号楚墓出土的彩条纹绮、河南信阳长台关1号楚墓出土的杯纹绮和复合菱形纹绮等。

上述3座出土战国时期丝织品的墓葬均位于周代齐国的都城临淄附近。

（二）齐国的丝织业

作为古代东方的大都市，临淄在春战时期丝绸纺织业非常发达，达官贵人"衣必文绣"，古文献中也多有记载。《国语·齐语》记齐桓公对管仲说："昔吾先君襄公……而唯女是崇，九妃六嫔，陈妾数百，食必粱肉，衣必文绣。""文绣"是指刺绣彩色花纹的丝织品或服饰。《管子·五辅》亦云："女以巧矣，而天下寒者，其悦在文绣。"而对于丝织品的其他花色品种《战国策·齐策四》记载："下宫糅罗纨，曳绮縠，而士不得以为缘。"《晏子春秋·外篇》也记载："景公赏赐及后宫，文绣被台榭。""君之玩物衣以文绣。"

锦是丝绸中最为鲜艳多彩、绚丽华美的产品，人们往往用"锦上添花"来赞美那些好上加好的事物，可见锦的臻美是尽人皆知的。《礼纪·王制》"锦文珠玉成器，不粥于市"的记载，说明锦这种丝织品珍贵而量少，再加上等级观念，它还不能作为商品出现于市场。但锦的出现，反映了丝绸纺织业又增添了一个诱人的新品种。

春秋时期齐国的丝绸织锦已成为齐国与诸侯交往的重要礼品。《左传·襄公二十九年》："（晏婴）聘于郑，见子产，如旧相识，与之缟带。"齐景公时晏子出使郑国，临别时，亲自赠予郑相子产数十匹白经赤纬的彩绸。"诸侯以缦帛鹿皮四介以为币，齐以文锦虎豹皮报。"（《管子·小匡》）当时诸侯进献齐国的是素绸和鹿皮，齐国回报的是花锦与虎豹皮。文锦是以彩色丝线织成的带花纹的高档丝织品，可见当时齐国把丝绸当成诸侯间交往的高级礼品。

战国时期，齐国的丝织业进一步发展，随着其规模进一步扩大，官府对丝绸产业进行了专业管理。据《考工记》记载，齐国专门设立了"㡆人"负责煮练丝帛，设立了"染人"负责丝帛和其他纺织品的染色，设立了"画缋"负责在丝织品上进行画花、绣花等装饰加工。临淄丝绸具有专业化的生产管理机构，生产的丝织品不仅数量大，而且质量上乘，为当时各国所推崇。以致作为上层统治者进行国际间交往的高级礼品"天下之人冠带衣履，皆仰齐地"。

西汉时期的临淄，延续了战国时期的繁荣，承袭了齐国发达的丝织业，是汉代重要的纺织中心之一，汉代"三服官"即设置在临淄。三服官管理的生产规模很大，"作工各数千人，一岁费数巨万"；产品异常精美，有文锦、刺绣、冰纨等高级丝绸品种，代表了当时国家的最高水平。汉《急就篇》："齐国给献素缯帛"，形象地反映出汉代齐国丝织品图案的生动、华美。

两汉时期，全国最重要的丝织品产地有三处：（1）东织室和西织室，（2）三服官，（3）襄邑服官。东西织室设在长安，由“织室令丞”主管，是“主织作缯帛之处”（《汉书·惠帝纪》)。而三服官专为皇室制作绮绣、冰纨、方空縠、吹絮纶等丝织品。三服官每年花费数亿钱，而东西织室每年只花费五千万。汉皇室花费数亿钱在三服官织出的高级丝绸，大批地运输到京城长安。汉皇室除自己消费一部分，另一部分则从长安走上了丝绸之路。这可以从对外丝绸贸易和为融合匈奴而赠予丝绸得到证明。

汉武帝时，随着汉政府与西域关系的打通，贸易联系越来越密切。西汉政府主要以丝织品换取西域诸国的货物。据《汉书·张骞传》记载，张骞第二次出使西域时带去的“金币帛直数千巨万”，可见，在同西域的贸易中需要大量的丝织品。而与匈奴的往来中，西汉赠予匈奴的丝织品也占相当大的数量。临淄作为汉代重要的丝绸产地，也应是丝绸之路输出丝绸的重要来源地之一。临淄的丝织品走上丝绸之路和作为赠予礼品，要由汉政府的主管部门“少府”统一调拨。它们先从临淄运到京师长安，然后从长安走上丝绸之路。西汉政府用来进行丝绸贸易和赠予的丝织品均出自少府，临淄三服官隶属少府，其产品也自然会成为丝绸贸易和赠予的主要对象。许多临淄生产的丝织品作为与西域贸易的商品，从长安途经甘肃武威、敦煌，新疆楼兰、喀什，走上通向西方的丝绸之路。

四、结语

先秦时期的草原之路和汉武帝开启的丝绸之路，是一条联结欧亚大陆东西方文化和经济贸易交流的重要通道，而任何文化传播和贸易交流均具有双向影响的特性。临淄发现的具有西方文化风格的蜻蜓眼式琉璃珠、花瓣纹银豆，正是经草原之路和丝绸之路传播到东方，成为中西方交流的重要见证。

同样，草原之路和丝绸之路必然将东方文化西传，具有中国文化特色的物品，特别是中国盛产的丝绸成为向西方输出的重要物品。春秋战国时期临淄生产的文锦、刺绣、绢帛等丝绸上品，成为对外交流的重要物品。汉代以临淄三服官生产的丝织品作为对外交流的重要商品和馈赠礼品。在叙利亚、以色列、俄罗斯、乌兹别克斯坦等地发现的来自中国的丝织品，有些可能产自临淄地区，它们途径草原丝绸之路到达西域。

由此说明，以周代齐国都城临淄为代表的齐文化，自先秦时期就与中、西亚地区有着文化交流；两汉时期，临淄作为汉代重要的丝绸产地，成为为丝绸之路输出丝绸的重要来源地之一。

稷下学宫与美国智库的比较

孙聚友
（山东社会科学院研究员）

智库，作为“思想库”或“智慧库”，它是由各学科的专家组成的研究机构，旨在通过对社会、经济、科技、军事、外交等问题进行综合研究，为决策者提供最佳的理论、策略、方法、思想等。智库的职能主要包括提出思想、教育公众和汇集人才，作为影响政府决策和推动社会发展的一支重要力量，它以其精准全面的分析和研判、与政界广泛深入的联系以及在社会公众中的影响力，在一个国家的政治、经济、社会、军事、外交、科技等方面的重大决策制定中，发挥着日益重要的作用。

智库有着较长的形成历史，很早就在国家治理中发挥重要作用。现代意义上的智库真正发展于第二次世界大战以后的西方国家。作为现代社会中的重要组织，它的作用逐渐为人们认可，已经成为现代国际政治与社会发展的一大特征。智库在发展过程中，为了更好地实现向政策制定者灌输其思想进而影响决策的目的，随着时代的变化发展，也在不断地进行自我调整、创新。

虽然现代意义上的智库形成的时间并不长，但就其作为一种思想的智囊团、政府的参谋咨询机构的功能而言，在战国时期齐国创立的稷下学宫，有着智库的一些鲜明特点。稷下学宫是一所集多种社会功能于一身的学术机构，主要从事学术研究与教育、教学活动，并为当政者提供参谋咨询服务。其规模之大，持续时间之长，学派林立之多，教育遗产之丰富，精神价值之突出，在世界智库发展史上有着开创性的地位和作用。王志民先生在《稷下学宫：文明史上的奇观》一文中指出："战国时代，齐国统治者在都城临淄创设的稷下学宫，是我国历史上最早的集教育、政治、学术功能于一体的'高等教育'大学堂，是战国时代的思想文化中心；是诸子百家争鸣，促进各派融合、发展，培育、创生新学派的文化沃土；是博士制度的先声，学术大师的摇篮；它兼容并包、独立自由的学术精神是中国也是世界的珍贵精神文化遗产。"① 就现代智库而言，美国的智库以其众多的数量、高效的质量和显著的影响力，对美国以及世界的发展产生了深刻影响，以至有学者将智库视为美国继立法、行政和司法之后的"第四部门"。美国智库是建立在学术研究的基础上的，它是通过学术研究成果，来影响政府决策和公共政策的，由此形成了其独特的价值观，这主要表现为独立性、高质量和影响力三个方面。对此，美国布鲁金斯学会也曾鲜明地指出，智库的价值观集中表现为"独立性、高质量和影响力"。虽然战国时期的社会文化特点与当今美国的社会文化特点有着显著不同，但智库作为人们对外在事物进行客观研究的理论机构，它们的内在运行机制、客观价值追求有着相同性和相通性。

① 王志民：《稷下学宫：文明史上的奇观》，载《光明日报》2015年9月17日。

因此，就稷下学宫的特点与美国智库的特点进行比较研究，对揭示智库的内在运行机制和客观价值追求，推进当代新型智库的建设，实现智库在国家发展中的作用，具有理论上和实践上的重要借鉴意义。

一、稷下学宫与美国智库的运行机制比较

智库作为对社会发展予以指导的理论研究机构，它是对政治、经济、科技、军事、社会、外交等各方面问题进行综合、深入分析研究，为决策者提供最佳的理论、策略、方法、思想等。智库只有站在客观公正的立场上，才能摆脱现实社会内外因素的影响，对社会问题予以客观充分地深入研究，揭示出现实问题的客观发展趋势，以求符合社会发展的需要。因而，独立性成为智库的首要价值观。虽然不同类型的智库，在其运行过程中，有着各自的利益归属，而独立性决定了智库是以全面、客观揭示现实社会问题的发展趋势为其价值追求的。

独立性是智库必须坚守的核心价值，也是判定其能否成为高水平智库的关键所在。美国最具影响力的智库基本上都是民间智库，这些智库之所以能得到全球范围的认可，很大程度上源自它们对自身权威性、中立性的宣传和维护。这些智库坚持机构独立、财政独立、研究独立、运营独立，不受资金来源的左右，不被政治走向所影响，致力于以第三方的身份评判政府政策的成败得失，对某些特定问题做出最为客观、科学的分析并找出最能处理好这些问题的有效方法。布鲁金斯学会对智库的价值观的定义即“高质量、独立性和影响力”，并把独立性视为最珍贵的价值观，认为这是决定智库学术声誉和成果质量、事关智库影响力和生命力的关键因素。因此，独立性被看作是

智库共有的独特精神气质和价值观，它是智库能够发挥社会作用，影响国家决策的根基所在。美国智库一般都坚持独立性、公开性、无党派和非营利性原则。这种独立性，既包括物质上的独立性，还包括思想上的独立性和政治上的独立性。

智库的独立性特点，在稷下学宫中也有着突出表现。稷下学宫具有高度的独立自主性，这不仅表现为齐国统治者在物质上给予稷下学者优厚的待遇，而且表现为学者们在稷下学宫可以自由地传播自己的学术观点，学者之间也可以进行自由论辩。

稷下学宫的创办目的在于齐国统治者力求汇集各家学派的思想精华，以运用于治国理政的实践，实现齐国在政治上强盛，经济上发展，进而称霸诸侯。学者们在稷下学宫，能够自由地推广自己的学说和理论，以求为齐国统治者采用。“稷下先生们在学宫中享有比较充分的言论自由，可以自由议政，甚至可以批评政府和国君，而这些又得到了政府和国君的鼓励和保障。因此，稷下先生们大都敢于直言相谏，对于国家的安危治乱具有一种责任感，从不为了迎合君主而发表投机性的言论。”① 无论是在与君主议论政事时，还是在与学者们进行学术论辩时，稷下学者都保持着独立的主体人格，张扬着各自的思想主张，敢于标新立异，不惧流俗，自由论争，彼此争鸣。

二、稷下学宫与美国智库的学术研究比较

学术研究是智库的主要任务，而思想上的独立性要求智库以客观事实为判断依据，对信息保持充分的理性，保证智库的

---

① 白奚：《稷下学研究——中国古代的思想自由与百家争鸣》，生活·读书·新知三联书店 1998 年版，第 56 页。

研究和判断具有公正性、客观性；同时，智库在发表意见时要坚持其专业判断，不受外界的各种影响，能够独立提出决策方案，展示智库行为价值的内在稳定性。这种内在稳定性来自价值观的独立性，正是因为具备这种品质，智库才能按照自己的创见提出行为目的，提供达到目的的策略和手段。为保证智库专家研究的独立性，美国智库在机构设置上以政策研究为核心，且研究不受资金来源的影响，实行市场化的运作方式，面向市场独立设置研究项目等。思想上的独立强调的是智库要树立质疑精神，善于发现问题，敢于提出独立的政策建议和创新思想。布鲁金斯学会既不对研究人员的研究领域和方向做出具体规定，也不刻意追求观点的统一，而是让研究人员可以根据自己的兴趣和专长选择研究课题，进行独立研究，强调研究人员的观点仅代表他个人而不是布鲁金斯学会、其董事会成员或管理人员，鼓励研究人员基于自己研究的客观事实给出不同的见解、进行开诚布公的讨论和坦率的辩论，从而为研究人员创造了极具包容的环境和氛围，使他们能够在没有压力和偏见的情况下进行客观研究，在不同意见的基础上提高研究质量。

稷下学宫的学术活动，也是以坚持思想上的独立性为其鲜明特点。稷下学宫倡导的是兼容并包、相互交融的学术自由精神，它具体表现为诸子百家在稷下的学术交往中，能够于学术平等的环境下，既互相切磋讨论，又互相辩驳论争，彼此吸取，平等对话，尊重异说。由于稷下学术倡导兼容并包的自由精神，各派学者尽管政治主张不同，思想学说各异，但都能彼此自由讲学论争，相互融合发展，促进了各派思想的丰富和创新。稷下学术形成的自由开放的学术风气，从政治层面上讲，在于齐国统治者实行了尊士重士的政策，对稷下学者不在政治上施加各种限制，而只是为他们的思想争鸣创造条件，从而使学者们可以自由发表各自的学说观点。这种自由开放的学术风气，保证了各派思想在多家共存的条件下，能够展开学术上的自由争鸣，形成稷下学术具有兼容并包、相互交融的自由精神。在稷下学宫不同时期的演进中，儒家、道家、法家、阴阳家都曾占据学术上的相对优势，它们虽激烈争辩，但彼此吸收，共同促进了稷下学术的繁荣发展。

智库的特点决定了智库是以揭示外在事物演变发展的客观特点为价值追求，因此，它通过复杂深入的研究，力求全面揭示外在事物的演变发展特点。能够提出正确的、全面的、符合外在事物发展特点的高质量观点，是智库追求的重要价值观。这一高质量的特点，是决定智库能否有效运转的根基所在。因此，美国智库的基本职责就是为政府提供决策咨询，以提高政府决策质量。追求高质量是智库影响力和生命力之所在。美国智库高质量的形成和表现，主要体现于：一是高质量的智库研究人员，二是高质量的智库人才管理，三是高质量的智库研究成果。高质量的研究成果是智库发展的生命力所在。

智库成果的质量主要体现在成果的创新性、实用性和针对性等方面。能否提出解决经济社会现实中重大战略问题和关键问题的新思想、新论断、新理论，剖析问题的深层原因、提出富于针对性和实效性的新举措，是智库成功的第一要素。布鲁金斯学会、兰德公司、斯坦福研究所等能成为国际一流的智库就源于其新思想、新观点、新理论。同样，稷下学宫也是以探讨治国理政的治世之道为核心，旨在为实现社会治理提供切实有效的高质量、高水平的方案。稷下学宫汇聚了儒家、道家、墨家、法家、兵家、名家、阴阳家、纵横家等各种学术流派。

虽然他们的学术思想各有特点，相互之间激烈论争，但就学术特点而言，他们的学术实践活动都是与当时的政治社会生活紧密相关的，均在寻求国家社会的治理之道。因而，稷下学者着眼现实，关注治乱，倡明治道，虽然田齐统治者并不要求整个学术文化都直接服务于齐国的内政外交、现实政治，但稷下学者在为学过程中，无论是探讨修身之方，还是为政之道，都是与时代发展紧密相关，与社会治乱不可分离的。他们不倡空言，注重实际，虽百家殊业，但皆务于治。稷下学宫的学者们继承发扬了此前中国政治文化的优秀思想，并创新性地提出了许多治国理政的新方法、新方案，这些创新性的思想理论在其后的社会发展中，得到了具体地运用和实践，深刻地影响了中国传统社会和文化的发展进步。

美国智库的人才管理机制，力求调动最具创造性和知识渊博的研究人员，帮助研究机构更具活力。注重更新现有的专业知识，将新知识用于解决新问题和创造新颖的数据、理论。通过培育新一代研究人员，确保知识生产的未来，使研究人员能够从事不同学科领域的交叉融合研究，积极促进社会科学的国际化。在人才管理机制上，一是重视人才招募。美国智库采用公开招募的方式选拔研究人员，主要渠道有：招聘名牌大学毕业的毕业生，包括硕士和博士研究生；聘请大学和企业的专家；聘请其他智库的专家；吸收政府卸任官员。多渠道的人才招募机制为智库提供了充足的人才资源，保证了智库研究的高质量。二是加强人才培训。美国智库非常重视对研究人员的培训，主要措施有：内部培训，美国的大型智库都有自己的研究院，专门培养政策分析和研究方面的人才，如帕迪兰德研究院；外部实习，即智库为年轻人提供实习项目，让他们到政府、企业、大学等部门进行实际锻炼，了解决策的具体过程；访问研究，智库根据研究课题和目标，派研究人员到国内外其他智库进行访问研究；让研究人员定期和政府部门的政策负责人和政策规划小组进行接触，以了解决策的实际过程。

在稷下学宫的人才管理机制上，也是以吸引高质量的学者为特点。学者们能否在稷下学宫有一个立足之地，主要在于其是否有真才实学。能否成为稷下学者，齐国的统治者也是根据学者的学术水平、社会名望、思想影响来确定，并由此授予他们不同的教职，享受不同的待遇。如官职上有“上卿”“客卿”“上大夫”“大夫”等。同时，稷下学宫还创立了博士制度，博士是齐国统治者任命的对学识渊博的学者的称呼，即博通古今之学的意思。汉代许慎在《五经异义》中说：“战国时，齐置博士之官。”即指稷下学宫的博士制度。此外，稷下学宫也制订了人才管理机制，而且稷下学者们立论授徒，都非常注重吸引人才加入自身学派，以壮大本学派的社会影响力，为学派的发展创造条件。学派与学派之间是可以自由流动的，人们可以随便选择自己所信奉的学派。周立升、王德敏的《论稷下学风》一文指出：

> 稷下学宫的学者们，大都是来自各个国家、各个阶层的知识分子即“士”。这些先生们在学宫中，是以讲学和著述来培养其从学弟子的。各学派的先生均有自己的一班弟子。如淳于髡曾率领其弟子进说邹忌（见《史记·孟荀列传》）；田骈有“徒百人”（见《战国策·齐策》四）；孟轲“后车数十乘，从者数百人”，可谓洋洋大观；儿说的弟子曾为宋元王解闭（见《吕氏春秋·君守》篇）；在稷下“最为老师”，并曾“三为祭酒”的荀况，其弟子自然亦不在少数。其它

> 如慎到、宋钘、环渊、接子、季真等，大致也不会例外。各派的学者们，正是在百家争鸣的环境中，培养其弟子们的思考和论辩能力的，这是稷下之学与一般学塾，与后世独尊儒术的太学、国子监皆大不相同的独到之处。①

稷下学宫对弟子们进行严格管理和教育，特别是在师生关系以及教与学的关系上，都有着具体规定。《管子》中的《弟子职》可能就是当时稷下学宫所制订的统一的学则。学则对弟子们的要求是极其严格的，目的在于把弟子们培养成德才兼备的有用之人。这种对人才的管理机制，保证了各家学派思想的传承，也为学宫的发展奠定了雄厚的人才基础。

三、稷下学宫与美国智库的影响力比较

智库是专门影响政府公共政策决策和制定的思想工厂和研究型机构，必须要有自己独立的思想产品和政策建议，能够影响媒体和大众对公共政策制定的关注和参与，能更好地服务于关系到社会大众的公共政策的发展、决策、制定与实施，产生较强的社会影响力。智库是以发挥其影响力为价值追求的，只有建立在高质量的研究基础上，智库才能客观正确地揭示外在事物的发展趋势，并提出合理的行为方案。只有能够为社会进步发展提供合理的解决方案的智库，才会具有为社会所认可的影响力。这是智库存在的价值和意义所在，更是成为一流智库的必然要求。因而，追求影响力，成为美国高端智库持守的重要价值观。

---

① 周立升、王德敏：《论稷下学风》，载《管子学刊》1988 年第 4 期。

美国智库综合实力雄厚，经常以精准全面的分析研判、与政界广泛深入的联系和在社会公众中的强大影响力左右着美国的重大决策，以至常常被称为“影子内阁”、“美国政府的外脑”和继立法、行政、司法、媒体之后的“第五权力”。第二次世界大战以来，美国历任总统提出的各种战略和政策，其原创差不多都来自美国智库，它对国家外交政策和社会经济发展影响巨大，足见智库在美国社会中具有重要的影响力。美国智库的影响力，主要通过以下方式表现出来：

一是为政府决策提供新的见解、思路和建议，针对各种复杂的内政外交问题，为政府提出可供选择的具体解决方案，并对可能出现的新的矛盾与问题，以及发展趋势加以预测。

二是影响与引导公众，通过帮助公众对政府决策加深了解，争取舆论支持，通过媒体宣传、解读、引导，为政策实施扩大社会基础。美国智库一般的研讨会都对公众开放。这样既可以提升自身的知名度和扩大影响力，又能潜移默化地影响社会公众接受和认可自己的政策和理论，从而造成有利于这些理念实施的社会民意基础。

三是专门性对策分析、建议，主要针对政府、企业或其他社会组织、团体，以及特定项目、计划、产品等发展中遇到的实际问题，提出解决问题的建议或可供选择的具体方案。

四是吸引和储备人才，专家、学者通过智库的研究，会对决策过程及其实施有更好的了解，能对实际问题的解决积累经验，成为培养和储备人才的孵化器。

稷下学宫的学者们虽然不直接担任政府组织中的具体职位，但他们积极关注现实问题，著书立说，“不治而议论”，“各著书言治乱之事，以干世主”。既可以竭力向齐国统治者提供治国方案，对国家的大政方针阐发自己的主张和见解，也可以与国君展开面对面的辩论，甚至直面抨击国君的过失和弊端。齐国统治者经常向稷下学者咨询国家治理大事，稷下学者充分发挥了政治智囊团的作用，稷下学宫也因此成为一个政治咨询中心，这是其影响力的重要体现。如邹忌以谈琴论政，指出治理国家就如同弹琴，只有君臣上下做到和谐沟通，各司其职，各负其责，国家才能得到有效治理。邹忌以弹琴之理言治国之道，齐威王由此任用邹忌为相。邹忌为相之后，兴利除弊，谨修法律，整顿吏治，重用人才，实施了一系列富国强兵的改革措施，使齐在当时最强于诸侯。齐国统治者的虚心纳谏和稷下学者的积极进谏，对于匡正政治过失，改革社会弊端，最终达到富国强兵、称雄天下发挥了重要作用。

稷下学者虽然不以具体参与政治事务为特点，但他们以其学识才能，常常作为齐国的使臣参与到诸侯争霸的事务中。淳于髡为齐使与荆，从说魏王，在其代表齐国出使的过程中，未尝给齐国带来屈辱，且出色地完成了出使的任务。稷下学者在为齐国外交争取利益的同时，也受到各诸侯国的尊敬。鲁仲连也是以注重解决实际问题为追求，积极参与到现实的政治活动中。据《史记》引《鲁仲连子》载，他在与田巴的论辩中指出："臣闻堂上不奋，郊草不芸，白刃交前，不救流矢，急不暇缓也。今楚军南阳，赵伐高唐，燕人十万，聊城不去，国亡在旦夕，先生柰之何？若不能者，先生之言有似枭鸣，出城而人恶之。愿先生勿复言。"鲁仲连表示自己要"罢南阳之师，还高唐之兵，却聊城之众"，充分展现了他急于当务、为国解忧的务实精神。

稷下学宫具有培养人才的功能，齐国统治者也鼓励稷下学者推荐稷下学生出仕为官。如淳于髡一日而见（荐）七士于齐宣王，王斗荐举士五人为官。稷下学宫在其存续的一百五十多年的历史中，所培养的学生对齐国的政治发展也起到了重要的作用，体现了稷下学宫的社会影响力。

稷下学者在当时的政治、学术上皆有重要的影响力，他们以明道救世的理想为追求，不从个人的私利出发，力求其才能为世所用，能解决现实问题。这一特点，也演变上升为中国历代学者积极入世、匡正时弊的人生价值观。

稷下学宫与杂家精神

于孔宝
（山东理工大学《管子学刊》编辑部编审）

一

稷下学宫兴建于战国田氏代齐之后的齐桓公田午时期（前374—前357），与古希腊柏拉图雅典学园的创办时间（约前387）大致相当。德国哲学家雅斯贝斯在《历史的起源与目标》中提出人类文明的“轴心时期”说：“人类一直靠轴心期所产生、思考和创造的一切而生存。每一次新的飞跃都回顾这一时期，并被它重燃火焰……轴心期潜力的苏醒和对轴心期潜力的回忆，或曰复兴，总是提供了精神动力。”① 稷下学宫与雅典学园即东西方在轴心时代的文化奇葩。邓实《古学复兴论》曰：“夫周秦诸子之出世，适当希腊学派兴盛之时（希腊学者如苏格拉底、柏拉图、芝诺、亚里士多德，皆生周末元考安显之间）。绳绳星球，一东一西，后先相映，如铜山崩而洛钟应，斯亦奇

① 〔德〕卡尔·雅斯贝斯著，魏楚雄、俞新天译：《历史的起源与目标》，华夏出版社1989年版，第14页。

矣。然吾即《荀子》之《非十二子篇》观之，则周末诸子之学，其与希腊诸贤，且若合符节。”①

关于稷下学宫的定性问题，有中国最早的社会科学院、中国最早的国办大学、中国最早的智库等诸说。“稷下之学在齐国的兴起，其直接的原因乃是以齐统治者政治上的迫切需要。他们不惜财力物力创办稷下学宫，实行各种优惠政策，招徕天下有识之士，就是为了让那些满腹经纶的饱学之士为其政治统治和富国强兵、争雄天下出谋划策，绘制蓝图方案，这就决定了稷下学宫的政治性质。同时，田齐统治者为稷下先生提供的比较宽松自由的政治环境，使得稷下学宫又成为学术交流、文化传播和百家争鸣的阵地，促进了学术发展与繁荣，彰明了它的学术机构性质。可见，稷下学宫具有双重的性质，集政治性与学术性为一体。稷下学宫的双重性，决定了它具有两个显著的特点，一是求实务治、经世致用，二是学术自由、百家争鸣。”②

田齐统治者为稷下先生提供了优厚的待遇。《史记·田敬仲完世家》记述说：“宣王喜文学游说之士，自如驺衍、淳于髡、田骈、接予、慎到、环渊之徒七十六人，皆赐列第，为上大夫，不治而议论。”又说：“自如淳于髡以下，皆命曰列大夫，为开第康庄之衢，高门大屋，尊宠之。”（《史记·孟子荀卿列传》）司马光在《稷下赋》中说：“致千里之奇士，总百家之伟说。”郭沫若在《十批判书》中盛赞：“这稷下之学的设置，在中国文

---

① 梁启超等：《国学大师谈国学》，国家行政学院出版社 2015 年版，第 2 页。

② 于孔宝：《稷下学宫与百家争鸣》，山东文艺出版社 2004 年版，第 115 页。

化史上实在有划时代的意义……发展到能够以学术思想为自由研究的对象，这是社会的进步，不用说也就促进了学术思想的进步。”“周秦诸子的盛况是在这儿形成的一个最高峰的。”① 这个最高峰主要体现在稷下学宫成为战国时期的文化中心，即政治咨询中心、学术交流中心、教育培训中心、科技传播中心、图书数据中心。

兼容并包、百家争鸣的稷下精神对诸子之学与中国文化的发展影响深远。诸子之学与治道、诸子之学的传承发展与新文化建设及新子学研究等，倍受重视。正如方勇先生所说：“就深层意义而言，‘新子学’是对‘子学现象’的正视，更是对‘子学精神’的提炼。所谓‘子学现象’，就是指从晚周‘诸子百家’到清末民初‘新文化运动’时期，其间每有出现的多元性、整体性的学术文化发展现象。这种现象的生命力，主要表现为学者崇尚人格独立、精神自由，学派之间平等对话、相互争鸣。各家论说虽然不同，但都能直面现实以深究学理，不尚一统而贵多元共生，是谓‘子学精神’。”②

战国末期，伴随着政治统一黎明的到来，“道术为天下裂”、百家争鸣的蔚然景观转向“百川异源而皆归于海，百家殊业而皆务于治”（《淮南子·氾论训》），各种不同的思想逐渐走向融合，综合与兼容成为这一时期思想文化的基本特征。“杂家的出现是统一的封建国家建立过程中思想文化融合的结果。”“杂家”作为学术派别首见于《汉书·艺文志·诸子略》，它与儒家、道

① 郭沫若：《十批判书》，人民出版社1954年版，第134～135页。

② 方勇：《“新子学”与中华文化重构》，载《人文杂志》2017年第5期。

家、墨家、法家、阴阳家、名家、农家、小说家等并列为“九流十家”。杂家以“王治”为指导思想，自觉、公开地综合融会各家学说，在由先秦诸子百家争鸣到汉代思想融合发展、形成统一的文化过程中，起着十分重要的作用。“从思想学说方面看，我国传统文化的每个阶段，内容有所不同，但都体现着兼容并包的杂家精神。如果把视野放得更开阔些，看看传统文化中的宗教、文艺、民俗等方面，那末，兼容并包的杂家精神，就表现得更为显著。”① 杂家兼采诸家之说的思想方法与创造性的智慧成为研究思想文化、学术的基本路向与遵循的基本原则，当代新子学的研究、中华优秀传统文化的传承与创新，无不彰显着兼容并包的杂家精神。

百家异说与思想融合，稷下学宫与百家争鸣，诸侯异政与政治统一大势，时代之风云际会，成为兼容并包的杂家产生的社会基础与时代背景。梁启超在《论中国学术思想变迁之大势》中将先秦学说分为四期，他认为战国之末第四期思想界特点为：“诸派之初起，皆各树一帜，不相杂厕；及其末流，则互相辩论，互相薰染，往往与其初祖之学说相出入，而旁采他派之所长以修补之。故战国之末，实为全盛时代第四期，亦名之混合时代，殆全盛中之全盛也。其时学界大势，有四现象：一曰内分，二曰外布，三曰出入，四曰旁罗。四者皆进步之证验。”“内分”是指一个学派的分裂，“外布”是指一个学派的扩张，此二者均就一个学派而言。“出入”是指“当时诸派之后学，常从其所好，任意去就。孟子曰：‘逃墨必归于杨，逃杨必归于

① 刘元彦：《杂家与传统文化》，载《传统文化与现代化》1993 年第 6 期。

儒。'盖出彼入此，恬然不以为怪也"，如"韩非、李斯，荀卿之弟子也，而为法家大成"。"旁罗"是指"当时诸派之大师，往往兼学他派之言，以光大本宗"，如稷下之荀子，道家之庄子。"出入""旁罗"是就学派之间的相互影响而言，在战国末期思想融合的大趋势下，杂家的产生也就不足为奇了。而稷下学宫为诸家思想的大融合提供了一个实践的机会，成为杂家产生的契机。①

杂家之源——议官与啧室之议。谏议之官即议官，为言官、谏官的别称。职在讽议左右，以匡人君。

啧室之议是春秋时期齐桓公当政时，曾建立的让人们议论朝政的制度。"啧"，争辩或形容咂嘴声；"啧室"，指多人集议之处。《管子·桓公问》："齐桓公问管子曰：'吾念有而勿失，得而勿忘，为之有道乎？'对曰：'勿创勿作，时至而随。毋以私好恶害公正，察民所恶，以自为戒。黄帝立明台之议者，上观于贤也。尧有衢室之问者，下听于人也。舜有告善之旌，而主不蔽也。禹立建鼓于朝，而备讯唉。汤有总街之庭，以观人诽也。武王有灵台之复，而贤者进也。此古圣帝明王所以有而勿失，得而勿忘者也。'桓公曰：'吾欲效而为之，其名云何？'对曰：'名曰啧室之议。曰法简而易行，刑审而不犯，事约而易从，求寡而易足。人有非上之所过，谓之正士。内于啧室之议，有司执事者，咸以厥事奉职，而不忘为此啧室之事也。请以东郭牙为之，此人能以正事争于君前者也。'"

《管子·小匡》："犯君颜色，进谏必忠，不辟死亡，不挠富

① 梁启超撰：《论中国学术思想变迁之大势》，上海古籍出版社 2006 年版，第 26 ~ 27 页。

贵，臣不如东郭牙，请立以为大谏之官。”《新序·杂事四》《吕氏春秋·勿躬》《太平御览·将帅下》《群书治要·小匡》皆有引述。《汉书·百官公卿表上》：“大夫掌论议，有太中大夫、中大夫、谏大夫，皆无员，多至数十人。武帝元狩五年初置谏大夫，秩比八百石，太初元年更名中大夫为光禄大夫，秩比二千石，太中大夫秩比千石如故。郎掌守门户，出充车骑，有议郎、中郎、侍郎、郎中，皆无员，多至千人。”姚明辉《汉志注解》：“《古文尚书·周官》立太师、太傅、太保，兹惟三公，论道经邦，燮理阴阳，其议官之长欤。”《汉书·艺文志》论诸子百家之起源，直言“杂家者流，盖出于议官”。王蘧常《诸子学派要诠》引《桓公问》《吕览》文后曰：“此正班氏所谓议官也。盖议官杂引古今以为讽谏，故谓杂家所自出。沈钦韩曰：‘《隋志》，古者司史历记前言往行祸福存亡之道，然则杂者盖出史官之职。’未为得之。”① 顾实《汉书艺文志讲疏》云：“此正《班志》之所谓议官也。孔子曰‘天下有道，则庶人不议’者，议官不失职故也。”②

二

“杂家者流，盖出于议官。兼儒、墨，合名、法，知国体之有此，见王治之无不贯，此其所长也。及荡者为之，则漫羡而无所归心。”（《汉书·艺文志》）杂家这一流派，大概出于古代的议政之官。他们兼容儒家、墨家，综合了名家和法家，知道

① 王蘧常：《诸子学派要诠》，中华书局、上海书店 1987 年版，第 194 页。

② 顾实：《汉书艺文志讲疏》，商务印书馆 1924 年版，第 165 页。

治理国家必须综合运用这些学派的主张，也认识到要实行王道政治必须百家贯通，这就是他们的长处。

杂家的鲜明特征，一是综合百家（学术上），二是以“王治”为指导思想的治道方略（政治上）。这一特征体现于杂家的主体思想，以契合稷下学风之意蕴。

1. “兼儒、墨，合名、法”，兼容并包的杂家精神特质。

《汉书·艺文志》颜师古注“兼儒、墨，合名、法，知国体之有此，见王治之无不贯”曰：“治国之体，亦当有此杂家之说。”“王者之治，于百家之道无不贯综。”《隋书·经籍志》论杂家曰：“杂者，兼儒、墨之道，通众家之意，以见王者之化，无所不冠者也。古者，司史历记前言往行，祸福存亡之道。然则杂者，盖出史官之职也。放者为之，不求其本，材少而多学，言非而博，是以杂错漫羡，而无所指归。”这是对杂家思想与精神特质的典型概括。杂家博采各家之所长，糅合了儒家和墨家的思想，也集合了法家、道家的精髓。可见，杂家之学，是博采诸子的会通之学，是吸纳众流的取优之学，是一以贯之的通鉴之学。它以通贯“王治”为思想主线，不仅穷究天地变化的规律，而且还阐明祸福存亡的道理。

2. “知国体之有此，见王治之无不贯”，“王治”宗旨的杂家治道方略。

杂家学派除了融百家的特点外，另一个特点就是它与政治的紧密联系，其大部分内容是谈及政治策略，为上层统治者出谋划策的，此亦可从《吕氏春秋》《淮南子》中得到证明。如《吕氏春秋·序意》：维秦八年，良人请问十二纪。文信侯曰：“凡十二纪者，所以纪治乱存亡也，所以知寿夭吉凶也。”所谓

"纪治乱存亡"，就是要为统治者提供历史的经验教训。① 徐复观评论说："著《十二纪》之目的，乃以秦将统一天下，而预为其建立政治上之最高原则。"②

《淮南子》叙述了"太公之谋"以下各家思想产生的原因，认为他们均是出于现实需要，为解决实际政治问题而产生的。《淮南子》之"著书二十篇，则天地之理究矣，人间之事接矣，帝王之道备矣"（《淮南子·要略》），其目的依然是为政治服务。"夫作为书论者，所以纪纲道德，经纬人事，上考之天，下揆之地，中通诸理。虽未能抽引玄妙之中才，繁然足以观终始矣。总要举凡，而语不剖判纯朴，靡散大宗，惧为人之惽惽然弗能知也；故多为之辞，博为之说，又恐人之离本就末也。故言道而不言事，则无以与世浮沉；言事而不言道，则无以与化游息。故著二十篇。"（《淮南子·要略》）

3. 论道经邦，熔铸百家的国家治理学说。

《书·周官》："立太师、太傅、太保，兹惟三公，论道经邦，燮理阴阳。"孔传："此惟三公之任，佐王论道，以经纬国事。"论道经邦，指研究治国之道，以经营、治理国家。杂家的根本宗旨是一个"治"字，即所谓"佐王论道，以经纬国事"。以《吕氏春秋》为例，其一是治理总纲，主张"治天下之要存乎除奸，除奸之要存乎治官，治官之要存乎治道"，要治理者不纵欲、不妄作，顺应天地自然无为、公而无私之道，建立起稳定恒久的治理秩序。其二是"治人"和"治物"

① 陈志平：《杂家考论》，载《诸子学刊》2011 年第 1 期。

② 徐复观：《两汉思想史》第二卷，华东师范大学出版社 2001 年版，第 3 页。

理论，主张“治人先于治物，治物本于治人”。“‘十二纪’本着天人合一、效法天地的总纲领，建立了一个阴阳五行的施政系统。这个系统依照阴阳五行变化的时空顺序，囊括天地人神和万物，将各种社会、政治和人的活动纳入一个教令模式。这个体系标示着中国宏观治理的高度。……没有天生的‘亡国之主’和‘贤主’，治理的好坏要看能否集合更多的智能和优长。”① “尝得学黄帝之所以诲颛顼矣，爰有大圜在上，大矩在下，汝能法之，为民父母。盖闻古之清世，是法天地。凡《十二纪》者，所以纪治乱存亡也，所以知寿夭吉凶也。上揆之天，下验之地，中审之人，若此则是非可不可无所遁矣。天曰顺，顺维生。地曰固，固维宁。人曰信，信维听。三者咸当，无为而行。行也者，行其理也。行数，循其理，平其私。夫私视使目盲，私听使耳聋，私虑使心狂。三者皆私设精则智无由公，智不公则福日衰，灾日隆。”（《吕氏春秋·序意》）

“《吕氏春秋》的政治思想，根据于‘法天地’的自然主义，充分发展贵生的思想，侧重人的情欲，建立一种爱利主义的政治哲学。”②《吕氏春秋》开篇第一句话便是：“始生之者，天也。养成之者，人也。能养天之所生而勿撄之，谓之天子。天子之动也，以全天为故者也。此官之所自立也，立官者以全生也。今世之惑主，多官而反以害生，则失所为立之矣。譬之

① 谢扬举：《中国古代的国家治理哲学》，载《北京日报》2014年8月25日。

② 胡适：《中国中古思想史长编》，上海古籍出版社2013年版，第34页。

若修兵者，以备寇也。今修兵而反以自攻，则亦失所为修之矣。”（《吕氏春秋·本生》）

三

杂家糅合儒家、道家、法家、兵家、杂家、阴阳家、纵横家思想，阐述王霸谋略、长短之术。战国末期至秦汉之际学术思想的杂家化，体现着杂家的历史影响与地位。

（一）贯通百家——融会贯通百家思想

《汉书·艺文志》：“杂家者流，盖出于议官。兼儒、墨，合名、法，知国体之有此，见王治之无不贯，此其所长也。及荡者为之，则漫羡而无所归心。”据扬雄《方言》“杂”可释为“集”，《国语》韦昭注释“杂”为“合”，《广雅》释“杂”为“聚”。杂家的特点是“采儒墨之善，撮名法之要”。《论六家要旨》曰：“道家使人精神专一，动合无形，赡足万物。其为术也，因阴阳之大顺，采儒墨之善，撮名法之要，与时迁移，应物变化，立俗施事，无所不宜，指约而易操，事少而功多。”司马谈所论道家，其实应是颇具杂家气象的黄老学派，故有胡适道家与杂家同体之论。胡适在《中国中古思想史长编》中评论说：“杂家是道家的前身，道家是杂家的新名。汉以前的道家可叫做杂家，秦以后的杂家应叫做道家。研究秦汉之间的思想史的人，不可不认清楚这一件重要事实。”① 兼采诸家——杂，兼容并包、“王治”主旨——统。杂家的“杂”

① 胡适：《中国中古思想史长编》，上海古籍出版社2013年版，第26页。

并非简单的杂糅，而是融会贯通，这个“通”是建立在深刻把握诸子百家思想精髓的基础之上。先秦杂家产生于战国晚期，其影响主要在于它不拘门户之见，博采众家之长。当时的各家各派多持门户之见，“私其所积，唯恐闻其恶也；倚其所私，以观异术，唯恐闻其美也”（《荀子·解蔽》）。而杂家通众家之意，集各派之长，为“王治”之用。一些学者正是受了这种影响，学习其他派别的长处，或在某一学派学说的基础上创立出新的学派。战国末期的荀子，虽总体看似属儒家，但他与杂家也相去不远。郭沫若先生曾经评价说：“荀子是先秦诸子中最后一位大师，他不仅集了儒家的大成，而且可以说是集了百家的大成。……他实在可以称为杂家的祖宗，他是把百家之学差不多都融会贯通了。”①

（二）综合认知——探究学术发展规律

《吕氏春秋·审分览·不二》：“老聃贵柔，孔子贵仁，墨翟贵廉，关尹贵清，子列子贵虚，陈骈贵齐，阳生贵己，孙膑贵势，王廖贵先，儿良贵后，此十人者，皆天下之豪士也。”用一个字囊括各家之精要，更是说明了杂家对诸子各家的理解深入骨髓。在构建自身的思想体系的时候，杂家能够很好地综合百家，去粗取精，优中取优；对儒家的优秀伦理道德进行吸收借鉴，但是摒弃其迂腐繁缛的礼节；对墨家尚贤的政治思想加以选用，但对其非攻、反战的主张进行批判；对法家的以法治国思想加以吸收，但极力抵制其严刑酷法的主张，强调赏罚得宜；对道家“无为而治”“道法自然”的思想加以汲取，但否定其

① 郭沫若：《十批判书》，人民出版社1954年版，第185页。

纯任自然的主张等，正是由于杂家在优中取优，所以其思想体系表现得更为通透。

（三）传承文化——总结传承先秦文化

《吕氏春秋》十二纪、八览、六论，博采众说，保存了先秦诸子百家的有关思想资料以及古史旧闻、古籍佚文，在理论上和史料上都有很高的参考价值。阴阳五行家代表人物邹衍的著作，《汉书·艺文志》等典籍中有标注题名，然皆失传。我们现在了解邹衍的思想，主要就是通过《吕氏春秋》保存下来的资料。其他如尹文、惠施、杨朱、宋钘等诸子的思想资料在《吕氏春秋》中也有所体现。《上农》《任地》《辩土》等所保存的古代农业科技资料也是弥足珍贵的。许维遹《吕氏春秋集释·自序》说："夫《吕览》之为书，网罗精博，体制谨严，析成败升降之数，备天地名物之文，总晚周诸子之精英，荟先秦百家之眇义，虽未必一字千金，要亦九流之喉襟，杂家之管键也。"①

（四）救世之弊——寻求治道方略

《吕氏春秋》的编撰是为政治的统一寻求统治思想，因而《吕氏春秋》亦被称为杂家帝王学之作。《论六家要旨》说："夫阴阳、儒、墨、名、法、道德，此务为治者也，直所从言之异路，有省不省耳。"《淮南子·氾论训》："百川易源而皆归于海，百家殊业而皆务于治。"百川归海，百家务治，皆言殊途同

① 〔秦〕吕不韦编，许维遹集释，梁运华整理：《吕氏春秋集释》，中华书局2009年版，第7页。

归之理。“百家殊业而皆务于治”是从诸子之学相同的治道目标上所做出的评判，而杂家与其他诸子学派的不同在于明确以“王治”为治道主旨与方略。高诱《吕氏春秋·序》亦言“大出诸子之右”。

杂家融会贯通百家思想，综合认知学术发展规律，总结传承先秦文化，探寻救世之弊的治道方略，成为中国学术思想发展的基本路向。“兼儒、墨，合名、法”之兼容并包的杂家精神，体现着学术思想的综合创新；而“知国体之有此，见王治之无不贯”之“王治”治道宗旨，彰显着杂家的使命担当。中华优秀传统文化之所以具有兼容并包的胸怀与同化力，与杂家精神有着渊源关系，同时也是融合百家之稷下精神的写照。

稷下学的理论创新与当今治国理政

宋玉顺
（临淄区齐文化研究社）

战国时期，诞生、发展于齐都临淄稷下学宫的稷下之学，是齐文化的重要组成部分，是中华优秀传统文化的光辉篇章。其创新的学术理论，适应了时代的要求，满足了执政者的政治需要，促进了历史的进步和社会的发展。这些理论对当今的治国理政，有着重要的借鉴价值。在稷下学宫的创立、发展和管理过程中所形成的稷下文化精神，是极其珍贵的文化资源。这对坚守文化自信、建设社会主义文化强国，有着重要的借鉴价值。

一、稷下学理论的创新

稷下学者在学术交流过程中，在批判、继承传统文化的基础上，着眼现实，反思历史，面向未来，提出了各具特色的理论体系，孕育产生了适应时代要求的新思想、新观念，在许多领域都取得了重大成就。如天人相合、道法自然、大一统、以人为本、人才强国、礼法相辅、义利统一、名实相符等。下仅举几例阐发之。

其一，稷下“大一统”理论的创新。

战国时期，诸侯国的统一已成为历史发展的必然趋势，对这一时代主题，稷下各派无不发表自己的主张，在相互论辩中，实现了理论创新。管仲学派根据时代的要求，响应社会的呼唤，秉承着管仲务实、改革、开放的创新精神，竭力阐发“不慕古，不留今，与时变，与俗化”（《管子·正世》）的治国理念。他们主张大力发展经济，富国强兵。《管子·治国》说：“国富者兵强，兵强者战胜，战胜者地广。”“地大国富，人众兵强，此霸王之本也。”（《管子·重令》）他们十分重视战争在安国成霸、统一天下中的作用。认为：“故夫兵虽非备道至德也，然而所以辅王成霸。”（《管子·兵法》）基于此，《管子》对宋钘、尹文提倡的寝兵之说和墨家提倡的兼爱之说进行了批驳，还提出义战必胜的论点，《管子·七法》说：“成功立事，必顺于理义，故不理不胜天下，不义不胜人。故贤知之君必立于胜地，故正天下而莫之敢御也。”《管子·枢言》说：“善胜恶，有义胜无义。”所谓义战，在管仲学派看来，是指“案强助弱，圉暴止贪，存亡定危”的统一战争。他们说：“使天下两天子，天下不可理也。”（《管子·霸言》）还说：“明一者皇，察道者帝，通德者王。”（《管子·兵法》）总之，通过战争来实现“创制天下，等列诸侯，宾属四海，时匡天下”（《管子·霸言》）的总目标，充分展示了管仲学派理论的经世致用及创新精神。

此外，稷下各派在国家统一及如何统一的问题上，积极、热情地发表主张，表现了实现国家统一的热切愿望和坚定信念。如孟子作为稷下儒家学派的代表之一，坚信“五百年必有王者兴”，而中国必将“定于一”。在稷下“三为祭酒”的儒家大师荀子则主张“四海之内若一家”“天下为一”，其实现途径是由霸而王。稷下阴阳五行家学派代表人物邹衍，则以“五德终始”的理论，探寻和论证新朝代取代旧朝代，实现大一统的必然趋势。

其二，稷下“人本”思想的创新。

春秋战国时期，民众在经济、政治及战争中的地位和作用日益显现出来，稷下学者以敏锐的眼光，及时地发现了时代出现的这一新问题，以深厚的理论功底，极力阐发民众在治国及统一天下中的巨大作用，从而赋予“人本”思想以崭新的时代精神。这不仅使稷下学在一定程度上反映了人民的愿望，而且使稷下学名副其实地成为时代的先进文化。

管仲是春秋战国时期第一个明确提出“以人为本”思想并付诸霸业实践而获得巨大成功的政治家。他明确认识到民众在治国及成霸中的重大作用。指出：“夫霸王之所始也，以人为本。本理则国固，本乱则国危。”“争天下者，必先争人……得天下之众者王，得其半者霸。”（《管子·霸言》）并明确指出：“齐国百姓，公（指齐桓公）之本也。”（《管子·霸形》）“士农工商，四民者，国之石民也。”（《管子·小匡》）正是基于对民众地位、作用的深刻认识，管子主张执政者制定治国方针政策要顺民心，说：“政之所兴，在顺民心；政之所废，在逆民心。”（《管子·牧民》）在此基础上，管仲又提出了一系列爱民、富民、恤民、教民的主张。这些思想被稷下管仲学派继承并发展。

长期居于稷下的孟子受到管仲及其学派以及慎到的影响，丰富和发展了自己的民本思想，实现了理论的重大突破。

在富民的问题上，管仲学派主张：“仓廪实而知礼节，衣食足而知荣辱。”（《管子·牧民》）而孟子受其影响，提出民“则无恒产，因无恒心”，进而提出“制民之产”的主张。在富民的具体措施方面，管仲学派主张“强本事，去无用，然后民可使富”（《管子·五辅》）；“养桑麻、育六畜则民富”（《管子·牧民》）；执政者“省刑罚，薄赋敛，则民富矣”（《管子·小匡》）；保护工商，民则富，“关讥而不征，市书而不赋……而民归之如流水”（《管子·霸形》）。孟子受其影响，则提出“易其田畴，薄其税敛，民可使富也”（《孟子·尽心上》）；“五亩之宅，树之以桑”，“鸡豚狗彘之畜，无失其时”，“百亩之田，勿夺农时”，民则富；“市廛而不征，法而不廛，则天下之商，皆悦而愿藏于其市矣。关讥而不征，则天下之旅，皆悦而愿出于其路矣”（《孟子·公孙丑》）。从而把民本思想根植于富民的基础上。

稷下黄老学派的主要代表人物慎到则提出了独具特色的民本思想。他说：“故立天子以为天下，非立天子以为天子也；立国君以为国，非立国以为君也；立官长以为官，非立官以为官长也。”（《慎子·威德》）立天子、立国君，是为了服务天下、国家，而不是立天下为天子，立国家为国君。显然这段话是说天子、国君是为民谋利益的，人民是主体，天子、国君是从属于民的。

孟子吸取了慎到的这一思想，提出了“民贵君轻”的主张。他在《孟子·尽心下》说：“民为贵，社稷次之，君为轻。”不仅强调了在民与君的关系中，民重于君，而且强调了民在政权得失中的决定性作用。孟子的这一思想极富创新精神，比管仲学派和慎到的思想又进了一步。

荀子长期居于齐，受齐文化影响很深。他根据时代形势的需要，阐发了重民、爱民的诸多主张。他在《荀子·王霸》中说：“用国者，得百姓之力者富，得百姓之死者强，得百姓之誉者荣。三得者具而天下归之，三得者亡而天下去之；天下归之之谓王，天下去之之谓亡。”极力强调百姓在治国及统一天下中的重大作用。从这点出发，他还告诫统治者：“君者，舟也；庶人者，水也。水则载舟，水则覆舟。”（《荀子·王制》）荀子这种从君、民两大势力出发，告诫统治者行爱民之道以达到安存的观点，比孟子“民贵君轻”的观点又进了一步，从而达到时代的最高水平。

总之，稷下民本思想是在创新中丰富和发展起来的，它反映了新兴地主阶级思想家，主张依靠人民的力量治国及统一天下的迫切愿望。在一定程度上，也反映了人民的要求和愿望。

其三，稷下礼、法相辅理论的创新。

先秦时期，孔、孟宣扬道德的崇高而不言法治。商鞅、韩非主张法治而否定道德教育的作用。此二者各执一端，都把礼治与法治、德治与法治对立起来，暴露了各自的理论缺陷。

管仲学派则把礼和法直接对照起来，强调二者的兼施并用、相辅相成。《管子·心术上》曰：“登降揖让，贵贱有等，亲疏之体谓之礼。简物小未一道，杀僇禁诛谓之法。”《管子·任法》亦曰：“群臣不用礼义教训则不祥；百官伏事者离法而治则不祥。”只有将法治与礼治结合起来，综合治理，才能收到良好的治国效果。《管子·枢言》曰：“法出于礼，礼出于治。”这里强调礼是法的基础。《管子·任法》又曰：“所谓仁义礼乐者，皆出于法。”这里强调法是最高标准。此二者虽说法不同，但都强调了礼与法的统一关系。从总体倾向上说，《管子》是法治为主结合礼治，即法主礼辅。

慎到在强调法治的同时，也认为礼治有不可或缺的意义。

他说："明君动事分功必由慧，定赏分财必由法，行德制中必由礼。"（《慎子·威德》）可见，治国不仅要任法，还要据礼行德。这是慎到理论创新的表现。

荀子在此基础上援法入礼，变管仲学派的法主礼辅为礼主法辅。他说："学也者，礼法也。"（《荀子·修身》）"隆礼至法则国有常。"（《荀子·君道》）"隆礼尊贤而王，重法爱民而霸。"（《荀子·天论》）这是荀学同以孔、孟为代表的传统儒学的一个重要区别。荀子礼法互补的思想，是齐鲁文化交融的重要成果。显然，没有齐鲁文化在稷下学宫的长期共存与交融，这样的政治理论是不可能出现的。

在稷下形成的礼法相辅的理论，虽然在当时没有被列国诸侯所实践，但它作为一种治国模式，主导了汉代以后两千多年历代王朝的全部历史。

其四，稷下道法结合理论的创新。

黄老学派的突出特点，不仅在于托黄帝之名号，以老子之学为基础，兼采儒、墨、名、阴阳五行之说，而且在于它吸收了法家的法治学说，把道、法有机地结合起来，强调法治的必要性。如稷下黄老学派的代表人物慎到认为，道是变法的依据，法是道在社会生活中的具体体现，是社会生活的普遍法则。他说："以道变法者，君长也。"（《慎子·慎子逸文》）他还认为："祸福生乎道法，而不出乎爱恶。"（《慎子·慎子逸文》）即社会的治乱安危，完全是由能否"以道变法"所决定的。以道变法者治，以个人爱恶治天下者乱。

《管子》也是围绕道与法的关系展开的。《管子·法法》曰："明王在上，道法行于国。"《管子·任法》曰："百姓辑睦听令，道法以从其事。"荀子也将道与法联系起来，曰："壹于

道法而谨于循令矣。”（《荀子·正名》）“道之与法也者，国家之本作也。”（《荀子·致士》）

道论与法治的结合，无论对道家学派还是对法家学派，都是十分重要的。

总之，稷下学可以说是充满了新的创造，正是这些新学说、新理论，把先秦的学术思想迅速推向了鼎盛，使百家争鸣迅速达到高潮。

稷下学以其丰富的理论内涵和创新精神，不仅成为中华传统文化的主流和精华，而且在今天对发展社会主义先进文化、积极进行文化创新都有重要的借鉴价值。

可见，稷下学宫的创建，适应了齐国执政者的政治需要，也适应了时代对新理论、新思想的需要。稷下学宫的建立，为稷下学的理论创新奠定了基础。

二、稷下学理论创新与当今治国理政

其一，借鉴稷下学“大一统”理论，坚定不移地推进祖国统一。

“大一统”理论是稷下学理论创新的重要收获，“大一统”是时代最迫切要解决的大问题。稷下学“大一统”理论为秦始皇统一中国奠定了理论基础。

维护统一，反对分裂，这是以爱国主义为核心的民族精神。正是凭着这种精神，中华民族在漫长的发展史上，始终保持以和平统一为主流。今天，宝岛台湾还没有回归祖国，推进祖国统一是实现中华民族伟大复兴的必然要求。完成祖国统一，维护国家主权和领土完整，进而实现中华民族伟大复兴，已深深熔铸进中华民族的历史意识，成为全体中国人民坚如磐石的共同追求。

其二，借鉴稷下学“人本”思想，牢固树立执政为民的理念。

稷下学“人本”思想丰富多彩，且比较全面、系统，充分显示了人民性、进步性、时代性的特点。因之，稷下学便成为反映人民愿望的进步的理论。稷下学“人本”思想，在漫长的封建社会中，凡开明的执政者往往传承并践行之，因此也收到社会安定、经济繁荣的社会效果，如汉代文景之治，唐代贞观之治即如此。

今天，这一思想仍有重要的借鉴价值。习近平谈治国理政时，曾引用《管子·牧民》中的名言“政之所兴，在顺民心；政之所废，在逆民心”来阐明共产党人必须牢固树立执政为民的理念。

十九大报告也明确指出：“坚持以人民为中心……坚持立党为公、执政为民，践行全心全意为人民服务的根本宗旨……把人民对美好生活的向往作为奋斗目标，依靠人民创造历史伟业。”以此审视稷下学“人本”思想，其借鉴价值不可低估。

其三，借鉴稷下学礼法相辅的理论，坚持依法治国和以德治国相结合。

稷下学礼法相辅的理论，是当时最为全面的治国理论，这一理论虽没被大多数诸侯国采用，但它影响了两千余年的封建社会。

今天，建设中国特色社会主义社会，此理论也有重要的借鉴价值。十九大报告指出：“坚持依法治国和以德治国相结合，依法治国和依规治党有机统一，深化司法体制改革，提高全民族法治素养和道德素质。”习近平总书记在十八届中央政治局第四次集体学习时指出：“要坚持依法治国和以德治国相结合，把法治建设和道德建设紧密结合起来，把他律和自律紧密结合起来，做到法治和德治相辅相成、相互促进。”今天，党中央大力推行依法治国，又强调大力培育和弘扬社会主义核心价值观。习近平总书记说：“核心价值观，其实就是一种德，既是个人的德，也是一种大德，就是国家的德，社会的德。国无德不兴，人无德不立。如果一个民族、一个国家没有共同的核心价值观，莫衷一是、行无依归，那这个民族、这个国家就无法前进。”（习近平在北大师生座谈会上的讲话）并引用《管子》国有四维，礼义廉耻，“四维不张，国乃灭亡”的名句来论证中国先人对核心价值观的认识，及当代培育弘扬社会主义核心价值观的必要。

再如习近平总书记2013年春在中央党校建校80周年庆祝大会上的讲话，曾引用稷下儒家大师孟子的名言“富贵不能淫，贫贱不能移，威武不能屈”。要求党员干部要有更高的道德品格，要时时刻刻怀抱理想，秉持信念，不改初衷，不忘初心，方能面对荣华不贪慕，面对利益不伸手，面对考验不变色。孟子这段名言，两千多年来，鞭策了无数英雄豪杰、仁人志士，成为他们不畏强暴、坚持正义的精神支柱。今天也应该作为人们的座右铭。

其四，借鉴稷下学人才思想，加快建设人才强国。

战国时期是一个大变革的时代，各诸侯国间的竞争日趋激烈，而这种竞争也往往表现为人才的竞争。这期间稷下学人才思想表现出鲜明的时代特征，重贤方可称雄、王天下。如：“圣王卑礼以下天下之贤而王之，均分以钧天下之众而臣之，故贵为天子，富有天下。”（《管子·霸言》）“尊贤授德则帝，身仁行义、服忠用信则王。”（《管子·幼官图》）对人才标准也特别重视，以德才兼备而选才。如《管子·立政》所言："一曰德不当其位，二曰功不当其禄，三曰能不当其官。此三本者，治乱之原也。"

荀子则提出："贤能不待次而举，罢不能不待须而废。""虽王公士大夫之子孙，不能属于礼义，则归之庶人。虽庶人之子孙也，积文学，正身行，能属于礼义，则归之卿相士大夫。"(《荀子·王制》)荀子完全是站在新兴地主阶级的立场上，对奴隶制"世卿世禄"进行直接否定，体现了其任人唯贤的思想。稷下学人才思想的开放性也是十分明显的，如《管子·牧民》言："毋曰不同国，远者不从。如地如天，何私何亲？如月如日，唯君之节。"表现了管子以开放的精神、海纳百川的胸怀，揽天下之贤才，并吸收其有益的治国之道。

稷下学重视人才、选拔人才的理念，对今天建设人才强国有重要的启迪意义。十九大报告指出："人才是实现民族振兴、赢得国际竞争主动的战略资源。要坚持党管人才原则，聚天下英才而用之，加快建设人才强国。"报告还指出："以识才的慧眼、爱才的诚意、用才的胆识、容才的雅量、聚才的良方，把党内和党外、国内和国外各方面优秀人才集聚到党和人民的伟大奋斗中来。"2014 年 4 月 9 日，习近平总书记在中国科学院第十七次院士大会上，引用了《管子·权修》中的一段名言："一年之计，莫如树谷；十年之计，莫如树木；终身之计，莫如树人。"强调建设创新人才队伍，是建设社会主义强国的战略性任务。

三、稷下文化精神与当今治国理政

战国时期，齐都临淄的稷下学宫是中国文化史上划时代的大事，也是世界文明史上的奇观。这座巍峨的学宫，不仅给我们留下了众多有价值的理论观点，而且留下了珍贵的稷下文化精神。这一文化精神，对当今治国理政，仍具有重要的借鉴价值。对于稷下文化精神，笔者以为有以下几点：

其一，人才为宝、重视文化的精神。

稷下学宫之所以产生于齐都临淄，是齐国执政者实行以人才为宝、招贤纳士、争雄天下的开明政治路线的必然结果。齐执政者创建稷下学宫，招揽天下贤士，就好比是通告天下，张榜招贤一样，于是迅速地吸引了大批贤士前来。所来者为列国的学术精英，有的为学派领袖，他们不仅学识丰富，而且多知晓治国理政的大道理。齐执政者不仅给学者们优越的经济待遇，而且在政治上封赐“列大夫”“上大夫”之号。这样，齐都临淄遂成为全国的文化中心和人才汇聚之地。

十九大报告指出：“文化是一个国家、一个民族的灵魂。文化兴国运兴，文化强民族强。没有高度的文化自信，没有文化的繁荣兴盛，就没有中华民族伟大复兴。”弘扬稷下人才为宝、重视文化的精神，对于今天坚守文化自信，建设社会主义文化强国，实现中华民族伟大复兴，有着重要借鉴价值。

其二，学术自由、多元包容的精神。

稷下学宫是战国时期诸子百家荟萃的中心。举凡儒家、道家、墨家、法家、名家、黄老家、阴阳五行家、纵横家、兵家等各种学术流派，都曾活跃在稷下舞台上，并出现了中国历史上前所未有的百家争鸣的生动局面。激烈的学术论辩、思想交锋，开阔了人们的视野，丰富了人们的知识，提高了人们的思维能力和认识水平。在论辩中，不仅充分展示了诸子百家之学各自的理论优势，而且逐渐暴露了各自的理论缺陷；从而不断修正、完善、发展自己的学说。在百家争鸣过程中，加速了不同学派、不同见解之间的相互渗透融合。稷下学宫这一争鸣、包容、融合的精神，是促进学术发展的根本保证，也表现了齐人海纳百川的广阔胸怀及遵行“和而不同”的辩证思维。

这一人文精神，对于大力弘扬中华文明有着重要意义。如2014年3月，习近平总书记在联合国教科文组织总部演讲中，引述了齐国上大夫晏子关于“和”的一段话，以此讲明“不同文明相互尊重，和谐共处，让文明交流互鉴成为增进各国人民友谊的桥梁、推动人类社会进步的动力、维护世界和平的纽带”。对于推动实施“一带一路”发展战略，构建人类命运共同体，有重要借鉴意义。稷下学宫的和合文化精神和晏子“和而不同”的理念有共同之处，二者对于不同文明的交流互鉴都有重要意义。

其三，关心政治、经世致用的精神。

齐国新兴地主阶级面对社会现实，似乎已经认识到只有强大的物质力量，还不足以达到称雄天下的目的，当务之急是论证新政权、新制度存在的合理性、合法性，还需要行之有效的治国理政的理论，统一天下的战略思想、策略；而要获得这些事关国家前途、命运的理论、思想，只有广泛招揽足以担负起历史重任的各类士人（即知识分子）才能够实现。

这些稷下学者们，有知识、有文化，具有强烈的社会责任感和使命感，受田齐政权文化政策的感召，执着地活动于稷下学宫。他们心系国家，着眼现实，关注治乱，愿为开明的君主竭尽心智，不求高官厚禄，但求方略被采用，人生价值和社会效应能实现。在社会的大变动中，学者们具有一种强烈的忧患意识、使命意识，无论是政治的还是哲学的、伦理的、逻辑的论辩，都总与时代变迁、社会治乱相关。“百家殊业而皆务于治。”（《淮南子·氾论训》）正是因为众多的杰出学者汇聚稷下，才推动了稷下学理论的创新。这些都说明学术要为现实服务。这一文化精神在今天尤有重大的现实意义。

习近平总书记指出：“一切有价值、有意义的文艺创作和学术研究，都应该反映现实、关照现实，都应该有利于解决现实问题、回答现实课题。”极尽讲明学术要为政治服务，要为现实服务，要经世致用。

习近平总书记在哲学社会科学工作座谈会上的讲话指出：“一切有理想、有抱负的哲学社会科学工作者都应该立时代之潮头、通古今之变化、发思想之先声，积极为党和人民述学立论、建言献策，担负起历史赋予的光荣使命。”习近平总书记又说：“我国广大哲学社会科学工作者要坚持人民是历史创造者的观点，树立为人民做学问的理想，尊重人民主体地位，聚焦人民实践创造，自觉把个人学术追求同国家和民族发展紧紧联系在一起，努力多出经得起实践、人民、历史检验的研究成果。”

习近平总书记的讲话，告诫广大哲学社会科学工作者要有时代的担当，要有历史使命感，要为人民做学问，把个人的学术追求和国家民族发展的要求紧密联系起来。

综上所述，稷下学创新理论和稷下文化精神对当今治国理政都有重要的借鉴价值。今天，我们要坚持创造性转化、创新性发展的原则，让稷下文化展现出永久魅力和时代风采。

稷下学宫对当代大学教育的启示

宋冬梅
（中国孔子研究院副研究员）

一、稷下学宫的产生：文化沃土、齐国实力与时代思潮

历史上，稷下学宫的产生根植于齐鲁文化的沃土。齐鲁文化，是中华优秀传统文化中地域文化、民族文化的重要代表。从公元前11世纪起，齐鲁文化就是在齐、鲁两个诸侯国存在、发展的历时800多年的文明成果。首先，齐鲁文化是一个融合完整的文化体系。齐鲁文化是齐文化和鲁文化的统称，齐文化、鲁文化在齐鲁大地上既是两枝风格迥异的文化奇葩，又是在一母同根上孕育、成长起来的相似相通的统一文化体系。其次，齐鲁文化是与时俱进的先进文化。其生成之初，是地域文化；秦始皇统一中国后，走向全国；汉武帝时期，董仲舒提出“罢黜百家、独尊儒术”，齐鲁文化孕育的儒家文化随之与中国政治相结合，成为中国文化的主流。第三，齐鲁文化是中国传统文化的重要组成部分。齐鲁文化虽然不能完全等同于中国传统文化，但她经历了2000多年中国历史的实践应用和风吹雨打，其

核心思想已经成为推动社会进步和人类文明发展的主体和精华。

西周时期，姜太公被封于齐，治理东夷；周公被封于鲁，拱卫周室。这时的东夷文化开始向齐鲁文化演变，在齐鲁大地上于泰山沂水周围出现了齐、鲁、邾、曹、滕、莱、莒、纪等众多诸侯国，而以齐、鲁最为强盛。春秋时期，“周礼尽在鲁矣”，“凡四代之服、器、官，鲁兼用之。是故鲁，王礼也，天下传之久矣”（《礼记·明堂位》）。所以，鲁国因保存完备的周礼而成为当时思想文化的重镇。齐国则在齐桓公、管仲的主持下率先改革，国力强盛，九合诸侯，一匡天下，成为著名的“春秋五霸”之首。至战国时期，齐国又跻身“战国七雄”——齐、楚、燕、韩、赵、魏、秦之魁。当时的齐国实力雄厚，经济发达，文化繁荣，军事强大，称雄于世。据《战国策·齐策一》记载，齐都临淄“甚富而实，其民无不吹竽、鼓瑟，击筑、弹琴，斗鸡、走犬，六博、蹹踘者；临淄之途，车毂击，人肩摩，连衽成帷，举袂成幕，挥汗成雨；家敦而富，志高而扬”。

春秋战国是我国历史上大变革、大转折的重要时期。随着西周王朝的衰微，传统宗法等级专制政体逐渐失去效能，周天子对各诸侯国和整个社会的控制能力大大削弱，一时间“礼崩乐坏”，争斗不止，天下大乱。由周天子专制的一统天下，发展成诸侯并起、五霸迭出的混乱局面，这种情景被司马迁称为：“春秋之后，陪臣秉政，强国相王；以至于秦，卒并诸夏，灭封地，擅其号。”（《史记·太史公自序》）

春秋战国又是一个思想大解放、大发展的时代。代表当时各阶级和各派政治力量的思想家，都企图按照他们的利益和要求，对宇宙、对社会、对万事万物做出解释，提出自己的主张。

他们著书立说，广收门徒，高谈阔论，互相辩难，出现了思想领域“百家争鸣”的局面。一大批有识之士开始对文化传统进行反思，纷纷从不同领域、不同层面创说立论，构建各自的思想理论体系。这些新思想、新理论互相渗透、扩展，汇成了浩浩荡荡的文化思潮，深刻影响了诸侯国统治下的整个中国社会，猛烈冲击着传统专制的统治秩序和思想意识。这种“百家争鸣”的局面，为齐鲁文化代表人物的脱颖而出乃至促进齐鲁文化繁荣发展开辟了道路。

在此背景下，政治活跃、经济富庶、文化厚重的齐国兴起了著名的稷下学宫。

二、稷下学宫的主要特点与历史影响

稷下学宫创建于齐威王初年，齐宣王在位时达到鼎盛，官方在此广招文学游说之士讲学议论，是战国中后期齐鲁文化乃至关东六国的学术文化中心，是各种学说百家争鸣的主要场所；因其位于齐国都城临淄稷门附近，后世将其命名为“稷下学宫”。它的出现，足以与西方世界古希腊亚里士多德时代的吕克昂学院相媲美。

稷下学宫汇集了诸子百家的主要代表人物，成为百家争鸣的中心。当时的诸子百家主要有儒家、墨家、道家、法家、阴阳家、杂家、名家、纵横家、兵家、小说家等。战国中后期的重要思想家，大部分曾活跃于稷下学宫。在稷下学宫鼎盛时期，其容纳了当时诸子百家几乎所有学派，汇集了天下贤士上千人，任其“不治而议论”，其中有七十六人被尊为“上大夫”，著名的学者有孟子、淳于髡、邹衍、田骈、慎到、接子、季真、环渊、彭蒙、田巴、鲁仲连、荀子等。凡到稷下学宫的文人、学者，无论其学术派别、思想观点、政治倾向，以及国别、年龄、资历等如何，都可以自由发表学术见解，互相争辩，共同研讨，著书立说。一时间，稷下学宫百花齐放，百家争鸣，学派云集，蔚为大观。

稷下学宫开辟了自由讲学和民主议政的先河，不仅促进了齐国的昌盛，而且为齐文化、鲁文化的融合发展创造了良好的社会环境，开辟了轴心时代学术思想快速交融和转化的平台。当时儒家学派代表人物中进驻稷下学宫的，先有孟子，后有荀子。他们为齐文化与鲁文化的融合发挥了有力的推动作用。孟子在齐国居住十几年，其学术思想受到齐学的熏陶，如关于“养浩然之气”的思想，就是受稷下先生尹文等学者“气论”的影响。在稷下学宫，荀子“最为老师”“三为祭酒”，他出任学宫主持人，在齐文化、鲁文化的交流和融合中起到关键作用。他兼顾齐学，丰富和完善了自己的儒学思想，同时又通过学术交流，把儒学思想在齐国士阶层中传播开来。在此背景下，通过稷下学宫这一研究和交流平台，齐文化和鲁文化进一步走向融合。

稷下学宫形成了战国时期诸子百家互辩争鸣的学术风气。这种学术风气的形成主要来自稷下学者身上鲜明的学术精神，即兼容并包、独立自主、自由开放等。这是学术界和思想界特有的现象。这种学术精神，促进了学术研究与社会现实的相互关切、学术批评与学术争鸣的良性互动、学术开放与学术对话的激烈碰撞、学术人才与学术自由的良性发展、学术创新与学术实践的有机融合等；同时，这种学术精神又促进了环境优良、正气昂然、血脉涌动、风貌洒脱、动力强劲的学术风气的形成和发展。

稷下学宫在中国文化史上的意义，郭沫若曾有高度评价，他说："这稷下之学的设置，在中国文化史上实在是有划时代的意义……发展到能够以学术思想为自由研究的对象，这是社会的进步，不用说也就促进了学术思想的进步。""周、秦诸子的盛况是在这儿形成了一个最高峰。"① 梁启超也对这种百家争鸣的学术景象大加赞赏，他说："孔北老南，对垒互峙；九流十家，继轨并作。如春雷一声，万绿齐茁于广野；如火山乍裂，热石竞飞于天外。壮哉盛哉！非特中华学界之大观，抑亦世界学史之伟迹也。"②

稷下学宫异彩纷呈的学说，经过各个学派之间激烈碰撞而产生的思想火花，使得这一时期的学术思想极具创造性和想象力。这时的思想家，大都是从现实需要出发而提出自己的理论主张，他们的治学与社会生活密切相连，其出发点是为统治者出谋划策，甚至他们游历列国，到处游说，也是希望得到统治者的赏识和重用，所以稷下学术精神的形成，与当时的时代风气、统治者对待士人的态度、稷下学派领军人物的素质、各个学派力量的对比以及学术风气和学术传统的形成等，都有着密切的关系。

三、稷下学宫对当代大学教育的启示

在当今文化自信和文化复兴的新时代，进一步探讨和挖掘稷下学宫作为大学教育典范的历史遗产，是一份光荣的使命、

① 郭沫若：《十批判书》，见《郭沫若全集·历史编》第二卷，人民出版社 1982 年版，第 157，156 页。

② 梁启超著，夏晓虹、陆胤校：《新史学》，商务印书馆 2014 年版，第 139 页。

重要的责任和文化的自觉。从教育意义上讲，稷下学宫的办学特色和经验对我国古代教育的发展产生了重大影响，也为当代大学教育和大学精神的创建提供了有益借鉴和启示。

从办学形式上讲，稷下学宫由官方出资、私家主持，既继承了西周官学的办学形式，又发展了春秋战国时期私学的优势，成为战国时期的文化和学术中心。它的发展与创新表现在：第一，稷下学宫绝不是历史上官学的复归，而是在传承中的创新，在变革中的重生；它将官学与私学结合，使官学走出官府，成为社会的大学；它将政教结合，提升了大学为国家政治服务的功能。第二，稷下学宫继承发展了孔子私学的本质属性和诸多优势，变一人之教为大师云集的众人之教，变一家之学为百家之学的传承与争鸣，变以传授历史知识为主为以研究现实、面向未来为主，由个体私学向私学教育联合体性质的实体发展等诸多方面的创新。可见，稷下学宫以官办形式，积极引导了战国私学的繁荣发展，作为封建时代的第一所官办高等学府，是我国教育史上的一段盛事。

从人才培养模式上讲，稷下学宫集讲学著述、人才培养为一体，是作为一所实体性的文化与教育机构出现的、具有现代意义上的高等教育机构的雏形，具备当代高等教育的典型特征和办学要素，稷下学宫这种以询议、讲学、著书、育人为一体的发展模式，对当代高等教育的管理价值和教学价值的发生学意义和奠基意义产生有益的启发。

从促进学术发展理念上讲，稷下学宫提倡学术自由、兼容并包的治学精神，就其学术交流、活跃思想、创新突破以及学术大师的成长等方面，真正具备了“所谓大学者，非谓有大楼之谓也，有大师之谓也”的本质属性，正如孟子所说：“所谓故国者，非谓有乔木之谓也，有世臣之谓也。”（《孟子·梁惠王》）因为，从古至今，所谓大学，就其功能和本质来讲，是教书育人之所，思想汇聚之地；大师，非泛泛庸才之辈，乃学术之师，人格之师。成就一所好大学的关键，在于是否拥有山高水长风范的大师，而非一座座高高耸立的大楼。

除此之外，稷下学宫在其自由择师的导师制度、保证秩序的管理制度、尊师重道的礼遇政策等方面，也能够为当代高等教育中的教学改革、学术繁荣等方面提供可资借鉴的经验。

总之，稷下学宫诞生于大变革、大融合的历史时期，具备后世大学教育的基本要素，它以教育功能为主体，兼具学术争鸣和为现实政治服务的功能，是极具时代意义的教育大学堂，是中华文明史和教育史上的一颗明珠。它在学术上创造了辉煌的“百家争鸣”；在政治上以特有的决策机制促进了田齐政权的一度强盛。作为我国古代最负盛名的高等学府——稷下学宫，多角度诠释了那个时代的官学教育在促进学术发展和有效对接社会现实生活、方式、内容和途径上的丰富性、灵活性和创新性。

古人云：“圣人不法古，不修今。法古则后于时，修今者塞于势。”（《商君书·开塞》）我们今天的大学，在重思大学教育和塑造大学精神方面，应把稷下学宫作为一个“明镜”，以鉴照当下的知行，引导未来的发展。

论稷下学宫中“不治而议论”与“聚人徒，立师说”

卜祥伟
（山东理工大学副教授）

一、关于稷下学宫

稷下学宫是战国时期齐国官办的高等学府，是田齐政权适应社会变革之需要，由政府出资兴办的。诸子百家争鸣的学术盛况是以稷下学宫为中心发展起来的。公元前374年，齐桓公田午继位齐王，创立稷下学宫，《中论·亡国》记载：“昔齐桓公立稷下之宫，设大夫之号，招致贤人而尊宠之，自孟轲之徒皆游于齐。”齐威王时期，任用邹忌为相，实行变法，“威行三十六年”，“最强于诸侯”，此时稷下学宫已具有相当规模的发展。齐宣王时期，稷下学宫处于鼎盛时期，《史记·田敬仲完世家》记载：“宣王喜文学游说之士，自如驺衍、淳于髡、田骈、接予、慎到、环渊之徒七十六人，皆赐列第，为上大夫，不治而议论。是以齐稷下学士复盛，且数百千人。”在齐宣王的经营下，稷下学宫中“盖齐稷下先生千有余人”（《盐铁论·论儒》)，可见当时规模之大。

稷下学宫的发展也不是一帆风顺的，公元前300年，齐宣王卒，子齐湣王继位。他穷兵黩武，齐国险些亡国，稷下先生各自离散，稷下学迅速衰落。齐襄王时，稷下学宫实现了中兴，《风俗通义·穷通》记载："至襄王时，而孙卿最为老师，齐尚循列大夫之缺，而孙卿三为祭酒焉。"至齐王建时，"秦兵击齐。齐王听相后胜计，不战，以兵降秦。秦虏王建，迁之共。遂灭齐为郡。天下壹并于秦"(《史记·田敬仲完世家》)。稷下学宫自田齐桓公午始建，至齐王建时秦统一六国而亡，共存在了一百五十余年。

二、如何"不治而议论"

"不治而议论"是稷下先生的特点，是齐国养士的重要体现。关于"不治而议论"的话题，学术界有所涉猎，如《"不治而议论"——论稷下学宫的文化机制》[1] 是直接论述该话题的文章，作者由文化的角度入手，主要从"不治"与"议论"两个方面加以分析，谈论稷下学宫的文化机制。另如《传承与发展：简论稷下学宫与我国尊师重道传统》[2]，认为"不治而议论"是取得教师的智力支持。陈鼓应先生则认为："'不治而议论'的稷下先生，是向齐国君王献策的智囊团。"[3] 他是从稷下学宫资政议政的功能来谈的，非常有借

① 张达：《"不治而议论"——论稷下学宫的文化机制》，载《理论学刊》2010年第6期。

② 刘捷：《传承与发展：简论稷下学宫与我国尊师重道传统》，载《管子学刊》2001年第3期。

③ 陈鼓应：《稷下黄老学的兴起与其作为秦汉主要思潮的时代特色》，见郑开主编《齐文化与稷下学论丛》，齐鲁书社2018年版，第3页。

鉴意义。其他的也有一些论述，涉及的角度各有不同，这里就不再一一赘述。

稷下学宫是田齐政权国家养士政策的产物，是政府出钱把士人养起来，充当政治顾问。稷下先生“不治而议论”，语出《史记·田敬仲完世家》，具体语境讲的是邹衍、淳于髡、田骈、接子、慎到、环渊等七十六人，享有上大夫的礼遇，可以对国政等发表议论。这里的“不治”主要指这些稷下先生不同于担任具体职务的官员，他们没有行政职务；“议论”指的是稷下先生虽未被授予实职，但是具有专门谋划、议论国家大事的权力，可以为君主在决定国家大事时提供参考意见。即所谓的“不任职而论国事”（《盐铁论·论儒》），“无官守”，“无言责”，进退有余（《孟子·公孙丑下》）。稷下先生的“议论”主要是“非议”，包括提出批评性意见和进行不可行性论证，以减少和防止君主在决策时出现失误。

从稷下学宫设立及存在的必要性来看，“不治而议论”蕴含着多层含义。其一，“不治而议论”的社会存在。稷下先生享有较好的地位与礼遇。稷下学宫的学者有“上卿”“客卿”“上大夫”“祭酒”等称号，“自如驺衍、淳于髡、田骈、接予、慎到、环渊之徒七十六人，皆赐列第，为上大夫”，并建起了“高门大屋”，《史记·孟子荀卿列传》曰：“皆命曰列大夫，为开第康庄之衢，高门大屋，尊宠之。”稷下先生田骈虽不宦但相当富有，《战国策·齐策一》曰：

齐人见田骈曰：“闻先生高议，设为不宦，而愿为役。”田骈曰：“子何闻之？”对曰：“臣闻之邻人之女。”田骈曰：“何谓也？”对曰：“臣邻人之女，设为不嫁，行年三十，而有七子。不嫁则不嫁，然嫁过毕矣。今先生设为不宦，訾养千钟，徒百人。不宦则然矣，而富过毕也。”田子辞。

其二，“不治而议论”的政治功能。该方面主要体现在咨政议政、布道治国之方略上。稷下先生往往以咨政议政的方式参与到齐国的高层政治活动中。“齐宣王褒儒尊学，孟轲、淳于髡之徒，受上大夫之禄，不任职而论国事。”（《盐铁论·论儒》）他们可以对天下大势和齐国的政治、经济、军事活动自由发表意见，出谋献策，齐王经常在决定某项大事前广泛征询他们的意见，特别是听取反对性的意见，以避免决策失误。稷下学宫可以说是中国古代最早的国家智库。另外，稷下先生都是饱学之士，齐国君主给他们提供了极高的政治地位和优厚的经济待遇，为他们提供了施展才能的舞台，他们对齐国君主的回报就是发挥自己的才智，提出自己主张的富国强兵之道，以便齐国君主在寻求最佳的治国方略时有多种选择。

其三，“不治而议论”的文化功能。主要表现在对汇集诸家之思想、百家争鸣的贡献上。稷下学宫创建之前，学者们天各一方，学术活动分散，加之山川阻隔，信息不畅，思想交流极为不便。稷下学宫的建立，为学术思想的交流提供了极好的平台，《文心雕龙》描述了战国诸子争鸣的盛况，曰：“逮及七国力政，俊乂蜂起。孟轲膺儒以磬折，庄周述道以翱翔；墨翟执俭确之教，尹文课名实之符；野老治国于地利，驺子养政于天文；申商刀锯以制理，鬼谷唇吻以策勋；尸佼元作狡，兼总于杂术，青史曲缀以街谈。承流而枝附者，不可胜算，并飞辩以驰术，餍禄而馀荣矣。”（《文心雕龙·诸子》）来自列国不同思想学派的学者们汇聚一起，朝夕相见，随时可以交流切磋和争鸣辩驳，稷下学宫也成为战国时期百家争鸣的主阵地。

三、谈“聚人徒，立师说”

“聚人徒，立师说”与“不治而议论”是稷下先生们的两大功能或者说是两大职责。“聚人徒，立师说”首先体现在“聚人徒”上，即召集、吸收弟子，扩充自身的学术队伍，这是古代师承关系的理想状态。《荀子·儒效》记载稷下先生宋钘、尹文“乃始率其群徒，辩其谈说，明其辟称，老身长子，不知恶也。夫是之谓上愚，曾不如相鸡狗之可以为名也”。田骈“徒百人”。孟子作为儒学大家，门徒众多，曾有“后车数十乘，从者数百人，以传食于诸侯”（《孟子·滕文公下》）的盛况。著名稷下先生淳于髡去世时，为其服丧的“诸弟子”就有三千人，足见当时稷下学宫教学规模之庞大。

其次，“聚人徒”的另一个功能就是为齐国培养和推荐贤能之才。稷下先生淳于髡就曾经于一天内向齐宣王推荐七名人才，《战国策·齐策三》中记述：

> 淳于髡一日而见七人于宣王。王曰：“子来，寡人闻之，‘千里而一士，是比肩而立；百世而一圣，若随踵而至也。’今子一朝而见七士，则士不亦众乎？”
>
> 淳于髡曰：“不然，夫鸟同翼者而聚居，兽同足者而俱行。今求柴葫、桔梗于沮泽，则累世不得一焉；及之睾黍梁父之阴，则郄车而载耳。夫物各有畴，今髡贤者之畴也。王求士于髡，譬若挹水于河，而取火于燧也。髡将复见之，岂特七士也？”

稷下学宫具有培养人才的职能，经稷下先生推荐，稷下学士大部分都充实到了齐国和列国的官僚队伍中，对战国中后期的历史发展做出了贡献。

再次，“聚人徒”的另一表现是教授学生。讲学授徒是稷下先生日常的学术活动，来自列国的众多稷下学士同他们构成了教与学的双方。在稷下学宫中，稳定的教材保证了教学活动的有序性和持续性，如荀子的教学就以传授儒家六经为主，这些儒家经典通过这样有规模的教学活动得以流传。稷下学宫的教学活动更多的是稷下先生们自主进行的，他们以讲述和传授自己的学术主张为主。在稷下学宫中，教与学双方都有较大的自由度，先生们可以自由讲学授业，学士们也可以有较大的选择余地，可以自由到其他先生的学堂听讲，这种自由灵活的学习制度有助于打破门户壁垒，防止思想僵化，对学术思想的交流、发展和人才培养十分有利。

“立师说”主要表现在著书立说。稷下先生们除了要“聚人徒”，最重要的就是弘扬自己的学说，或者说光大自己的学派。《史记·孟子荀卿列传》记载：“自驺衍与齐之稷下先生，如淳于髡、慎到、环渊、接子、田骈、驺奭之徒，各著书言治乱之事，以干世主，岂可胜道哉！”许多对后世有深远影响的著作就是在稷下学宫完成的，除了尽人皆知的《孟子》《荀子》《管子》，仅据《汉书·艺文志》记载，就有《慎子》四十二篇、《田子》二十五篇、《捷子》二篇、《蜎子》十三篇、《尹文子》一篇、《宋子》十八篇、《邹子》四十九篇、《邹子终始》五十六篇、《邹奭子》十二篇、《鲁仲连子》十四篇等，这些著作是中国思想文化的重要组成部分。

四、“不治而议论”与“聚人徒，立师说”为何出现于稷下学宫

“不治而议论”的国家养士之风与宽松的聚徒立说的学术环境之所以发生在战国时期的稷下学宫，与当时齐国的历史发展及地位是分不开的。齐国有着优越的地理环境、良好的经济基础、兼容并蓄的多元文化传统和尊贤尚能的社会传承等，它们共同为稷下学宫养士、宠学提供了经济基础和社会保障。

（一）优越的地理环境与良好的经济基础

齐国地处山东中东部，依山傍海，地理位置优越，《史记·货殖列传》言：“齐带山海，膏壤千里，宜桑麻，人民多文彩布帛鱼盐。临菑亦海岱之间一都会也。”《汉书·地理志》中有对齐国地理位置与历史沿革的记载：

> 齐地，虚、危之分野也。东有甾川、东莱、琅邪、高密、胶东，南有泰山、城阳，北有千乘，清河以南，勃海之高乐、高城、重合、阳信，西有济南、平原，皆齐分也。
>
> 少昊之世有爽鸠氏，虞、夏时有季崱，汤时有逢公柏陵，殷末有薄姑氏，皆为诸侯，国此地。至周成王时，薄姑氏与四国共作乱，成王灭之，以封师尚父，是为太公。《诗风》齐国是也。临甾名营丘，故《齐诗》曰：“子之营兮，遭我虖嶩之间兮。”又曰：“俟我于著乎而。”此亦其舒缓之体也。吴札闻《齐》之歌，曰：“泱泱乎，大风也哉！其太公乎？国未可量也。”

齐国优越的地理环境，造就了较好的经济基础，丰富的鱼

盐桑麻及矿产资源，宜于多种经营，发展工商业，所以该地自古就“通商工之业，便鱼盐之利”（《史记·齐太公世家》）。《史记·货殖列传》记载齐国自太公始封就注重发展经济，曰：“太公望封于营丘，地潟卤，人民寡，于是太公劝其女功，极技巧，通鱼盐，则人物归之，繦至而辐凑。故齐冠带衣履天下，海岱之间敛袂而往朝焉。其后齐中衰，管子修之，设轻重九府，则桓公以霸，九合诸侯，一匡天下；而管氏亦有三归，位在陪臣，富于列国之君。是以齐富强至于威、宣也。”齐国的经济优势也成为吸引人才的重要保障，加上当政者注重人才的引进与使用，必然形成稷下学宫学者云集的盛况。纵横家苏秦对齐国临淄的繁华程度有过记述，曰：“临菑甚富而实，其民无不吹竽鼓瑟，弹琴击筑，斗鸡走狗，六博蹋鞠者。临菑之途，车毂击，人肩摩，连衽成帷，举袂成幕，挥汗成雨，家殷人足，志高气扬。”（《史记·苏秦列传》）《战国策·齐策一》也记载了苏秦为赵国合纵齐宣王的故事，曰：

> 齐南有太山，东有琅邪，西有清河，北有渤海，此所谓四塞之国也。齐地方二千里，带甲数十万，粟如丘山。齐车之良，五家之兵，疾如锥矢，战如雷电，解如风雨。即有军役，未尝倍太山，绝清河，涉渤海也。临淄之中七万户，臣窃度之，下户三男子，三七二十一万，不待发于远县，而临淄之卒，固以二十一万矣。临淄甚富而实，其民无不吹竽、鼓瑟，击筑、弹琴，斗鸡、走犬，六博、蹹踘者；临淄之途，车毂击，人肩摩，连衽成帷，举袂成幕，挥汗成雨；家敦而富，志高而扬。

从材料中可以看出，齐国临淄的确是经济充实、人们生活安逸、一片国泰民安的富足景象，这也从侧面反映了当时的齐国“财畜货殖，世为强国”（《管子·牧民》），国家经济实力相当雄厚，也为稷下学宫养士提供了经济保障。

（二）兼容并蓄的多元文化传统

稷下学宫自开办起便实行较为开放的政策，吸引列国名流，汇集百家学说，并且允许他们发表不同的政见，促进了百家争鸣局面的形成，这也是齐文化兼容并包的集中体现。所以，西汉刘向《别录》曰：“齐有稷门，城门也。谈说之士期会于稷下也。”这里说的是稷下之地素来有学者聚会、探讨学术问题的传统，这也为稷下学宫的建立提供了基础。

齐文化素有多元化的特点，《史记·货殖列传》记载齐国的风俗：“其俗宽缓阔达，而足智，好议论，地重，难动摇，怯于众斗，勇于持刺，故多劫人者，大国之风也。”《汉书·地理志下》也记载：“故其俗弥侈，织作冰纨绮绣纯丽之物，号为冠带衣履天下。初太公治齐，修道术，尊贤智，赏有功，故至今其士多好经术，矜功名，舒缓阔达而足智。其失夸奢朋党，言与行缪，虚诈不情，急之则离散，缓之则放纵。”管仲相齐时也注重尊重当地习俗，提倡文化多元，顺应时势，《史记·管晏列传》曰：

> 管仲既任政相齐，以区区之齐在海滨，通货积财，富国强兵，与俗同好恶。故其称曰：“仓廪实而知礼节，衣食足而知荣辱，上服度则六亲固。四维不张，国乃灭亡。下令如流水之原，令顺民心。”故论卑而易行。俗之所欲，因而予之；俗之所否，因而去之。其为政也，善因祸而为福，转败而为功。贵轻重，慎权衡。

所以，《管子·正世》中有：“圣人者，明于治乱之道，习于人事之终始者也。其治人民也，期于利民而止，故其位齐也。不慕古，不留今，与时变，与俗化。”这些都说明齐国具有“与时变，与俗化”的多元文化传统。

（三）尊贤尚能的社会传承

稷下学宫能够聚集众多知名学者，并且能够使他们安心从事学术和议政活动，这与齐国所践行的尊贤尚能是分不开的。稷下学宫的诸多稷下先生，如邹衍、淳于髡、田骈、接子、慎到、环渊等七十六人，“皆赐列第，为上大夫”（《史记·田敬仲完世家》）。其实，齐国的尊贤行为具有很好的社会传承，“昔太公始封，周公问‘何以治齐？’太公曰：‘举贤而上功。’……周公始封，太公问‘何以治鲁？’周公曰：‘尊尊而亲亲。’”（《汉书·地理志下》）齐国的缔造者姜太公就留下了“举贤”的优良传统，《吕氏春秋》也有相关记载：“吕太公望封于齐，周公旦封于鲁，二君者甚相善也，相谓曰：‘何以治国？’太公望曰：‘尊贤上功。’周公旦曰：‘亲亲上恩。’太公望曰：‘鲁自此削矣。’周公旦曰：‘鲁虽削，有齐者亦必非吕氏也。’其后齐日以大，至于霸，二十四世而田成子有齐国。鲁公以削，至于觐存，三十四世而亡。”（《吕氏春秋·长见》）

齐国存在尊贤的传统，如稷下学宫的始创者齐桓公就曾有“号召天下贤士”的举动，《国语·齐语》记载：“桓公曰：‘吾欲从事于诸侯，其可乎？’管子对曰：‘未可。邻国未吾亲也。君欲从事于天下诸侯，则亲邻国。’桓公曰：‘若何？’管子对曰：‘审吾疆场，而反其侵地。正其封疆，无受其资，而重为之皮币，以骤聘眺于诸侯，以安四邻，则四邻之国亲我矣。为游士八十人，奉之以车马、衣裘，多其资币，使周游于四方，以号召天下之贤士。'”庭燎招士，指春秋时期天子和诸侯在接待外国使者或商讨国家大事时，要在庭中燃起火炬，叫“庭燎”，这是最高规格的接待礼仪。齐桓公因求贤若渴而“庭燎招士”，《说苑·尊贤》中有齐桓公“庭燎招士”的记载：

> 齐桓公设庭燎，为士之欲造见者。期年，而士不至。于是东野鄙人有以九九之术见者，桓公曰：“九九何足以见乎?”鄙人对曰：“臣非以九九为足以见也，臣闻主君设庭燎以待士，期年而士不至；夫士之所以不至者，以君天下贤君也，四方之士，皆自以论而不及君，故不至也。夫九九薄能耳，而君犹礼之，况贤于九九者乎?夫太山不辞壤石，江海不逆小流，所以成大也。《诗》云：‘先民有言，询于刍荛。’言博谋也。”桓公曰：“善。”乃因礼之。期月，四方之士相携而并至矣。

为了使齐国迅速强盛起来，齐桓公决定面向全国招揽人才，同时为了表现自己求贤若渴的决心，他在宫廷前燃起明亮的火炬，准备日夜接待各地前来觐见的人才。最终齐桓公的这一举措取得了较好的效果，为齐国储备了诸多人才，稷下学宫就是较好的例证。齐国的后继者们也注重对人才的引进与使用，如齐威王、齐宣王，《风俗通义·穷通》记载：“齐威、宣王之时，聚天下贤士于稷下，尊宠之，若邹衍、田骈、淳于髡之属甚众，号曰列大夫，皆世所称，咸作书刺世。是时，孙卿有秀才，年十五，始来游学。诸子之事，皆以为非先王之法也。”齐宣王时，稷下学宫的发展达到了鼎盛时期，这些无不与齐宣王崇贤礼士的政策有关。《史记·孟子荀卿列传》记载齐宣王好士：“自驺衍与齐之稷下先生，如淳于髡、慎到、环渊、接子、田骈、驺奭之徒，各著书言治乱之事，以干世主，岂可胜道哉!”对一些的确有才能的人给予士大夫等高位，以至在齐宣王统治时期，稷下学宫中稷下先生的规模也达到了历史之最，《盐铁论·论儒》言:“齐宣王褒儒尊学，孟轲、淳于髡之徒，受上大夫之禄，不任职而论国事，盖齐稷下先生千有余人。”稷下先生有千人之多，可见当时稷下学宫之盛。

五、结语

“不治而议论”与“聚人徒，立师说”是稷下先生的两种存在状态，且二者有着密不可分的内在逻辑性。“不治而议论”的稷下先生享受士大夫的待遇，但是又不必从事较为烦琐、教条的专职行政事务，主要起咨询、智囊的作用，这样稷下先生们就有足够的时间与精力从事“聚人徒”，进而“立师说”，以发扬其学术思想。同时，“聚人徒，立师说”也是有足够的人力和智力为齐国服务的保障，只是服务的方式不是直接冲到一线加官晋爵，而是“不治而议论”。

稷下学宫在中国文明史上具有重要的历史地位。稷下学宫为学术思想的繁荣发展提供了理想条件。中国古代学术思想的发展在这里经历了最为昌盛的时代，也为后世的持续发展奠定了丰厚坚实的基础。作为战国时期列国的文化中心，稷下学宫汇聚了几乎当时所有学派的主要代表人物，他们在这里进行了充分的交流和争鸣，互相借鉴吸收，共同创造了中国古代思想文化最辉煌的时代。梁启超先生认为，战国百家争鸣是中国学术思想史上的盛况，“孔北老南，对垒互峙；九流十家，继轨并作。如春雷一声，万绿齐茁于广野；如火山乍裂，热石竞飞于天外。壮哉盛哉！非特中华学界之大观，抑亦世界学史之伟迹也”①。没有稷下学宫，就没有中国人引以为豪的百家争鸣。

稷下学宫在世界文明史上也占有一定的地位，稷下学宫形成的思想文化，与古希腊柏拉图学园思想文化发展同期，同处于人类文明发展的“轴心时代”，是中国思想文化发展史上的第一个高峰，是世界思想文化发展史上的奇葩。对世界文化的发展有着突出的贡献。

① 梁启超：《论中国学术思想变迁之大势》，上海古籍出版社 2006 年版，第 13 页。

齐国都邑制考

——兼论齐国“五都之兵”

武振伟
（齐文化研究院副研究员）

据史籍记载，齐国是战国七雄中唯一没有实行郡县制的国家。在齐国的行政体系和军事体系中，有一个不可回避的问题，即齐国是否存在“五都”体制，军队是否被称为“五都之兵”或“五家之兵”？

钩稽史料，论及“五都”的记载主要有以下两条：

《战国策·燕策一》：“王因令章子将五都之兵，以因北地之众以伐燕。”《史记·燕召公世家》记载相同。“五都之兵”司马贞《史记索隐》云：“五都即齐也。按：临淄是五都之一也。”有学者据此认为，齐国有“五都”体制，并根据史料进行了合理推测，认为“五都之兵”是齐国的常备军或主力。

除“五都之兵”的记载，史籍中还有“五家之兵”的字样。《战国策·齐策一》载苏秦为赵合纵，说齐威王曰：“齐车之良，五家之兵，疾如锥矢，战如雷电，解如风雨。”《史记·齐太公世家》也有“五家之兵”的记载：“桓公既得管仲，与鲍叔、隰朋、高傒修齐国政，连五家之兵，设轻重鱼盐之利，以赡贫穷，禄贤能，齐人皆说。”从古代学者的注释看，已经认为“五都之兵”与“五家之兵”是相同的指称。

一、齐国有“都”的存在并有地方部队

1972年，银雀山汉墓出土竹简《孙膑兵法·擒庞涓》：“孙子曰：‘都大夫孰为不识事？’曰：‘齐城、高唐。’”

《孟子·公孙丑下》：“孟子之平陆，谓其大夫曰：‘子之持戟之士，一日而三失伍，则去之否乎？’”“王之为都者，臣知五人焉。知其罪者惟孔距心。”

《史记·田敬仲完世家》：“（田）襄子使其兄弟宗人尽为齐都邑大夫。”

从中可以看出，齐国有“都”的存在，其最高长官是都大夫或直接称大夫。

《孙膑兵法·擒庞涓》中之“齐城、高唐”指征发的齐城、高唐两地的地方军队。可见，齐城、高唐为“都”，带领这两支地方部队的军事长官是两地的长官——都大夫。作为齐国地方的常备军既有保卫地方的职责，又有协同中央军队对外作战的任务。都大夫负有行政和军事的责任。

从文献中可以看出，齐国各城邑有地方军队存在，平陆有地方常备军——“持戟之士”。其他文献也可以证明齐国地方军队的存在：

> 齐威王斥责阿大夫：“‘昔日赵攻甄，子弗能救。卫取薛陵，子弗知。……’是日，烹阿大夫。”（《史记·田敬仲完世家》）

如果阿地没有地方军队存在，阿大夫也就没有能力去救甄、薛陵，这也就不能成为齐威王杀他的理由。

五国伐齐时，“燕引兵东围即墨，即墨大夫出与战，败死”（《史记·田单列传》）。可见，即墨也是有地方军队存在的。

齐威王二十四年（前333），齐威王与魏惠王比宝时说：“吾臣有朌子者，使守高唐，则赵人不敢东渔于河。”（《史记·田敬仲完世家》）齐将朌子（田朌）守高唐，显然高唐驻扎有数量可观的军队，是军事重镇。

综上，齐国有名为“都”的行政区，且有地方常备军“持戟之士”，其地方长官“都大夫”兼有民政和军事的双重责任，战时根据朝廷的征调，要率领地方军队跟随中央常备军出征。

二、齐国是否存在“五都”体制及“都”的性质

关于齐国“五都”，历来说法不一，比较典型的主要有下面几种论点：

1. 高唐、平陆、南城、阿、即墨。①

2. 临淄、高唐、平陆、即墨、莒。② 这种观点以杨宽《战国史》为代表，但杨宽先生在修订《战国史》时对其进行了修正，在1955年版《战国史》中，杨宽先生尚认为“五都”包括平陆、阿、即墨、莒。

---

① 韩连琪：《春秋战国时代的郡县制及其演变》，载《文史哲》1986年第5期。

② 杨宽：《战国史》，上海人民出版社2003年版，第229～230页。

3. 临淄、高唐、平陆、博、邶殿。[①]

4. 临淄、高唐、平陆、即墨、阿。[②]

5. 前后期说。前期为高唐、平陆、阿、博、邶殿；后期为高唐、平陆、阿、即墨、莒。[③] 这种观点显然是对前几种观点的调和。

从以上学者论证齐国“五都”的史料看，一种观点认为，“五都”是设置在齐国国都以外的一级行政区，主要设置于四境，分别处于国土的东（即墨或邶殿）、东南（莒）、西北（高唐或阿）和西南（博、平陆或南城）；一种观点认为，“五都”是包括齐国国都临淄在内的一级行政区。但他们的看法基本是一致的，“都”是相当于其他列国郡一级的行政区，是统辖县的政区。“战国七雄中只有齐国没有设郡，而相当于郡的地方行政机构称‘都’。‘都’是战国时期齐国所设的一种特殊的区域行政军事组织……‘都’实际上是军政合一的地方权力机构。”[④] 也有学者认为五都除国都外，其他四都是陪都[⑤]、别都[⑥]。这在

① 钱林书：《战国齐五都考》，见中国地理学会历史地理专业委员会《历史地理》编辑委员会编《历史地理（第五辑）》，上海人民出版社 1987 年版，第 115 页。

② 王阁森、唐致卿主编：《齐国史》，山东人民出版社 1992 年版，第 448 ~ 449 页。

③ 吕京庆、张玉坤、叶青：《东周齐国军事防御体系研究》，载《建筑学报学术论文专刊》2013 年第 10 期。

④ 宣兆琦：《论战国时期的齐国政治体制》，载《管子学刊》1996 年第 3 期。

⑤ 李自智：《先秦陪都初论》，载《考古与文物》2002 年第 6 期。

⑥ 钱林书：《战国齐五都考》，见中国地理学会历史地理专业委员会《历史地理》编辑委员会编《历史地理（第五辑）》，上海人民出版社 1987 年版，第 115 页；潘明娟：《先秦多都并存制度研究》，陕西师范大学 2009 年博士论文。

古人对古籍的注释中已见端倪，如博与邶殿是古人认定的齐国别都。

博。《国语·吴语》韦昭注："博，齐别都。"

邶殿。杜预注："邶殿，齐别都，以邶边鄙六十邑与晏婴。"

其他被论证为"五都"之一的地方也有证据可言，现简略汇总如下：

高唐。《左传·襄公二十五年》记载齐庄公死，"祝佗父祭于高唐"。杜预注："高唐有齐别庙也。"高唐有齐国的宗庙，根据"凡邑，有宗庙先君之主曰都，无曰邑"（《左传·庄公二十八年》）的说法，高唐可以称为"都"。另外，高唐地处齐国西北边境，历来是齐国和晋国、赵国争夺的重点，军事地位非常重要。《史记·田敬仲完世家》："吾臣有盼子者，使守高唐，则赵人不敢东渔于河。"《孙膑兵法·擒庞涓》："'都大夫孰为不识事？'曰：'齐城、高唐。'"明确称高唐为"都"。

平陆。《孟子·公孙丑下》："孟子之平陆"，"王之为都者，臣知五人焉。知其罪者惟孔距心"。可见，平陆也称为"都"，其长官为大夫。狄子奇《孟子编年》云："平陆为古厥国，即鲁之中都。在今汶上县，与邹相近。"平陆为鲁国故土，在齐国的南境，为军事重镇。

南城。称其为"都"的最有力证据是南城的军事地位非常重要。《史记·田敬仲完世家》："吾臣有檀子者，使守南城，则楚人不敢为寇东取，泗上十二诸侯皆来朝。"

阿、即墨。两地没有建立宗庙的记载，也没有称为"都"的记载。学者论证二者为"都"的最有力证据即两地的长官为大夫，与平陆大夫相同。《史记·田敬仲完世家》："于是威王召即墨大夫而语之曰……召阿大夫语曰……是日，烹阿大夫。”而且阿似乎还管辖着甄和薛陵两地，为“都”下设“县”之证据。《史记·孟尝君列传》：“秦为雄而齐为雌，雌则临淄、即墨危矣。”即墨与临淄并称，地位可见一斑。

莒。称其为“都”的最有力证据是《史记·乐毅列传》：“乐毅留徇齐五岁，下齐七十余城，皆为郡县以属燕，唯独莒、即墨未服。”莒与即墨并称，即墨为“都”的话，莒也应为“都”。

齐城。《孙膑兵法·擒庞涓》明确记载齐城的长官为都大夫，齐城为“都”无疑。齐城普遍被认为是齐国国都临淄。《史记·项羽本纪》《正义》引《括地志》：“青州临菑县也。即古临菑地也。一名齐城。”

现代学者把古人注释的“别都”与“五都”联系起来，并根据史料对“五都”进行了推测、补充。然而事实上齐国真的存在“五都”并有高于县的“都”一级行政区吗？

《史记·田敬仲完世家》：“襄子使其兄弟宗人尽为齐都邑大夫。”可见，在齐国“都”与“邑”的长官都称呼为大夫，从中并没有看出“都”比“邑”高一层级。

《战国策·燕策一》“五都之兵”条注曰：“都，大邑。”

《左传·庄公二十八年》：“凡邑，有宗庙先君之主曰都，无曰邑。”杜预引《周礼》曰：“宗庙所在，则虽邑曰都，尊之也。”

“都”在历史演进中有不同的指称，最先应该指诸侯国都，《公羊传·僖公十六年》：“六鹢退飞过宋都。”宋都无疑是宋国的都城。“都”也指卿大夫之采邑，《左传·定公十二年》：“仲由为季氏宰，将堕三都。”三都为鲁国三桓的采邑。“都”也泛指大的城邑，《管子·乘马》有“万室之国”“千室之都”的说法。

从中可见，“都”与“邑”存在大小之别、有无宗庙之别，而不是行政层级之别。

从学者论证“五都”的史料看，存在诸多疑点：

1. 地方长官称为大夫的，并不只存在于以上被学者定义为“五都”的地方。《管子·轻重丁》中记载有城阳大夫，《孟子·公孙丑下》记载有盖大夫。由孟子所言“王之为都者，臣知五人焉”，可知齐国为“都”的地方并不止五个，但并非所有的城邑都称为“都”。

2. 与学者论证为“五都”的高唐、平陆并列的还有其他地方，如徐州。齐威王与魏惠王比宝时说：“吾臣有檀子者，使守南城……吾臣有盼子者，使守高唐……吾吏有黔夫者，使守徐州，则燕人祭北门，赵人祭西门，徙而从者七千余家。”（《史记·田敬仲完世家》）徐州的重要性丝毫不比南城、高唐差，且为防备燕国和赵国的门户，徐州似更应被列为“五都”之一。

3. 建有宗庙的城邑，如薛，也没有被称为“都”。《战国策·齐策四》：“冯谖诫孟尝君曰：‘愿请先王之祭器，立宗庙于薛。’”后楚国攻薛，齐王因“先君之庙在焉！疾兴兵救之”。薛也具备成为一都的条件。

4. 齐国在边境设置的“都”，在与列国的战争中时有时无。在五国伐齐后，齐国的临淄、高唐、阿、南城、平陆、博、莒、邶殿几乎全部丢失，即使是在齐国复国后，齐国也没有能力把这些重要军事据点全部夺回来。《史记·鲁仲连邹阳列传》：“楚攻齐之南阳，魏攻平陆，而齐无南面之心。”“齐弃南阳，断右壤（平陆），定济北，计犹且为之也。”齐国复国后，基本无力南向，而是更注重保住北部的疆土。如果按照现代学者“五都”的推测，齐国后期也不存在“五都”的行政区了。

《史记·滑稽列传》记载："（齐威王）于是乃朝诸县令长七十二人，赏一人，诛一人，奋兵而出……语在《田完世家》中。"这与《史记·田敬仲完世家》记载齐威王赏即墨大夫、烹阿大夫为一事，无疑。可见，县令长与大夫是同一级别的官职，只是称谓不同，即墨与阿为齐国的县级行政区无疑。

《史记·乐毅列传》："乐毅留徇齐五岁，下齐七十余城，皆为郡县以属燕。"《史记·田单列传》："齐人追亡逐北，所过城邑皆畔燕而归田单……齐七十余城皆复为齐。"从中可知，被燕国占领的齐国疆域是七十余城，莒、即墨在齐国七十余城之列，并无高层级政区可言。

综上，齐国的"都"，并非高于县的一级行政区。"都"是与县同级的，类似于现在的县（市、区）一级，如同属潍坊市的潍城区、昌邑市与临朐县，三者同为县级。臧知非先生认为，这五都是齐国的五个大县，"因其战略位置重要而成为军事重镇，故以代指齐军，其中可能包括即墨、高唐等地，但即墨、高唐并没有因此改变其县的性质"①。此论可谓的论。齐国的县在当时并不称为"县"，而是称为"邑"，把齐国的地方政区简单称为"县"，与史实不符。《史记·滑稽列传》中"县令长七十二人"的说法更多地体现了司马迁时代的政区特点。（《史记·扁鹊仓公列传》中说："扁鹊者，勃海郡郑人也。"战国时，齐、燕、赵均未设过此郡，司马迁所记载的也只是针对汉初政区而言。）从史籍中看，齐国的"县"很小，不能与其他列国的县相提并论，这一点众多学者早已

---

① 臧知非：《齐国行政制度考源——兼谈〈国语·齐语〉的相关问题》，载《文史哲》1995年第4期。

论证①，兹不赘述。不少学者引用山东临沂银雀山汉墓出土的竹书《守法》《守令》等十三篇中“大县……数也。中县、小县以民户……大县二万家。中县、小县以民户之数制之”，“〔大县〕百里，〔中〕县七十里，小县五十里。大县二万家，中县万五千百万家，小县万〔家〕……车可用者，〔大县百乘〕，大〔中〕县七十乘，小县五十乘”等材料来说明齐国实行县制，认为竹书《守法》《守令》等十三篇大部分是当时齐国通行的法、令，是关于齐国各方面制度的“法律规定”。杨善群先生经考证认为，这样的阐述和解释与十三篇竹书的实际情况不符，其标题作“某法”的各篇也夹杂大量议论，这是一部如《管子》那样的战国时期齐国稷下学者的论文集，是学者向统治者的建议，而不是在齐国通行的法令。② 因此，以列国通行之县制指称齐国并不合适。

齐国的政区在先秦典籍中最通行的称谓应该是“都”和“邑”，如《史记·田敬仲完世家》所说：“襄子使其兄弟宗人尽为齐都邑大夫。”大者为“都”，小者为“邑”，“都”的地位较“邑”更为重要，齐国的政区体制应该是“都邑并行制”。

三、齐国军队是否是“五都之兵”

“五都之兵”是齐国五个“都”的驻屯军吗？杨宽先生认为，“五都均驻有经过考选和训练的常备兵”，“在对外作战时，

① 臧知非：《论县制的发展与古代国家结构的演变：兼谈郡制的起源》，载《中国史研究》1993 年第 1 期。

② 杨善群：《战国时期齐稷下学者的论文汇编——银雀山竹书〈守法〉等十三篇辨析》，载《史林》2010 年第 1 期。

‘五都之兵’常常被用作军队的主力”。[①] 笔者认为，这是简单从字面上推测而成的结论，齐国军队只由五个“都”的地方军队组成是不太可能的。

齐国的军队分为中央军与地方军两大类。东周时，列国普遍实行常备军体制，齐国在春秋时期较早地组建起一支规模相当的常备军。齐桓公时，管仲将国都划分为二十一乡，“商工之乡六，士农之乡十五”，“不可使杂处”（《管子·小匡》）；建立了“三军”，《国语·齐语》记载：“三军，故有中军之鼓，有国子之鼓，有高子之鼓。”每军各一万人左右。“三军”是齐国的中央军，作战的主力。另外，齐国所属城邑也建立了地方军队，负责保境安民，这是地方常备军。春秋后期，鞌之战，齐军为晋军所败，齐顷公在后退时，“见保者，曰：‘勉之！齐师败矣。’”（《左传·成公二年》）可见，地方军队负有保护城邑的责任。到战国时，齐国与其他列国一样，实行普遍兵役制，《周礼·地官·乡大夫》曰：“野自六尺以及六十有五，皆征之。”不可能如有些学者所说，全国的军队大多驻防于“五都”。桂陵之战，齐城、高唐的地方军队被魏军击败，如果“五都之兵”是由驻屯于齐城、高唐等“五都”的地方军队组成的话，那么齐国军队在丧失了五分之二兵力的情况下，怎能在桂陵之战中战胜强悍之魏军？在五国伐齐的济西之战中，即墨大夫没有率领即墨的地方军队参战，而死在了燕军进攻即墨之役。当时，齐湣王也没有时间征召即墨等地的军队参战。因为齐湣王开始并未料到五国会攻齐，及至发现燕军已攻入齐国时，才匆忙任命触子为将，率领全国

① 杨宽：《战国史》，上海人民出版社 2003 年版，第 229 页。

军队主力渡过济水，西进拒敌。可见，齐军主力并非“五都之兵”。

齐军的兵权由谁掌握？战国时，国君对军队的控制越来越严密，军权高度集中于国君之手，实行将军临战受命的制度。①《战国策·齐策一》：“秦假道韩、魏以攻齐，齐威王使章子将而应之。”《史记·田敬仲完世家》：“齐因起兵，使田忌、田婴将，孙子为师。”齐魏桂陵之战，齐威王“以田忌为将，而孙子为师”（《史记·孙子吴起列传》），以上均为将领临战受命之例。从文献记载中可知，“五都”的地方军队由都大夫掌握，如果其规模大过中央军甚至就是中央军的五分之一的话，那么将严重影响到国君的地位和权威。都大夫执掌军队主力，也不符合将领临战受命的军权集中体制。从兵权的执掌看，“五都之兵”不可能是齐军的主力，只能是协同作战的一部分。另外，济西之战，齐军主力迎战五国联军，“五都”中的高唐首先被攻克，平陆被魏国占领，南城所在的淮北之地也被楚国占领，徐州被鲁国占领，可谓“五都”自顾不暇，何来“五都之兵”？“五都之兵”只见于齐国伐燕这一处记载，在齐国的其他战争中都没有记述“五都之兵”。

如果如《战国策·齐策一》所说，齐军的作战能力“疾如锥矢，战如雷电，解如风雨”，（《管子·七法》中对军队战斗力的期许也有近乎相同的表述：“举之如飞鸟，动之如雷电，发之如风雨，莫当其前，莫害其后，独出独入，莫敢禁圉。”）那么战争爆发时，临时从“五都”调集军队，按照东周时的交通

① 徐勇：《齐国军事领导体制及兵制论略》，载《求是学刊》1996年第6期。

条件，加之“五都”相距甚远，军队的集结显然不可能做到如此迅速。另外，如果边境重镇的兵力被调走，那么边境防务由谁负责？《战国策·燕策一》说：“济西不役，所以备赵也；河北不师，所以备燕也。”显然，章子率领的“五都之兵”和“北地之众”，其中“北地之众”是河北的地方部队，而“五都之兵”，从战国时齐国的边防重镇看，很可能指的是齐国北部五个军事重镇的兵马，可能包括临淄、徐州、饶安、河间、桑丘等都邑。①《左传·成公六年》记载：“楚公子申、公子成以申、息之师救蔡。”可见春秋时期即有地方军队作为主力出征的史实。《孟子·梁惠王下》：“齐人伐燕，胜之。宣王问曰：‘或谓寡人勿取，或谓寡人取之，以万乘之国伐万乘之国，五旬而举之，人力不至于此，不取必有天殃，取之何如？’”可以说，齐宣王在伐燕一事上，始终徘徊在“取”与“勿取”之间，结果齐军在燕人的反抗和秦、楚等国的打击下仓皇撤出。齐王对伐燕重视不够，出动以北部军事重镇军队为主力的齐军伐燕是完全有可能的。

齐国地方军队的主要作用是什么？以齐魏桂陵之战为例，齐国对此役给予了高度重视，当时魏国的军队战斗力非常之强，《荀子·议兵》曰：“魏氏之武卒，以度取之，衣三属之甲，操十二石之弩，负服矢五十个，置戈其上，冠軸带剑，赢三日之粮，日中而趋百里。”并得出结论：“故齐之技击不可以遇魏氏之武卒。”齐魏马陵之战中，孙膑谓田忌曰：“彼三晋之兵，素悍勇而轻齐，齐号为怯。”（《史记·孙子吴起列传》）从兵力上

① 谭其骧主编：《中国历史地图集 第三册 三国、西晋时期》，中国地图出版社 1982 年版。

看，齐国派出了相等数量的军队，（《孙膑兵法·擒庞涓》："梁君将攻邯郸，使将军庞涓带甲八万至于茬丘。齐君闻之，使将军忌子带甲八万至。"）其中包括齐城、高唐的地方军队。因为齐军成功实施了示疑策略，齐城、高唐的地方军队被魏军击败，起到了麻痹魏军、疑敌的作用，使庞涓后来错误地决定丢弃辎重兼程追击齐军，而齐军的主力并未受损，"孙子弗息而击之桂陵，而擒庞涓"。从中可见，地方军队并没有承担主攻的任务，只是在齐军中起辅助作用。

"五都之兵"等同于"五家之兵"吗?

《史记·齐太公世家》"五家之兵"条，《集解》引《国语》曰："管子制国五家为轨，十轨为里，四里为连，十连为乡，以为军令。"《战国策·齐策一》"五家之兵"条曰：管仲军令，始于五家为轨。两则文献的注释是一致的，轨中的五家，因世代相居于一起，"居同乐，行同和，死同哀，是故守则同固，战则同强"。这是一种社会与军事相结合的战斗体制，管仲断言："君有此士也三万人，以方行于天下，以诛无道，以屏周室，天下大国之君莫之能御。"（《国语·齐语》）五轨制在当时是非常先进的政治军事体制。

可见，"五家之兵"与"五都之兵"都可代指齐军，但侧重点不同，"五家之兵"更侧重的是军队的内部编制，这是与其他列国军队所不同的；"五都之兵"则是以拥有强大战斗力的军事重镇的军队指代齐军，更体现了齐国边防军队对列国的威慑力。

四、齐国地方军队的战斗力分析

齐国的"五都"或军事重镇，如即墨、高唐等，到底有多少地方军队？《战国策·齐策六》："安平君以惴惴之即墨——三里之城，五里之郭——敝卒七千，禽其司马，而反千里之齐。"《史记·田单列传》："（田单将）妻妾编于行伍之间……使老弱女子乘城"，"田单乃收城中得千余牛……壮士五千人随其后"。从中可见，即墨在抵抗拥有绝对优势兵力的燕国军队时，兵力仅七千人左右，而且还有女子，甚至老弱者，精壮之士仅五千人左右。如果放在非战时，其一城兵力不会超过五千人，除去进行自卫的军力，能够跟随齐军主力参加战争的，最多不过三分之二。笔者推测，《孙膑兵法·擒庞涓》所提到的参加桂陵之战的齐城、高唐两地军队合计不过六千人左右，按齐军八万计算，两地的地方军加起来连整个军队的十分之一也不到，所以不可能担当主攻的任务，但其战斗力是非常强悍的。有学者通过分析《孙膑兵法·擒庞涓》，认为桂陵之战中"齐城、高唐二大夫所率齐军的攻城部队正在掘城开道上攀平陵城时，连同掩护部队一起被魏环途之兵从侧后夹击而打得大败"①。而平陵"人众甲兵盛，东阳战邑，难攻也"（《孙膑兵法·擒庞涓》），齐城、高唐的军队能够有如此战绩，其战斗力可知。

在五国伐齐的济西之战后，齐国的地方军队在主力丧失时，成了守卫国土的主要兵力，在燕国军队优势兵力的强攻下，仍保持了相当的战斗力，燕军攻下齐国七十余城用了五年的时间，相比于齐国伐燕时五旬（或三十日）即占领燕国全境不可相提并论。正是凭着即墨这一支区区数千人的地方军队，光复了整个齐国，使齐国又延续了数十年的寿命。在齐国复国的过程中，

① 唐启耀：《〈孙膑兵法·擒庞涓〉通解（下）》，载《昭通师专学报（季刊·社会科学）》1997年第4期。

齐国的地方部队发挥了至关重要的作用，之后又从田单带出来的都邑兵转变为齐国的中央军，但战斗力不可与齐国强盛时的中央军同日而语。《史记·鲁仲连邹阳列传》："齐田单攻聊城岁余，士卒多死而聊城不下。"《战国策·齐策六》："（田单率军）攻狄，三月而不克。"齐国复国后，在边境战争中几乎没有胜过，直至被秦所灭。

总而言之，在战争发生时，齐国军队一般由中央军和边境地区的地方都邑兵组成。齐国的中央军是由国君直接掌管的军队，这支军队的规模远在"五都"的地方军队规模之上。在大的战争中，齐军的主力是由中央军担当的，主将由国君临战任命。"五都"或者其他城邑的地方军队只是战时齐军的一部分，并非主力，他们主要负责守卫边境或地方，而且都大夫也非战时由齐国国君临战任命之主将，只是随军带领都邑兵参战，并听从主将的调遣。

齐桓公会盟诸侯之“葵丘”地望新考

任乃宏
（邯郸学院特聘教授）

就笔者而言，在校释《唐荣胡子墓志》之前，“葵丘”地望本不是问题。理由很简单，不管是白寿彝先生主编的《中国通史》，还是李学勤先生主编的《春秋史与春秋文明》，都采用了杜预《左传注》的说法。换言之，学术界早已承认齐襄公派连称和管至父戍守的“葵丘”是临淄县西的葵丘，而齐桓公与诸侯会盟的“葵丘”是陈留外黄县东的葵丘。两个“葵丘”同时存在，当然有些别扭，因此，司马贞在《史记索隐》中说了这样一段话：

> （十二年，初，襄公使连称、管至父戍葵丘。）杜预曰“临淄西有地名葵丘”。又桓三十五年会诸侯于葵丘，当鲁僖公九年，杜预曰“陈留外黄县东有葵丘”。不同者，盖葵丘有两处，杜意以戍葵丘当不远出齐境，故引临淄县西之葵丘。若三十五年会诸侯于葵丘，杜氏又以不合在本国，故引外黄东葵丘为注，所以不同尔。

事实上，杜预的说法在历史上一直被视为定论，以至于元末明初的大画家、祖籍“陈留”的谢缙，晚年便自号“葵丘翁”。①

当然，不同的声音还是存在的。北魏郦道元《水经·浊漳水注》：

> （邺）本齐桓公所置也，故《管子》曰：筑五鹿、中牟、邺，以卫诸夏也。后属晋，魏文侯七年，始封此地，故曰魏也。……《春秋古地》云：葵丘，地名，今邺西三台是也。谓台已平，或更有见，意所未详。②

又，《水经·淄水注》：

> （系）水出齐城西南，世谓之寒泉也。……系水又西迳葵丘北，《春秋·庄公八年》，襄公使连称、管至父戍葵丘。京相璠曰：齐西五十里有葵丘地。若是，无庸戍之。僖公九年，齐桓会诸侯于葵丘。宰孔曰：齐侯不务修德而勤远略。明葵丘不在齐也。……余原《左传》，连称、管至父之戍葵丘，以瓜时为往还之期，请代弗许，将为齐乱，故令无宠之妹候公于宫，因无知之绌，遂害襄公。若出远无代，宁得谋及妇人，而为公室之乱乎？是以杜预稽《春秋》之旨，即《传》安之，注于临淄西，不得舍近托远，苟成己异，于异可殊，即义为负，然则葵丘之戍，即此地也。③

---

① 上海博物馆藏宝录编辑委员会编：《上海博物馆藏宝录》，上海文艺出版社、三联书店（香港）有限公司 1989 年版，第 171 ~ 172 页。

② 〔北魏〕郦道元著，陈桥驿校证：《水经注校证》，中华书局 2007 年版，第 258 ~ 259 页。

③ 〔北魏〕郦道元著，陈桥驿校证：《水经注校证》，中华书局 2007 年版，第 626 ~ 628 页。

依笔者之理解，郦道元是同意将连称、管至父戍守的“葵丘”定于“临淄西”这一说法的，对将齐桓公与诸侯会盟之“葵丘”定于“陈留外黄县东”的说法则似乎有所保留。

问题在于，杜预之葵丘在“陈留外黄县东”的说法今已不知所据，而郦道元所引《春秋古地》谓葵丘即“邺西三台”亦语焉未详。两种说法，到底哪个正确，哪个错误？如果没有其他证据支持或否定，似乎无法加以判断。换言之，齐桓公与诸侯会盟之“葵丘”地望，事实上并没有得到确认。

在整理《唐荣胡子墓志》时，笔者发现了一条有关“葵丘”地望的新证据，似乎可与郦道元所引《春秋古地》和《管子》的说法形成印证。齐桓公与诸侯会盟之“葵丘”，似乎不在“陈留外黄县东”，极有可能就在邺城。以下为笔者找到的一些证据：

一、《唐荣胡子墓志》载有“葵丘里”之地名

《唐荣胡子墓志》刻于唐玄宗开元二十九年（741），1949年后出土于今河北省临漳县境内，具体地点不详，现藏临漳县文物保管所。志石43厘米见方，厚8厘米，阴刻志文19行，满行19字，正行相间。盖佚。《隋唐五代墓志汇编·河北卷》《唐代墓志汇编续集》《新中国出土墓志·河北》等均予收录，并刊有拓片或录文。志文云：

君讳胡子……枝分越岭，族茂邺墟。……开元廿九年闰四月廿二日，终于葵丘里……即以其年岁在辛巳十月己巳朔八日丙子，爰窆于邺城西南六里永固之原先茔

次也。其地则漳川后拒，逝水悠悠；驲路旁横，征尘逐逐。①

据之可知，在唐代的“邺城”，即今河北省临漳县邺镇一带，仍有以“葵丘”为地名者。据《管子·小匡》记载：

（齐桓公）筑五鹿、中牟、邺盖与社丘，以卫诸夏之地，所以示劝于中国也。

这里的“邺”，无疑为后来之“邺城”，即今临漳县邺镇一带。试问，前有《管子》谓齐桓公“筑邺”，中有《春秋古地》谓“葵丘”即“邺西三台”，后有唐代邺县仍以“葵丘”为地名，由之产生“邺”即“葵丘”之联想，自然顺理成章。此其一。

二、“葵丘会盟”之时“邺”地似仍在齐桓公手上

《春秋史与春秋文明》曾论及“齐桓公首霸中原”：

在齐桓公的霸业中有几次大的举措：一是齐桓公二十三年（公元前663年）山戎侵燕，齐桓公率军北伐山戎，保卫了燕国。二是齐桓公二十五年（公元前661年）狄人侵邢，桓公伐狄救邢。次年狄人又侵卫，杀卫懿公，齐桓公伐狄救卫。再隔一年，迁邢于夷仪（今山东聊城西南），另筑新城以安置之；迁卫剩余人口于楚丘（今河南滑县东），使邢、卫摆脱狄族威胁，人民得以安居，国家得以延续，故曰“邢迁如归，卫国忘亡”。三是齐桓公三十年（公元前656年）……齐桓公率齐、宋、陈、卫、郑、许、曹

---

① 任乃宏：《邯郸地区隋唐五代碑刻校录》，中国文联出版社2014年版，第108～109页。

> 联军伐楚……阻止了楚国的北进。四是齐桓公三十五年（公元前651年）会盟诸侯于葵丘（今河南民权东北），周襄王派周公宰孔与会赐胙，使这次会盟成为齐国霸业成功的庆典。①

笔者以为，齐桓公“筑邺”当在伐狄救卫之后，“筑邺”的主要目的应该是“御狄”。须知，其时“邺”为战略要地，东、南有大河，北有漳水，西扼滏口陉。在邢、卫已被迁至黄河以南的情况下，“御狄”的任务似乎只能由齐国来承担。换言之，当时的“邺”已经在事实上归属齐国（名义上可能还属卫国）。“邺”归于晋，当在齐桓公身死、齐国霸业衰落之后。须知，在“葵丘会盟”五十七年之后，即公元前594年，晋国才灭赤狄于曲梁（今山西潞城县北四十里）②，此后晋国才可能沿滏口方向在太行山以东发展。即直到“葵丘会盟”之时，“邺”应该仍在齐桓公手上。此其二。

三、仅靠同名推断“葵丘”地望极易误入歧途

很明显，作为地名，“葵丘”并不具有唯一性。除杜预《左传注》提到的“临淄西”和“外黄县东”两个“葵丘”外，《水经注》提到河东汾阴也有一个“葵丘”③，再加上《春秋古地》和《唐荣胡子墓志》所载的邺县“葵丘”，已经有四个

---

① 李学勤主编：《春秋史与春秋文明》，上海科学技术文献出版社2007年版，第67～68页。

② 白寿彝总主编：《中国通史（第三卷）》，上海人民出版社1999年版，第967页。

③ 〔北魏〕郦道元著，陈桥驿校证：《水经注校证》，中华书局2007年版，第628页。

"葵丘"。笔者以为，在历史上实际存在过，但未被传世文献记载下来的"葵丘"恐怕还要更多。为什么会这样呢？因为"葵"是一种古人非常熟悉的蔬菜，曾被称为"百菜之主"，在《诗经》《左传》《周礼》等先秦典籍中均有记载。理论上，只要某个丘陵地带适合种"葵"或长满了野生"葵"，此地就有可能被习惯性地命名为"葵丘"。因此，以某地有"葵丘"之地名即断其为诸侯会盟之"葵丘"，极易误入歧途。在考证古代地望时，"古今同名"只能作为参考，无法构成关键证据。因此，仅据杜预"陈留外黄县东有葵丘"之说，就将诸侯会盟之"葵丘"定于今河南民权林七一带，无疑是不够慎重的。至于日本作家井上靖在民权捐资修建"葵丘寺"，应该是花了一笔不明不白的冤枉钱。① 此其三。

四、齐桓公会盟诸侯选择宋地的可能性较小

所谓的"陈留外黄县东"，即今河南民权林七，当"葵丘会盟"时，其地属宋，且与宋国都城咫尺之遥。"葵丘会盟"发生于公元前651年，此前一年，即公元前652年，赫赫有名的宋襄公已经继位。须知：

> 他（宋襄公）于齐桓公死后，企图重整霸业。……当他在位的时候，宋与郑都相当强大。②

笔者以为，作为盟主，齐桓公选择在君主强硬、国力不弱

---

① 唐剑锋：《葵丘应该在河南民权》，载《历史学习》2007年第9期。

② 白寿彝总主编：《中国通史》第三卷，上海人民出版社1999年版，第952页。

的宋国与诸侯会盟，而且一年之内进行两次，似乎不合逻辑。《史记·齐太公世家》：

（齐桓公）三十五年夏，会诸侯于葵丘。……秋，复会诸侯于葵丘，益有骄色。周使宰孔会。诸侯颇有叛者。

又，《公羊传·僖公九年》：

葵丘之会，桓公震而矜之，叛者九国。震之者何？犹曰振振然。矜之者何？犹曰莫若我也。

齐桓公之所以敢在诸侯会盟时傲视群雄、洋洋得意，必因有自家军队撑腰。诸侯会盟，各国君主自然都带有卫队，但其规模一定无法与盟主之军队相比。否则，一旦发生混乱，不仅秩序无法维持，盟主之身家性命恐怕也难以保证。须知，在齐、鲁会盟时，曹沫就曾以匕首挟持过齐桓公。有前车之鉴，作为霸主的齐桓公似乎不会再犯同样错误。如果今河南民权林七就是会盟之“葵丘”，一旦宋襄公怀有异心或看不惯齐桓公的所作所为，齐桓公的安全势必无法确保，强龙不压地头蛇的道理，他应该懂。其次，办盟会是要劳神费力又花钱的，宋襄公即使没有异心，似也不会做“雷锋”——把荣耀送给齐桓公，把麻烦留给自己。因此，笔者以为，“葵丘”应该不在宋国境内。即杜预所谓“陈留外黄县东”的葵丘应该不是齐桓公会盟诸侯之“葵丘”。此其四。

五、宰孔路遇晋献公似可构成“郪”即“葵丘”之内证

《史记·齐太公世家》：

秋，复会诸侯于葵丘，益有骄色。……晋侯病，后，遇宰孔。宰孔曰：“齐侯骄矣，弟无行。”从之。

对此，《左传·僖公九年》记载更详：

宰孔先归，遇晋侯（献公），曰：“可无会也。齐侯不务德，而勤远略，故北伐山戎，南伐楚，西为此会也。东略之不知，西则否矣。……”晋侯乃还。

笔者以为，既言“西为此会”，则此“葵丘”非“临淄西”之“葵丘”已经毫无疑问。又，“宰孔先归”，应是自“葵丘”返回洛阳。晋献公参加会盟，应是自曲沃（今山西临汾）东来“葵丘”。二人既然能够相遇，则宰孔之去路与晋献公之来路当有“重合之处”。须知，晋献公东出太行，走“滏口陉”最为近便。若“邺”即“葵丘”，则宰孔自“邺”西去，走“滏口陉”转“白陉”或“太行陉”，再渡河至洛阳，应最为近便。如此，二人相遇于“滏口陉”一线就属于必然了。若“葵丘”乃今之河南民权，则宰孔返回洛阳就没有必要走“滏口陉”，其与晋献公的相遇就不仅偶然，甚至有些匪夷所思了。此其五。

六、结论

综上所述，可得结论如下：

1. 作为地名，“葵丘”在先秦时期没有唯一性，杜预“陈留外黄县东有葵丘”一说，无法作为会盟之“葵丘”就在“陈留外黄县东”的关键证据。

2. 以“陈留外黄县东”之“葵丘”对应会盟之“葵丘”，逻辑上有困难。

3. 以“邺”为会盟之“葵丘”可与《左传·僖公九年》所载宰孔与晋侯“路遇”的细节形成印证。

4. 《水经注》所引《春秋古地》关于葵丘即“邺西三台”的说法，可与《管子》所载“桓公筑邺”以及《唐荣胡子墓志》所载“葵丘”地名形成证据链，故以“郱”为诸侯会盟之“葵丘”，可以自圆其说。

5. 在更为确凿的证据（如出土文献或考古新发现）出现以前，虽然无法彻底坐实“郱”即诸侯会盟之“葵丘”，但以“陈留外黄县东”之“葵丘”为诸侯会盟之“葵丘”的所谓“定论”，似有重新加以检讨的必要。

从“人文”到“仁术”：《管子》治国之道的人文精神

崔兰海
（安徽医科大学副教授）

《管子》是先秦时期的一部奇书，内容丰富而又多元。尽管学界对《管子》是否为管仲著述存在争议，但《管子》思想与管仲治国之道存在关联性，或者说《管子》思想保存了管仲的治国之道，这一点应该没有太大争议。清章学诚说：“春秋之时，管子尝有书矣，(《鬻子》《晏子》，后人所托。）然载一时之典章政教，则犹周公之有《官礼》也。记管子之言行，则习管氏法者所缀辑，而非管仲所著述也。(或谓管仲之书，不当称桓公之谥，阎氏若璩又谓后人所加，非《管子》之本文，皆不知古人并无私自著书之事，皆是后人缀辑，详《诸子》篇。)”① 章学诚所下断言比较中肯，既肯定了《管子》记载的春秋管仲治国的典章政教，也说明了《管子》乃管子后学编纂。近年来，《管子》思想研究成

① 〔清〕章学诚著，叶瑛校注：《文史通义校注》，中华书局2004年版，第62～63页。

为学界热点，然相关研究多集中在管子的政治、经济、法学、军事等领域，很少有人从医学人文思想着眼来解读《管子》。李存山、乐爱国等人早年曾就《管子》的“精气说”展开哲学层面上的讨论，但这类讨论始终没有把“精气说”置于《管子》治国层面上阐释，更没有触及《管子》人文思想与治国之道的互动。

一、出于去疾、养生目的的祈祷、祭祀和国民教育

《管子》的治国之道充满“仁”的思维，《管子·入国》提出了治国的“九惠之教”：“入国四旬，五行九惠之教。一曰老老，二曰慈幼，三曰恤孤，四曰养疾，五曰合独，六曰问疾，七曰通穷，八曰振困，九曰接绝。”《管子·度地》说：“善为国者，必先除其五害……水一害也，旱一害也，风雾雹霜一害也，厉一害也，虫一害也……五害已除，人乃可治。”如果我们依照儒家“博施于民而能济众”（《论语·雍也》），“仁者爱人”（《孟子·离娄下》）来衡量，《管子》“九惠”“除害”之论，无疑是“仁”政的典型范例。《管子·幼官》：“身仁行义、服忠用信则王。”这里躬行仁德、道义、忠诚、信用，成为王道政治的前提。但值得注意的是《管子》“经言”云“仁”只是作为为政的重要“德”性之一，尚不具备孔子视野下的以仁为最高道德品质的地位，《管子》“礼义廉耻”四维论中也不包含“仁”。从这个层面说，《管子》中的“仁”应该属于孔子之前“作为礼制补充物问世”① 的仁。我们探讨《管子》中以关爱民众“健康”为目的的施政措施，是对《管子》仁政思想的一次接触。

---

① 刘蔚华：《论仁学的源流（上）》，载《齐鲁学刊》1982 年第 1 期。

鬼神致病，在先秦为一通行观念，《管子·释名》释:“疫。役也，言有鬼行疫也。”与此相类，《管子》中有“五厉之说”，文曰:“昔尧之五吏五官，无所食，君请立五厉之祭，祭尧之五吏。”（《管子·轻重甲》）马伯英考证说:“至后世，‘五厉’就衍为‘五瘟神’。”① 祭祀五厉，源于人们对鬼神致病的畏惧。《管子·侈靡》说:“神不可法，故事之。”意思是说鬼神福祸无常，故人敬祀之。陈邦贤说在病理学尚未发明前，一切疾病“都以为是鬼神作祟”②。《管子》中有关鬼神致病的记载，保留并延续了先民对待疾病的这类风俗。祭祀鬼神，以此博得鬼神的庇佑，就成为先民驱除疾病的首要选择。《管子·牧民》说:“顺民之经，在明鬼神，祇山川。”黎翔凤说:“鬼神居幽，明之，所以尊之也。明之者，柴燎以祭。”③ 不但要做到“柴燎以祭”，尚要“修除神位，谨祷弊梗”（《管子·四时》），意思是说要构筑神位，虔诚的加以祈祷，以币祈福，以梗御灾。

通过祭拜鬼神来祈祷远离疾病是迷信行为，《管子》的高明之处在于其既延续了先民的风俗，又赋予其新的内涵，《管子·牧民》说:“不明鬼神则陋民不悟（信），不祇山川则威令不闻，不敬宗庙则民乃上校，不恭祖旧则孝悌不备。四维不张，国乃灭亡。”《管子》把先民对鬼神、山川、宗庙、旧祖的拜祭与培养国民的礼义廉耻联系起来，从而赋予其新的活力。通过祭祀培养百姓的诚信、重令、守礼、孝悌的品性；通过祭祀让

---

① 马伯英:《中国医学文化史》，上海人民出版社 2010 年版，第 100 页。

② 陈邦贤:《中国医学史》，商务印书馆 1957 年版，第 14 页。

③ 黎翔凤撰，梁运华整理:《管子校注》，中华书局 2011 年版，第 7 页。

国之四维——礼义廉耻，深入人心。《管子》的祭祀鬼神观念淡化了祭祀本身的迷信色彩，而更多着眼于祭祀的教化功用，这是国人祭祀观念的一大转折，徐复观谓：“祭祀到了春秋时代，已经开始从宗教范畴进入到人文范畴。”① 这一转变也可通过春秋时期的文献加以印证。《论语·八佾》记孔子言“祭如在，祭神如神在”，显然这也不是探讨鬼神是否存在，而是看重祭神礼仪所承载的孝道人文教化。《左传》言“敬在养神”，养神就是“供奉鬼神”，而“养神”之关键在于“敬”。

管仲是个务实的政治家，在鬼神问题上，他基本持怀疑态度，所谓：“上恃龟筮，好用巫医，则鬼神骤祟。故功之不立，名之不章，为之患者三：有独王者，有贫贱者，有日不足者。”（《管子·权修》）这里非常明确地意识到笃信鬼神的危害，对巫术、占卜基本持否定态度。在接下来的论述中，《管子》引出了轻鬼神重人事的知名论断：“一年之计，莫如树谷；十年之计，莫如树木；终身之计，莫如树人。一树一获者，谷也。一树十获者，木也。一树百获者，人也。我苟种之，如神用之，举事如神，唯王之门。”（《管子·权修》）在鬼神与人事间，《管子》鲜明的重人事思维闪烁着那个时代人本思想的光辉。把人用好了，就能达到举事如神的功效。而用好人，“神道设教”是一种必不可少的手段，这就是《管子》否定“神”，但又重视“神”的治国之道，这一点与儒家的思路是一致的，或者可以说儒家的“神道设教”很可能受到管子治国之道的启迪和影响。

---

① 徐复观：《中国人性论史·先秦篇》，九州出版社 2014 年版，第 206 页。

二、生态医学思维与《管子》生态政治学治国理念

随着人类社会的演进和相关知识的积累，人们开始关注环境对人体的影响。《管子·度地》言："春不收枯骨朽脊，伐枯木而去之，则夏旱至矣。夏有大露，原烟噎，下百草，人采食之，伤人，人多疾病而不止，民乃恐殆。"意思是说如果春天不掩埋好枯骨腐肉，不砍伐好枯木，干旱的夏季到了，夏天有露，草木上浮动着这些有害烟气，人们采食这些草木就会得病、恐慌。这类从实践中总结出来的医学经验，代表着先民对外在环境变化与人类疾病关联的思考。而这类思考又反过来促使人们对构建良好环境的追求与主观努力。这类关注外在环境与疾病关联性的医学思维，我们习惯称之为生态医学观。《管子·度地》说："令之家起火为温，其田及宫中皆盖井，毋令毒下及食器，将饮伤人。""起火为温"，即在室内烧烟驱蚊；"盖井"，即追求饮水卫生。这些都反映出先民对环境卫生与疾病之间关系的认识日趋深刻，基于此种认识的主观努力则体现在先民对环境卫生的追求上，《管子·禁藏》说："当春三月，萩室熯造，钻燧易火，杼井易水，所以去兹毒也。"有目的的追求环境卫生、预防疾病，是《管子》生态医学观的重要表现。

"祸福在为"（《管子·枢言》），《管子》这种肯定主观努力来掌握命运的进取思想在医学上不仅表现在追求环境卫生的改善，还表现在《管子》进一步提出"秉时养人"（《管子·势》）的思维，要求人们要按照时节的变化来调节、安排生活，做到"春采生，秋采蓏，夏处阴，冬处阳"（《管子·内业》），根据季节来调养身体，春夏养阴，秋冬养阳。《管子》甚至把这种季节性调养与人民的性情形成联系起来，《管子·禁藏》说："故

春仁，夏忠，秋急，冬闭，顺天之时，约地之宜，忠人之和。”就是说顺应四时变化的养生，可以助推理想人格的养成，达到天时、地利、人和的效果。这种效果，在《管子》看来就是天地大美，“人与天调，然后天地之美生”（《管子·五行》）。显然，这里的“人与天调”已经突破了养生学的层面，进入治国层面的设计与追求，《管子·版法》说：“法天合德，象地无亲，参于日月，佐与四时。”这就要求治国理政要遵循天地自然运行的规律，我们今天称之为生态政治学。“人与天调”的生态政治学所提到的“天”，大致包含以下三层意思：

1. 天地自然之“天”。《管子·心术上》说：“天曰虚，地曰静，乃不伐。”虚、静成为天地自然的特征。这个虚、静的天地在养生学的意义上就是人只有处虚、守静方能养神保健、身心健康。《管子·心术上》说：“去欲则宣，宣则静矣。静则精，精则独立矣。独则明，明则神矣。神者至贵也。”这里提到的“宣”，就是虚的一种无欲状态，由虚而静、由静而体内精气升腾，到达明、神、贵的境界，这无疑是一种医学人文思想；而这一医学人文思想在治国理政上的启示就是治国理政要遵循“无为”。《管子·心术上》说：“虚无无形谓之道。华育万物谓之德。”又说：“人主者立于阴，阴者静，故曰动则失位。阴则能制阳矣，静则能制动矣。故曰静乃自得。”虚、静要转化为人君之德、之术、之势。

2. 时令变化之“天”。天时的养生学意义前文已经提及，此种医学人文思想延续到生态政治学领域，《管子·白心》提出了“知时以为度”的话题，“时”是规范人们行为的尺度，《管子·幼官》《管子·四时》等篇均有集中体现。如《管子·幼官》说：“春行冬政肃，行秋政雷，行夏政阉。十二地气发，戒春事。十二小卯，出耕。十二天气下，赐与。十二义气至，修门闾。十二清明，发禁。十二始卯，合男女。十二中卯。十二下卯。三卯同事。”这段文字晦涩难懂，据学者考证，其或为十月太阳历法①，然行文中因时立事、行政的思想还是很清晰的，如提道“十二义气至，修门闾”，“义气”即和气，约为春分日，丁士涵谓“修门闾以宣通春气”。

3. 万物资源之“天”。土地、河流、矿产、山川皆为此类。细分起来，这类自然资源又有“天材”“天财”之别。《管子·乘马》说:“因天材，就地利。”这里的“天材”似指因天时而植者，如五谷类。《管子·国蓄》:“千乘之国，封天财之所殖。”这里的“天财”似指财之“不假人功而生者，金银珠玉竹石草木之属”。② “天材”于养生学论，乃生命延续的重要物质依据，《管子·度地》说:“乃以其天材，地之所生利，养其人以育六畜。”而《管子》“天财”说于医学人文思想论，最富有特色的当数《管子·水地》赋予水为水命本源之意。③ “天材”（“天财”）在《管子》治国之道中具有重要地位，也是《管子》生态政治学的核心部分。这里《管子》形成了“以时禁发”（《管子·立政》）的生态保护政策；“官山财”（《管子·山国轨》）的政府掌控、优化资源产业政策，其中包含最知名的“官山海”（《管子·海王》）政策；“其枢在水”（《管子·水地》）的生态治国理念；《管子·地员》所载的生态农业政策等。

---

① 胡家聪:《管子新探》，中国社会科学出版社 2003 年版。

② 马非百撰:《管子轻重篇新诠》，中华书局 1979 年版，第 253 页。

③ 崔兰海:《中国生命哲学探源:〈管子〉生命本源论》，载《管子学刊》2017 年第 1 期。

三、“精气说”与《管子》“内圣外王”思想

《管子》的“精气说”最具有医学人文特色，《管子·内业》说：“凡物之精，此则为生。下生五谷，上为列星。流于天地之间，谓之鬼神。藏于胸中，谓之圣人。”万物皆精气所化，《管子》赋予“精气”哲学本体论意义，李存山说：“从而明确地提出了以‘精气’为化生世界万物的元素和本原的思想。”①精气为生命之本原，《管子·内业》说：“凡人之生也，天出其精，地出其形，合此以为人。和乃生，不和不生。”精与形的结合形成了生命。

精气不仅决定了生命的起源，而且还影响着生命的存在状态，《管子·内业》说：“精存自生，其外安荣。内藏以为泉原，浩然和平，以为气渊。渊之不涸，四体乃固。泉之不竭，九窍遂通。乃能穷天地，被四海。中无惑意，外无邪灾。”只要心中有精气存在，外貌就会闲适安泰；心中如有精气之不涸“渊泉”，则四体硬朗，绝无邪灾。

不仅人之外在形态健美与否由精气决定，生命内在的智慧、认知水平也与体内精气相关，《管子·心术下》说：“能专乎？能一乎？能毋卜筮而知凶吉乎？能止乎？能已乎？能毋问于人而自得之于己乎？故曰：思之思之，不得，鬼神教之。非鬼神之力也，其精气之极也。”这段文字认为，人的认知水平也取决于体内的精气，非鬼神之力，从而把《管子》“精气说”延伸到生命的发展层面。精气对生命如此重要，如何吸引、保持体内的精气

---

① 李存山：《〈内业〉等四篇的精气思想探微》，载《管子学刊》1989 年第 2 期。

就构成了《管子》养生思想的方法论范畴。为此《管子》提出了守一、运气等养生方法。前人对此已有论述①，兹不赘述。我们重点看《管子》如何把“精气说”运用到治国层面。

《管子·内业》说：“精存自生，其外安荣。内藏以为泉原，浩然和平，以为气渊。渊之不涸，四体乃固。泉之不竭，九窍遂通。乃能穷天地，被四海。中无惑意，外无邪灾。心全于中，形全于外。不逢天灾，不遇人害，谓之圣人。”圣人之所以成为圣人就在于其体内存在精气，精气“浩然和平”，成为源源不断的“气渊”。浩然正气在体，则可德被四海，寿齐天地。这样的圣人“皮肤裕宽，耳目聪明，筋信而骨强，乃能戴大圜而履大方。鉴于大清，视于大明，敬慎无忒，日新其德，遍知天下，穷于四极”（《管子·内业》）。圣人能顶天立地，与道合体，日新其德，洞察宇内，这无疑是古人修身的最高境界——内圣。

在古人内修问题上，《管子》的观点与儒家“自修齐，至治平”是不同的。《管子·形势》说：“道之所言者一也，而用之者异。有闻道而好为家者，一家之人也。有闻道而好为乡者，一乡之人也。有闻道而好为国者，一国之人也。有闻道而好为天下者，天下之人也。有闻道而好定万物者，天下之配②也。道往者其人莫往，道来者其人莫来，道之所设，身之化也。”这段文字从内涵上把“修身”分化为家人、乡人、国人、天下人、天地人五个层面，比儒家多出了基层的“乡”和至高层的“天

---

① 乐爱国：《〈管子〉的精气说辨正》，载《管子学刊》1996 年第 1 期。

② “天下之配”当作“天地之配”，郭沫若：《管子集校》，见郭沫若著作编辑出版委员会编《郭沫若全集·历史编》第七卷，人民出版社 1984 年版，第 84 页。

地之配”，这个“天地之配”的境界，被描述为与道合体，唐人注解为：“道者，均彼我，忘是非，故无来往之体。然道之所设，身必与之化也。”《管子·形势》只是提出了“与道合体”的境界，而《管子·内业》中的“精气说”，从方法论上阐释了得道的方法，并具体描述了这一入圣境界。

内圣而后外王。《管子·法法》说：“圣人精德立中以生正，明正以治国。”一个内心充满精气的人，对外洞察，内心明了，故其治国能够公正无私。《管子·心术下》说：“气者，身之充也。行者，正之义也。充不美则心不得，行不正则民不服。”精气为人身心安定的基础，而身心安定是行为中正的基础，中正方能得民心。在“精气说”的基石上，《管子》构建起由内圣转向外王的理论。然外王层面上的“行为中正”该如何体现？《管子·心术下》说：“是故圣人若天然，无私覆也；若地然，无私载也。私者，乱天下者也。凡物载名而来，圣人因而财之，而天下治。”圣人让天下大治，根源在于其行为无私，而要做到行为无私就需要坚持“循名责实”的“贵因”之道。《管子·心术上》说：“因也者，舍己而以物为法者也。”又说：“无为之道，因也。因也者，无益无损也。以其形，因为之名，此因之术也。”一言以蔽之，无为而治是实现外王路线的主要策略。不过管子的“无为”要依靠“循名责实”的“因之术”，这就构建起“由道入法”的桥梁。“由道入法”的理论过渡在《管子·白心》中得以实现，《管子·白心》说：“是以圣人之治也，静身以待之，物至而名自治之。正名自治之，奇身名废，名正法备，则圣人无事。”

四、“和乃生”与治国之道中的“和谐”理念

“和乃生”是《管子》中的重要养生理论，《管子·内业》说：“凡人之生也，天出其精，地出其形，合此以为人。和乃生，不和不生。察和之道，其精不见，其征不丑。平正擅匈，论治在心，此以长寿。”“和”，是生命存在的前提，也是长寿的重要条件。这里的“和”，应是天地精气相互交融的一种理想的平和、适中状态，类似于“万物负阴而抱阳，冲气以为和”(《老子》第42章)、“至阴肃肃，至阳赫赫；肃肃出乎天，赫赫发乎地；两者交通成和而物生焉”（《庄子·田子方》）中的“和”。“和”在这里被赋予带有某种本体论意义的存在，本质乃“气”。由此，“养生”实质上就转化为“养气”，这成为后期中国养生学的主体思想。

《管子·内业》把人的这种“平正”、中和状态，理解为人性的应然，而打破应然的中和状态的是外在的干扰，“凡人之生也，必以平正，所以失之，必以喜怒忧患。是故止怒莫若诗，去忧莫若乐，节乐莫若礼，守礼莫若敬，守敬莫若静。内静外敬，能反其性，性将大定”（《管子·内业》）。这里提出“反其性”的命题，陈鼓应说：稷下道家不仅提出了内静外敬的修养功夫，还提出了诗、乐、礼的文化熏陶，这是老庄中所忽略的。① 从这点论，《管子》“和乃生”的养生理论综合了儒家的人伦教化和道家的天道自然。《管子·内业》主张，在静、敬中恢复“平正”，“内静外敬”就成为养生方法。“虚静”乃《管

① 陈鼓应：《管子四篇诠释——稷下道家代表作解析》，商务印书馆2006年版。

子》中道的特征，《管子·心术上》："天之道虚，地之道静。虚则不屈，静则不变，不变则无过。"天地之道乃虚、静，它们是天地无过的内因，而《管子·内业》中的养生之道要求"反其性"，回归道静，我们可以理解为这种养生方法就是"体道"或者"与道合体"。《管子·内业》中提出"和乃生""反其性"的养生话题与《管子》治国之道中追求"和谐"是互通的。

《管子·幼官》："畜之以道则民和，养之以德则民合，故能习，习故能偕，偕习以悉，莫能伤也。"蓄民以道，养民以德，实现和合①，天下无人能伤。这里强调了国家的强大、社会的和谐通过尊道、德治就可以实现。《管子》的"和谐"治理理论并没有停留在抽象的逻辑论证上，而是落实到具体的施政方针中，《管子·禁藏》说："顺天之时，约地之宜，忠人之和。故风雨时，五谷实，草木美多，六蓄蕃息，国富兵强，民材而令行。"在这段论述中，《管子》强调它追求的"和谐"至少要落实到顺天时、约地宜、忠人和三个层面，或者说《管子》的治国之道综合了天、地、人三方面的"和谐"。

与"天"和谐，也就是与外在自然的和谐，《管子·形势》说："得天之道，其事若自然；失天之道，虽立不安。其道既得，莫知其为之；其功既成，莫知其泽之。藏之无形，天之道也。"客观的"天"被赋予了"无形""自然"这类抽象的哲学思辨意味，上升为治国应遵循真理性认知，"人与天调，然后天

---

① 张立文提出，"和合"为中国文化的精髓，并创立了"和合学"理论体系，不过张立文的"和合学"着眼于和合哲学的方法论意义，本文聚焦于《管子》的"和谐"治国举措。张立文：《和合学》，中国人民大学出版社2006年版；张立文：《中国文化的精髓——和合学源流的考察》，载《中国哲学史》1996年第1~2期。

地之美生”（《管子·五行》）。“自然”“无为”这类天道存在的状态，成为人道应学习、追求的理想境界。

与“地”和谐，是对与“天”和谐的延续，不过“天”“地”尽管属于同一层面的“外在”，两者在价值层面上仍有细微的不同。“天”的价值在于提供了一种形而上的理想治理模式——天道；而“地”除了这层价值，还提供了一种属于“德”的范畴的“养育”意义。《管子·度地》说：“天材，地之所生利，养其人以育六畜。天下之人，皆归其德而惠其义，乃别制断之。”“地”是养育万物的，其德厚。朝廷要依据地的广幅、地形、贫瘠度等来因地制宜地制订政策，此为“约地宜”。《管子·乘马》说：“地者，政之本也，是故地可以正政也。地不平均和调，则政不可正也。政不正，则事不可理也。”“地”成为衡量、左右政治是否和谐的重要考量。

“人和”是和谐治国理论的现实落脚点，在这一层面，《管子》形成了从家和、朝堂和、一国和到天下和的逻辑递进。“家和”的基础是夫妇，内容是孝悌，《管子·五辅》说：“为人父者慈惠以教，为人子者孝悌以肃，为人兄者宽裕以诲，为人弟者比顺以敬，为人夫者敦懞以固，为人妻者劝勉以贞。”为了维系家庭和谐，《管子·小匡》规定：“士三出妻，逐于境外。女三嫁，入于舂谷。”通过法令来维系“夫固妻贞”的夫妻伦理，这带有早期婚姻法的雏形。家庭和谐方能移善于国，《管子·小匡》说：“士与其为善于乡，不如为善于里。与其为善于里，不如为善于家。”《管子》劝勉士人先从家善做起，认为家善方能里善，里善方能乡善。

“朝堂和”也就是君臣和，《管子·形势》说：“君不君则臣不臣，父不父则子不子。上失其位则下逾其节，上下不和，令乃不行。”“君臣和”的前提在《管子》看来是君臣分治，《管子·君臣上》说：“为人君者，修官上之道，而不言其中。为人臣者，比官中之事，而不言其外。”君道与臣道不同，君不干预具体事务，也就是官中之事。这一思路的哲学基石是“左操五音，右执五味”（《管子·宙合》），解文说：“左操五音，右执五味，此言君臣之分也。君出令佚，故立于左；臣任力劳，故立于右。夫五音不同声而能调，此言君之所出令无妄也，而无所不顺，顺而令行政成。五味不同物而能和，此言臣之所任力无妄也，而无所不得，得而力务财多……君臣各能其分，则国宁矣。”君臣不同道，君道在出令，但君令不能妄行，要遵循法令；臣道在任力，生财以养育百姓。

“一国和”也就是上文提到的“民和”，即要实现政令畅通、万民和同。《管子·法禁》：“昔者，圣王之治人也，不贵其人博学也，欲其人之和同以听令也。《泰誓》曰：‘纣有臣亿万人，亦有亿万之心。武王有臣三千而一心。’故纣以亿万之心亡，武王以一心存。故有国之君，苟不能同人心，一国威，齐士义，通上之治，以为下法，则虽有广地众民，犹不能以为安也。”举国“和同以听令”，这样的国家安如磐石。但要做到让民众听从政令，前提是政令要顺应民心，《管子·形势解》说：“法令之合于民心，如符节之相得也。”又说：“人主之所以令则行、禁则止者，必令于民之所好，而禁于民之所恶也……令之所以行者，必民乐其政也，而令乃行。”法合民心，方为善法，善法之推行如“符节之相得”。法令能为民兴利除害，百姓则乐于听从。

实现“天下和”是《管子》所追求的王霸理想。《管子·霸言》说：“霸王之形，象天则地，化人易代，创制天下，等列诸侯，宾属四海，时匡天下。大国小之，曲国正之，强国弱之，重国轻之，乱国并之，暴王残之。僇其罪，卑其列，维其民，然后王之。夫丰国之谓霸，兼正之国之谓王。”这里刻画了霸王“和同天下”的举措，即不仅要实现富国强兵，更要高举义旗，匡正天下。这也是对管仲“九合诸侯，一匡天下”伟业的写照。

五、结语：人文精神与治国之道

以上我们从四个方面概括了《管子》中的医学人文精神与治国之道的互动。我们清晰地看到先秦诸子在对治理之道的探讨中，善于把关注个人生命存在状态的思维提升到治国理政的层面去论证、应用。

祭祀，虽产生于祖先崇拜，但在《管子》中逐渐褪去了原始宗教的色彩，而更多被赋予人文教化的色彩。《管子·牧民》说：“顺民之经，在明鬼神，祇山川，敬宗庙，恭祖旧。”通过祭祀来训导、教化百姓，点出了祭祀的鲜明政治目的，接着《管子·牧民》说：“不明鬼神则陋民不悟，不祇山川则威令不闻，不敬宗庙则民乃上校，不恭祖旧则孝悌不备。”祭祀的人文意义被鲜明地提了出来，儒生曾子说“慎终，追远，民德归厚矣”（《论语·学而》），这或许是对《管子》这段话的总结吧。值得一提的是，《管子》中的祭祀对象不仅包括宗法制度下的“祖旧”“宗庙”，尚包括那些为国捐躯的先烈。《管子·侈靡》说：“开其国门者，玩之以善言，奈其斝。辱知神次者，操牺牲与其珪璧，以执其斝。”对为国捐躯之人要专设公墓，祭祀他们要极尽虔诚，要操牺牲、珪璧，尚要有祝嘏。这可能为中国历史上最早的国家公祭仪式。如此，既安慰了亡灵，更激励活着的人为国奉献，这是充满人文气质的。

“和生”理论。张立文说：“和合是中国文化的精髓，亦是被各家各派所认同的普遍原则。无论是天地万物的产生，人与自然、社会、人际关系，还是道德伦理、价值观念、心理结构、审美情感，都贯通着和合。”① 《管子》中的“和乃生”思想应该是对《国语·郑语》史伯“夫和实生物，同则不继”思想的继承和发展。《管子》在治国中追求“和”，提出和谐治国要综合天、地、人三个层面，这是先秦“和生”理论在治国层面的新发展。

关注生命的存在状态，是人文精神的内核。《管子·戒》载管仲说：“任之重者莫如身，途之畏者莫如口，期而远者莫如年。以重任行畏途，至远期，唯君子乃能矣。”而政治家看到了人的可贵，认为人的因素是政治兴亡的关键，故而提出：“夫霸王之所始也，以人为本。本理则国固，本乱则国危。”（《管子·霸言》）从事关霸业的高度去关注人、关心人，就是传统政治中的“仁政”基因。《管子·五辅》说：“辟田畴，利坛宅，修树蓺，劝士民，勉稼穑，修墙屋，此谓厚其生。发伏利，输墆积，修道途，便关市，慎将宿，此谓输之以财。导水潦，利陂沟，决潘渚，溃泥滞，通郁闭，慎津梁，此谓遗之以利。薄征敛，轻征赋，弛刑罚，赦罪戾，宥小过，此谓宽其政。养长老，慈幼孤，恤鳏寡，问疾病，吊祸丧，此谓匡其急。衣冻寒，食饥渴，匡贫窭，赈罢露，资乏绝，此谓赈其穷。凡此六者，德之兴也。”这六条德政，条条关注民生，饱含了《管子》治国之道的人文情愫。《管子》实现了从“人文”到“仁术”的转换，这在中国传统政治中具有深远影响，后世儒学“仁政”思维也当源于此。

---

① 张立文：《中国文化的精髓——和合学源流的考察》，载《中国哲学史》1996 年第 1 ~ 2 期。

晚清科考视域中的管仲“四民分业”国策评析

——以光绪癸卯科湖北乡试为中心

张艳丽
（山东理工大学副教授）

科举考试是古代统治者选拔人才的主要方式，科考的内容体现了当权者所重视的治国理念。管仲作为春秋时期齐国的政治家，取得了卓越的历史功勋，其治国思想引起统治者的关注，展示出管仲治国理政思想的经世致用性和时代性，这在科举考试中有所体现。学界对科考中管仲治国思想的研究，集中于轻重理论、作内政而寄军令、四维思想等方面①，对其“四民分业”的治国方略，学界研究较少。近年来，随着地方性文献资料的收集和整理，反映清末士人对管仲四民思想评价的科举答卷渐次出现，为世人理解和评价管仲治国理政思想提供了原始

① 关于科考中管仲思想的研究成果主要有张灿贤：《殿试与〈管子〉》，载《管子学刊》2005年第3期；张艳丽：《科举考试中的管子“国之四维”思想探析》，载《教育与考试》2018年第6期。

材料。现以面世的光绪癸卯科湖北乡试试题“管仲为政四民不使杂处论”的答卷为例，分析晚清士人对管仲“四民分业”国策的认知、评价及其具有的时代价值。

一

光绪癸卯年，即光绪二十九年（1903），此时戊戌变法失败，八国联军入侵，面临内忧外患的清政府已经走向衰亡，而统治者仍试图改革，以避免王朝终结。清政府在科举方面的努力和创新体现在废除钳固士人思想的八股文，1901 年清政府下谕：乡、会试头场试中国政治，考中国政治、史事及各国政治、艺学、策论，并试《四书》义，《五经》义各一篇。以上一切考试，均不准用八股文程序。朝廷科举谕令中明确规定，考核的内容重在中国政治的治理史事及世界上其他国家的治国方略，由此西学的内容被增加进来。

湖北省举办的癸卯科乡试，积极响应清政府的谕令，第一场第一题为“管仲为政四民不使杂处论”①，这是春秋时期管仲治理齐国内政的重要措施，《国语》《管子》里有详细记载。《国语·齐语》记载：“桓公曰：‘成民之事若何？’管子对曰：‘四民者勿使杂处，杂处则其言哤，其事易。’公曰：‘处士、农、工、商若何？’管子对曰：‘昔圣王之处士也，使就闲燕；处工，就官府；处商，就市井；处农，就田野。’”“四民分业”是春秋时期管仲管理齐国百姓的方式。在管仲看来，把人的职业分工世袭化，能够保证兵源和军赋，且借助政治的力量按比

① 〔清〕法式善等撰，张伟点校：《清秘述闻三种（下）》，中华书局 1982 年版，第 998 页。

例安置社会成员，便于生产技术、技能和知识的传授，从而促进社会生产的发展，有利于统治阶级维护社会秩序。①

管仲提出和推行的“四民分业”定居的治国策略，对后世产生了一定的影响，在各个朝代的评价和定位也有所不同。自管仲提出“四民分业”的理念之后，儒家学者沿袭使用，如《穀梁传·成公元年》记载：“古者有四民：有士民，有商民，有农民，有工民。”《荀子·王制》也记载：“农农、士士、工工、商商一也。”只是管仲注重的是“四民”的经济分工，儒家看重的是“四民”的等级分层，进而在此基础上提出“尽分守职”的伦理要求，这在先秦时期有引导人们树立正确价值观、维护社会秩序的积极意义。② 到了唐宋时期，社会的职业结构发生变化，“四民分业”的界限变得模糊乃至混杂，已无法涵盖城市居民职业的广泛性。③ 由此可知，“四民分业”的存在方式随着时代发展，其形式和作用有所变化。

到了清代晚期，士人们如何看待管仲的“四民分业”策略呢？通过解读光绪癸卯科湖北乡试“管仲为政四民不使杂处论”答卷，可以大略知晓。这次乡试，湖北正榜取士 60 名，副榜 9 名。目前收集到的主要是张济川、左树玉、宋康复、曹林、邓殷源、刘克家等士子的答卷，其中张济川是乡试第一名，宋康

① 王志民主编：《齐文化概论》，山东人民出版社 1993 年版，第 163 页。

② 陈继红：《职业分层·伦理分殊·秩序构建——论先秦儒家“四民”说的政治伦理意蕴》，载《伦理学研究》2011 年第 5 期。

③ 冻国栋：《唐宋历史变迁中的“四民分业”问题——兼述唐中后期城市居民的职业结构》，见纪宗安、汤开建主编《暨南史学（第三辑）》，暨南大学出版社 2004 年版，第 238 页。

复为第四名，左树玉为第三十六名。这些士子在答卷中对管仲“四民分业”的国策进行分析，得到主考官也即主流文化的认同，在清末社会中占据主导地位。

二

张济川，湖北黄陂县人，是这次湖北乡试的解元，曾出任蒙古都护使署秘书长，其答卷保存于《癸卯科直墨采真》（湖北）。① 张济川作答策问“管仲为政四民不使杂处论”，首先指出古代和后世治理国家方式的区别，区分出统与专、分与群的差异和联系，其曰：“后之世重国事，治起于朝；古之世重民事，治起于乡。国事统于合治，民事专于分治。身分而心乃不分，异分而同乃不分，是则善分而后善合，善合之为群治。万物受形以后，灵群与顽群分；万民受职以后，己群与彼群分。形受于天地，职受于君相。上古之群，常以形分；近古之群，尽以职分。群以职分，群亦以职合，职分则分，职合则合，其不得不合者，所以专各群之业；其不得不合者，所以联一群之心。独则塞，塞则野；群则通，通则文。士群而后不陋，农群而后不拙，工群而后不窳，商群而后不衰。”

提到群治，张济川认为可以进行类别区分，而管仲是群治的代表人物：“虽然，群亦有辨。有群形质者，有群心智者。群形质者蜷局相依，尔曹相孱。若是者，蝗蝻蠡蜂之类也。群心智者，善恶相证，作息相友，灵蠢相诘，勤惰相勖，有无相通，

① 此份答卷被湖北收藏家彭伟收藏，在网络上可以看到其答卷的一部分，详见 http：//bbs. cnhan. com/forum. php？ mod = viewthread&tid = 18137611&page = 1。

贵贱相准。若是者，是圣君贤相，安民成物之所致，而国家、户口、财赋、职役，诸大政之权舆也。由前之群，是谓乱群；由后之群，是为治群。群学当宗管子。”

张济川对《管子》相当熟悉，使用了较大篇幅对其进行转述：“《管子》谓：士农工商，群萃而州处，少而习焉，其心安焉。是故父兄之教，不肃而成；子弟之学，不劳而能。明群之利也。群聚于整，散于乱，整于纯，乱于杂，何以故？纯则相亲，杂则相歧，相亲者乃相安，相歧者必相扰也。是以处士就闲燕，则纯乎士之群处；商就市井，则纯乎商之群处；工就官府，则纯乎工之群处；农就田野，则纯乎农之群处。以言哤事乱，而不使杂处者，不以杂之弊，妨群之事也。不杂是群，何群以有群？一智群，一力群，一财群；群智则虑事周，群力则举事易，群财则集事速；士群以智，商群以财，农工群以力。”

张济川指出，群治有四种益处：“推群之利，有四大端焉。一曰开民智，石田千里，谓之无地；象人百万，谓之无民。昔之民争勤……”可惜的是，笔者未收集到后面的文献记载。就现存的张济川这份答卷而言，似乎没有进行管仲策略与西方文化的比较。从语言风格来说，张济川文风稳健，流畅而雅致，且使用排比句，气势扑面而来。张济川的答卷能够取得第一名的成绩，当与此有关。此中，张济川详细分析了社会治理的方式，认为管仲“四民分业”的治国策略属于群治的范畴，是群治的典范，推行起来有很多益处。张济川对管仲的“四民分业”的国策予以充分肯定和赞颂。

三

湖北汉阳的宋康复，取得乡试第四的优异成绩，答卷“管仲为政四民不使杂处论”① 对管仲“四民分业”的国策进行分析。宋康复把社会成员职业的区别与否分为“通功”与“分功”两类，其曰：“为通功之说者，曰万类纭纭，相资以生，是故一日无士则愚，一日无农则饥，一日无工则用不足，一日无商则货不迁。为分功之说者，曰用志不纷，乃凝于神。是故士而农，学必荒；农而工，田必芜；工而商，器必窳；商而士，术必拙。”宋康复指出，统治者治理天下的民众，主要有两种方式：“通功”与“分功”。哪种治理方法更胜一筹？可谓各有利弊，各有千秋，但有先后之别：“二说者孰是？曰皆是也。无其一，则无以为治，无以立国，民且不得安居暇食，而生理以穷。然而有本有末，有先有后。通功者，其末也，其后也；分功者，其本也，其先也。人群之既接，民智之既开，未有不知，互相交易，以求便于用者。”“分功”的做法被视为根本，且早先出现。

具体提到“分功”的优势，中西各有学者主张其说，在西方为英格兰的斯密亚丹，在中国则为春秋时期齐国的管仲：“独至分功之益，微而难明，自非大智鸿哲，知者殆鲜，其在近，今有知之而能言之，言之而能详且尽者，于泰西得一人焉，曰斯密亚丹。其在上世有知之而能行之，行之而能利且便者，于齐得一人焉，曰管仲。管仲之《管子·小匡》有云：四民者不可杂处，杂处则其言哤，其事乱。处士必于闲燕，处农必就田野，处工必就官府，处商必就市井。乌虖，斯言也，何其与斯密氏分功之言类也！”宋康复指出，斯密亚丹与管仲在治理国家之时，可谓不谋而合。

---

① 顾廷龙主编：《清代朱卷集成》，第 321 册，台湾成文出版社有限公司 1992 年版，第 157 ~ 161 页。

斯密亚丹与管仲在治理国家方面有极大的相似之处，且管仲有更胜斯密亚丹一筹的地方。宋康复具体分析曰：“夫斯密氏之论分功，其理精当，其言辨析，为世称诵。今读管氏书，乃与之不谋而同。其曰‘旦昔从事于此，少而习焉’，即斯密氏所称‘事简而人习’之谓也。其曰‘其心安焉，不见异物而迁焉’，即斯密氏所称‘业专而玩愒不生’之谓也。其曰‘父兄之教，不肃而成；子弟之学，不劳而能’，即斯密氏所称‘用意精而机巧出’之谓也。且斯密言计学，尚昧于通力合作之义；而管子独能拳拳于群萃州处，相语相示，以为分功之效之大原则，其识尤为四民所未及。”

宋康复竭力对管仲进行赞颂，并指出“分功”的两大优势：“伟哉，管子！举近日欧美国家所遵奉，学子所推崇之学说，乃于二千余年以上已能冥合之、实行之，此其所以为天下才，而齐之所以霸欤？顾吾尝因斯密旁见之言，以证管子之政，略更于三效之外，得二益焉：一曰业竞而良士之得，以武断于乡者，必其乡无士也，否则，势不及也。商之得以居奇以市也，必其市无商也，否则，财不及也。此斯密所以疾业联徒限也。类而聚之，群而分之，势与财退，处于无权，而后不得不以学相角矣。一曰地习而便，宋斤鲁削迁地而弗良，贩脂卖浆，辱处而巨富。此非有他术，取材精而趋利熟也。斯密辨邑野之业，亦此道也。处一哄之市，而讲学居偏瘠之壤而懋迁，其必无济矣。”

最后，宋康复得出结论，认为管仲的“四民分业”之法益处良多：“由是以观，分功则有大益于四民，不分功则有大损于四民。后之谋国是者，使能遵管子之法，而复各为建专门之学堂，俾相讲习；设绝大之公司，俾相维持，四民之进境，岂有涯乎？”宋康复呼吁统治者以此为借鉴，来治理民众，以防微杜渐：“嗟乎！四民皆吾民也。善为政者，犹为之分别而部勒之，而况乎非冠带之伦？《禹贡》所及，《春秋》所治，乃腥膻杂沓之未足骎骎。欲荐居于内地，其为吾民之患，益无穷矣，则防之岂可不豫哉？”

对于宋康复的这份答卷，同考试官同知衔议叙知县胡原推荐批：“首艺举西人斯密亚丹之说证管子作，用‘通功’‘分功’发出绝大议论。‘业竞而良，地习而便’二语，实为今日新学要领。笔意抑扬顿挫，委曲周密，纯乎古文。……详校五艺，不拾牙慧，空所依傍。举其平日所为史学、西学及一切时务之学，借题一一书之，独往独来，有胆有识，决为名宿。”① 胡原认为宋康复的这份答卷，兼通中西文化，以西方的理论来论证管仲的治国方略，这是彼时新学的核心内容，并且论述中有新意，而非随波逐流。从辞章文句方面看，宋康复的答卷逻辑周密，抑扬顿挫，不失为优秀答卷。

四

此次湖北乡试第三十六名是左树玉，他在“管仲为政四民不使杂处论”② 答卷中，也对管仲“四民分业”方略进行了分析。左树玉先从“民欲”方面阐述，认为管仲“四民分业”是顺从民欲的做法：“有长民之任者，莫高于无欲之尚矣。其皇古乎？其次养民之欲而已，又其次与民同欲而已，又其次独欲而

① 顾廷龙主编：《清代朱卷集成》，第 321 册，台湾成文出版社有限公司 1992 年版，第 145 ~ 146 页。

② 顾廷龙主编：《清代朱卷集成》，第 321 册，台湾成文出版社有限公司 1992 年版，第 207 ~ 211 页。

已，独欲者不能长任此民也。养欲者，三代是也；同欲者，顺民之欲，以遂己之欲也。若管仲之不使四民杂处，与民同欲之政也。”进而左树玉指出，这种做法符合人性的本初：“欲何自始？其始于人群相交通之时乎？盖民生而有群，群生而有欲，欲而不得，则不能无求。求而无分界度量，则不能无争，争则乱，乱则穷。古圣人知其然也，于是为之整齐焉，为之平均焉，为之完备焉，为之因人制宜焉，为之因时制宜焉，为之因地制宜焉。合一群之人，成一群之事，互制其欲，而永利其交通焉。”

接着，左树玉分析了民众职业发展的历史过程，指出“四民分业”的益处：“故古昔盛时，其所以使此四民者，罔不取前代之德功艺术，立一官以世处之。而四民者莫不有师，故士之子恒为士，农之子恒为农，工之子恒为工，商之子恒为商。自誉髦俊秀以及杂家百技，下逮输舆、陶冶、星卜、医祝、仓庾、肆贾之属，各食其姓之业，业修其旧，使奉租税以给所求，而养其欲焉。夫是以登于其朝，闻其鼓钟，习其揖让，乐事趋功，尊君亲上，行于其野，经于其都邑，而肆其庠序，察其术业，下则为程度品式，上则为条教号令。士食旧德，农服先畴，工用矩矱，商习懋迁，养民欲，靖民心，锲而不舍，各呈其能，分劳协力，以善其群。是以四民者不相杂处，而国家亦甚赖有此四民以为之挹注，此固犁然有当而确乎？其不可诬者也。”当然，“四民分业”发展到后来，因为统治者的欲望太重而出现弊端：“及其衰也，君重于所欲，所以处民者不知也；民亦重于所欲，所以自处者不知也。士不习掌故，农不安畎亩，工不成器用，商不通财货，君不为四民处，四民亦不能自为处。杂然无以遂其生理之所欲，而志日以扰论，日以嚨其究也，则且不士不农不工不商，睊然眮然，嚣嚣然，泯泯棼棼，散无友纪，而群治坏矣。群治坏，而民情大可见矣。”

左树玉围绕管仲的政策展开讨论，指出春秋时期管仲治理齐国，使用“四民分业”方略，取得良好的治国成效：“夫自春秋二百四十年，道术分裂，诸子繁兴，古先圣人手致太平之遗迹，已扫地无余。而管子独缘饰古义，与民同欲，叁国为二十一乡，制士农之乡十五，工商之乡六，处士就燕闲，处农就田野，处工就官府，处商就市井，法制诚多，与古经相出入。”既而左树玉把管仲的治国方式与儒家荀子思想相类比：“概其学识在当时诸贤，惟荀卿氏差足与颃然。荀子长于礼，礼者，王者治定功成以后，德盛之事。管子长于政，政者所以救贫弱之敝事，有先后而实相成也。盖管子生当叔季，承百王教泽之遗，亟思自见于世。其用心标识，虽在遂已之欲，非三王之盛烈，而与民同欲，以富强其国，亦有足多者焉，抑又重有感矣。夫四民者，先圣所以定民居，成民事，合群以开天下之务者也。”

为从历史发展的角度对管仲“四民分业”进行评论，左树玉引用了唐代文人韩愈、清代阳湖派创始人恽敬对“四民分业”的看法：“曩者韩昌黎氏，乃曰：古之为民者四，今之为民者六，是杂四民之处者，有其二也。近人恽敬益广韩子之言曰：今之为民者十四，是杂四民之处者，有其十也。夫使此二人、十人者，坐而耗四民之生，在闭关之时，民犹不堪，而况值交通之世？并此四民之生，亦浸以沦敚耶？”左树玉发出感慨曰：“古制之不可复于今，其信然耶？抑变古以存今，亦会有其时耶？则益令人思。管子为政，诚救时之彦，而非他名法诸家所可及云。”在左树玉看来，管子是当之无愧的救世贤能之人，只是时代在发展变化，“四民分业”已无法适应当前社会的发展，不应再原样照搬过来使用。

对于左树玉的这份答卷，分考本房推荐批语为：“首艺发端深警，收笔宕逸，以与民同欲为言，词旨醒豁。”衡鉴堂为评卷之地，其原批曰：“全史在胸，纵横洞达，精思健笔，相辅而行，是何意态雄且杰。”① 主考官对左树玉的这份答卷批语，属于试卷评判定式，以肯定为主。

五

其他光绪癸卯科湖北士子的答卷，也围绕管仲“四民分业”策略进行分析。

1. 湖北武昌人曹林，在答卷“管仲为政四民不使杂处论”②中，针对管仲的“四民分业”政策，从反、正两方面进行反复论述。曹林首先指出治理天下所遵循的原则，在于使民相安，民乱则天下乱，其曰：“民之为物也，有以处之，则身相安而天下治矣！天下之乱，皆无处之民以酿成之也。上无以处之，则民必自为处；民自为处，则猖狂浮荡，跳踉盗睢，身失其业，志无所趋，淆其品而百其心，因面朋党相击，异学相高，短长相炫，薄恶相胜，而百祸从此生矣。一有以处之，则群分类聚，祸熄而天下治矣。何以明其然也？各一其业而殊其务，士与士争道，农与农争力，工与工争巧，商与商争智，身家之争起，

① 顾廷龙主编：《清代朱卷集成》，第 321 册，台湾成文出版社有限公司 1992 年版，第 206 页。

② 湖北省人民政府文史研究馆、湖北省博物馆整理：《湖北文征》第十三卷，湖北人民出版社 2014 年版，第 72 页。

天下之争必熄。不然，趋士与农而农坏，驱农与工商而工商坏。泛令之，与众役而无成；严束之，于一役而不安，势必趋于游侠流荡群盗贩鬻之流，而天下之祸以始。”

而后，曹林提及管仲的“四民分业”治国思想是使民安的具体做法：“夫天下之民，何自归乎？归之士农工商而已。士农工商，何自归乎？归之于各有所处而已，故《管子》曰：四民不使杂处。杂处之祸，嚣张之习长，专一之业隳，暗智争鸣，无以辨上下而定民志，天下所由纷纷也。分而处之，庶不失先王分业以厚民生之意，而开后人立学以教民才之基，一为之别其趋向，辨其流品，则已不劳而听。天下之人各从其类，使之踊跃奔走，而成材，而丰粟，而足器，而通货，皆为我役而不自知。力尽乎其所习，而不暇乎其他，终身不见异物，而奚有外慕而生事以祸天下者哉？”

曹林指出，四民是国家百姓的主要组成部分，妥善管理民众，对于国家治理裨益很大，否则会带来社会混乱：“苟不谋其安集，而使贤愚灵蠢，萃之于一薮，成事则不足，而生事则有余。苏、张、景、芈之徒，神农野老之说，李悝、商鞅、吕不韦之类，无不累累然往返入国，乘便以制天下之命；田文、孟尝之门，张耳、陈余之客，莫不倍士农而半工商也。此其类不可一日无事，而听其聚首以交游者。故先王处士于庠序，处农于畎亩，处工于官府，处商于市肆，使各安其业而修其职。四者不失职，则天下靖矣。何者？士农工商外，天下固别无民矣。天下无无事之民，安有有事之天下哉？故不必牢笼收拾，而天下已无一人不循其分，不安其居。此舜之所以无为而治也。”

曹林对管仲的“四民分业”政策高度评价，也指出后世出于对管仲本人评价不高，对其治国方略不愿承袭，从而使百姓流离失所，不利于社会的治理："管子知其然，故能挽破裂之齐，九合以霸诸侯，申四维之命，著《地员》之篇，通商惠工，以来天下之货，富强遂为五霸最，皆善于处民之效也。后世薄管子而不为，以为操民过激，于是听士自为学，农自为耕，工商自为运造。故天下之民，出士入农，出农入工商，久之非士非农，非工非商，四民遂因失其业。嗟乎！愚民百万，谓之无民，岂民智于古而愚于今，抑效顺先王而抗逆世主哉？亦无以区别其类，而鞭趣其后，而驱之使杂也。其不为流离失所之民者几何？"最后，曹林在答卷中大声呼吁后世统治者治国应借鉴管仲分业管理的方略："后世有善为政者，吾愿因俗设法，各使之出于其途，而习所用，用所习则一民收一民之效，民自强而国遂不弱矣。"

2. 湖北兴国人邓殷源，光绪癸卯举人，后任湖北谘议局议员，其在答卷"管仲为政四民不使杂处论"① 中对管仲的治国思想进行评价。邓殷源先从总体上论述"四民分业"的优势，其曰："居止不分，则执守不专；执守不专，则心志不一；心志不一，则技业不精，学术之贵崇实如此。是以古者聚士于学，以胶序党庠为定宇，督之以六德六行之精谊，涵之以五伦五教之至性，故士与士处而士学日昌。聚农于野，以主伯亚旅为定侣，循之以相友相助之嘉德，别之以上农、下农之等级，故农与农处而农学日精。百工居肆成其事焉，省试以课其功苦，既廪以责其效能，故工与工处而工学日明。日中为市，商人致焉，懋迁有无化居，可以佐农，牵车牛远服贾，可以优工，出有余

① 湖北省人民政府文史研究馆、湖北省博物馆整理：《湖北文征》第十三卷，湖北人民出版社 2014 年版，第 82 页。

补不足，可以养士，故商与商处而商学日盛。之四民者，必使各居其居，各守其守，各心其心，各业其业，然后四学并行而不相悖。”接着，邓殷源指出不施行“四民分业”治理方式的弊端：“必不使杂处一地，乱其起居，夺其持守，失其定心，弃其恒业，任吾人厌故喜新、爱博不专之情，用一时浅尝辄止、灭烈不精之功，以为四民之贼，实学之蠹焉。是以三代圣王为政，莫不重之。”

邓殷源评价管仲施行的“四民分业”制度曰：“管子天下才，实霸佐也，而治四民之政，则纯乎王道。盖治世无异法，而治民无异术，其假仁假义以兴搂伐，则霸业也。其教民养民以端国本，则王政也。防御外乱，霸业尚可为；精求内治，非王道不可行也。”只是后代统治者在治理国家的过程中，抛却了管仲“四民分业”的做法，从而出现一些瑕疵和纰漏：“后世不知此言，合四民为一民，忘其有分类、分群之别，荒四学无一学，听其为自生自灭之身。乃矫其弊者，又复求才过急，责备过甚。几欲以一人之身，兼试士农工商之业，且思以一日之习，猝尽士农工商之长，究之用可士、可农、可工、可商之才，变为不士、不农、不工、不商之人，转且以似士、似农、似工、似商之言，惑乱天下为士、为农、为工、为商之心。学术至此，尚堪问耶？管子有知，未有不发九原之叹也。”

邓殷源指出，若施行管仲的“四民分业”制度，能给社会治理带来良好的效果，真正的人才也可发掘出来，这是统治者应该借鉴之处：“然则学术如何而可？曰崇实学而已，立四民之学以定其处，严四民之罚以防其杂，各其居，专其守，一其心，精其业，而后实学见，真才出焉。”最后，邓殷源引用《国语》的记载，对统治者提出建议，其强调：“记曰：士之子恒为士，农之子恒为农，工之子恒为工，商之子恒为商。家学相承，渊源一脉，此物此志也。又曰：良冶之子必学为裘，良工之子必学为箕，工技相同，方可旁及。事非专门，无劳兼习，亦慎之至也。为政者曷鉴诸。”

3. 湖北钟祥人刘克家，光绪癸卯举人，后任河南补用知县，民国初年被选为省议员。在答卷“管仲为政四民不使杂处论”①中，刘克家对管仲“四民分业”制度进行分析，曰：“责一人之身，时而诗书，时而耒耜，时而技艺，时而会计，其可以有成乎？曰事杂则不精，何如习一而终？尚可树专门名家之帜也。萃数十百人于一室，若者诗书，若者耒耜，若者技艺，若者会计，其可以有成乎？曰人杂则易淆，何如分类而教？犹足收同方合志之功也。知此意者，其惟管仲乎？”刘克家指出，个人的能力有限，不可能全才皆备，管仲的“四民分业”之法，可收合力之功。

提及管仲本人，刘克家秉持儒家奉行的观念：“夫管仲之器，孔子小之；管仲之功，孟子卑之，非以专尚霸术，不足与以正道之大乎？”而对管仲的治国方略，刘克家比较欣赏和赞同：“然其立制行政，往往能存王道之遗意。吾盖读《管子》一书，而得其概矣。”刘克家具体分析管仲的治国策略，认为这是使齐国强盛的原因所在，曰：“然而管仲之为政也，则必士自为士，农自为农，工自为工，商自为商，区别之俾各尽其长，界限之使各守其业焉。于是处士于闲燕，而闲燕之间，无非士矣。处农于田野，而田野之中，无非农矣。处工于官府，而官府之中，无非士矣。处商于市井，而市井之地，无非商矣。其少而

① 湖北省人民政府文史研究馆、湖北省博物馆整理：《湖北文征》第十三卷，湖北人民出版社2014年版，第89页。

习者在此，其长而安焉者亦在此。此所以富号官山，雄称表海，而当时诸侯皆莫之敌也。”

随即刘克家指出，春秋战国时期知名政治家在治理国家时与管仲有相近之处：“顾吾尝推而论之，《周礼》一书，士农工商，皆有专司。而考之周家一代政治，漫无所证。及读《左传》《国语》《国策》诸记载，如文公兴卫，范蠡治越，商鞅强秦，皆兢兢焉以士农工商为首务，其说大抵与管仲之法相近。意者《周礼》至周末犹存，有志经世之略者，类能师其意而变通之，以为富国强兵之基乎？”刘克家再次阐述管仲的“四民分业”政策，指出若不借鉴施行，会对社会治理带来灾难：“观仲之言曰：其父兄之教，不肃而成；其子弟之学，不劳而能。又曰：是故士之子恒为士，农之子恒为农，工之子恒为工，商之子恒为商。然则古先圣王之治世，不独民之杰出者，教而育之，化而裁之。即区区荷蓑笠供雕琢握筹算之伦，亦必兴学立校，以开扩其才思而专精其术业。自后世此制渐废，士有学，而三者无学，于是游手而好闲，逸居而无教，而胜、广、张、李之徒，遂屡见于史册。谓非处此民者之失其道哉？”

此中，刘克家还联系社会治理的现实进行辨析：“今夫人君之所以敷治者惟国，国之所与共治者惟民。顾民亦不一矣，有民而士者，陈诗说礼，国家栋梁之所储也。有民而农者，闾阎供赋之所出也。有民而工者，货物之所以制造也。有民而商者，财源之所以流通也。一市之中，一乡之内，彼弦歌而此耕种，人操作而我贸易，通功而易事，类居而同处，国亦可以不贫矣。”可见，刘克家对于管仲的“四民分业”制度予以肯定，认为若施行之，会使国家走向强盛。

要之，光绪癸卯科湖北乡试题目“管仲为政四民不使杂处论”，出自中国政治史事，可见当时统治者对管仲“四民分业”政策的关注和重视。由存世的六份答卷分析可知，管仲“四民分业”的社会管理制度，士人们耳熟能详，在答卷中都引述了《国语》或《管子》中对“四民分业”的相关记载，进行有理有据地评判。管仲“四民分业”的治国举措，受到清末士人的肯定和赞誉，他们热烈呼吁统治者借鉴并施行之，认为其可以更好地解决当时面临的社会矛盾，并促使国家走向强盛。当然，也有士人明确指出，时代发展的形势已与两千多年前的先秦时期变化很多，管仲“四民分业”制度推动了春秋时期齐国的发展，在当今社会已经不大适应。清朝末期，有些士人接触西学，尝试把管仲治国思想与西方经济学家斯密亚丹的理论进行对比，认为二者之间有极大的相似之处，并且管仲的思想理论要比斯密亚丹早提出两千多年。由此可知，清末士人一方面熟悉传统的文化典籍和政治史事，另一方面也注重中西文化的交流沟通，关注世界的变化，努力与世界发展接轨。他们秉持读书人的胸怀与担当，对清末时局的变化表示忧虑，竭力找寻解决社会矛盾的途径，体现出知识分子的忧患意识和社会责任。

与光绪癸卯科湖北乡试相类，同年作为国家级的科举考试会试第一场第一题为“管子内政寄军令论”①；陕西省癸卯乡试第一场第一题为“管仲霸齐以礼义廉耻为四维论”；广东省乡试第一场第一题为“管仲相桓公通轻重之权论”；癸卯科广西乡试第一场第三题为“晋王导自比管仲，魏崔浩自比张良论”、第四

① 〔清〕法式善等撰，张伟点校：《清秘述闻三种（下）》，中华书局 1982 年版，第 996 页。

题为“《管子》言军先言政，《孙子》言兵先言将，《商君书》言战先言耕论”①，这些都与管仲的治国思想关系密切。管仲治国思想在光绪癸卯科的试题中频繁出现，体现出管仲治国思想的时代价值，也展示出当时寓兵制于学校的“国民教育”，或者说以尚武为宗旨的“国民教育”之现实。有学者研究指出，这些科举命题可分为两个方面，一方面可以称作是“王霸之辨”，侧重外交领域；另一方面可称作是“宽严之辨”，侧重内治领域。② 考生如何认知和解答这些试题，朝廷对考生作答的接受程度，以及朝廷之所以命出此类题目所基于的考虑，都体现出管仲治国思想鲜明的时代性和经世致用性。

① 〔清〕法式善等撰，张伟点校：《清秘述闻三种（下）》，中华书局1982年版，第1000～1001页。

② 贾琳：《清季法家的“国族”转向及其内在困境——基于科场士子与留日学生话语认知的比较考察》，载《南京大学学报（哲学·人文科学·社会科学版）》2016年第5期。

姜齐公室“兄妹血缘婚”辨析

林延忠　刘　伟
（无棣县第三中学教师　曲阜师范大学教授）

春秋时期的齐国史上，曾出现齐襄公通于其妹文姜、齐桓公“妻姑姊妹”之事，学界多认为这可能与齐国“兄妹血缘婚”之习俗有关。但笔者以为，这两事究竟如何认识，还有进一步探讨的余地。以下试在前贤研究的基础上，通过对相关资料的考查分析，对此问题提出自己的粗浅认识，敬请批评指正。

一、“齐襄公通于文姜”浅析

祝瑞开先生在其主编的《中国婚姻家庭史》一书中说：“关于血缘婚的残存，到春秋时期在黄河流域，特别是齐国还有遗存。”① 并举《左传·桓公十八年》所记齐襄公通于其妹文姜之例，认为兄妹二人通奸与齐国当时的婚姻习俗有关，是“兄妹血缘婚”遗存的一种反映。所谓“兄妹血缘婚”，顾名思义，是

---

① 祝瑞开主编：《中国婚姻家庭史》，学林出版社 1999 年版，第 28 页。

指血缘关系相近的兄弟姐妹之间相婚。“血缘婚”大约经历了由同父同母向同父异母的过渡。在文明社会看来，这种近亲婚姻是野蛮未开化之行。齐国在春秋之时早已进入文明社会，无论从伦理观念的角度，还是从生理遗传意识上（近亲相婚对后代的危害性）都不会对“兄妹血缘婚”熟视无睹。学者举齐国公室子女为例更是不妥，齐公室并非偏僻蛮荒之地，文明程度较其他地方更高，齐公室内部若仍旧盛行落后的“兄妹血缘婚”，在当时无疑会成为各诸侯国的笑柄，但是持齐国公室“兄妹血缘婚”这种传统看法的学者并不在少数。

后世儒者将《齐风》中的《南山》《敝笱》《载驱》视为讽刺齐公室内部淫乱的作品，是受《毛诗序》① 的影响。《南山》等篇并没有直接表明诗中人物的身份，也无详细事例，说是“刺诗”，附会成分居多，带有教化性质。所以《南山》三篇均视作刺诗是社会礼教下的产物，是汉儒将《诗》作为传扬儒家纲常名教的工具从而附会史实而成，不可作为信据。

齐襄公、文姜兄妹淫乱之事，史籍中有明确记载，如《左传·桓公十八年》：“公会齐侯于泺，遂及文姜如齐。齐侯通焉。公谪之。以告。夏四月丙子，享公。……使公子彭生乘公，公薨于车。”又《公羊传·庄公元年》载：“夫人谮公于齐侯，公曰：‘同非吾子，齐侯之子也。’齐侯怒，与之饮酒。于其出焉，使公子彭生送之，于其乘焉，搚干而杀之。”依《左传》所记，

---

① 《南山》：“刺襄公也。鸟兽之行，淫乎其妹，大夫遇是恶，作诗而去之。”《敝笱》：“刺文姜也。齐人恶鲁桓公微弱，不能防闲文姜，使至淫乱，为二国患焉。”《载驱》：“齐人刺襄公也。无礼义故，盛其车服，疾驱于通道大都，与文姜淫，播其恶于万民焉。”

齐襄公与其妹文姜私通确有此事，鲁桓公也是因为发现二人奸行而被齐襄公杀害。但是齐襄公与文姜淫乱并不属于兄妹婚，因此时双方都已婚配，二人私通属婚外性行为。鲁桓公发现其夫人与兄长乱伦，并未将此公之于众进行审判，而是私自指摘文姜，毕竟文姜是自己的正室夫人，若此事被外人所知，自己的声誉也会受损。文姜告知齐襄公鲁桓公责骂自己，齐襄公害怕自己与妹妹通奸丑行败露会受到抨击、谴责，于是暗中将鲁桓公杀害。可见在当时，兄妹通情这种乱伦行为是不被主流社会认可的。崔明德先生则认为，齐襄公派人杀鲁桓公的真正用意在于让文姜的幼子同继位，为文姜干预鲁国政事铺平道路，并为文姜与齐襄公往后的公开约会创造便利条件。在这场谋划中，文姜可能是主谋。① 文姜与其兄齐襄公这场不伦之恋源于何时已无法考证，至于鲁桓公被杀是因为撞见文姜和齐襄公丑事还是齐襄公欲通过谋杀鲁桓公为文姜干预政事铺路也只能言人人殊。然有一点不可否认，即文姜与其兄襄公并非“兄妹血缘婚”关系。

再者，尽管文姜与其兄齐襄公关系暧昧，且人们历来都把文姜到齐国看作她主动与襄公私通，但这一传统观点未必不可移易，通过对《春秋》经传所载相关内容的分析即可驳斥文姜如齐皆为淫乱之说，如《春秋》庄公二年，“夫人会齐侯于禚”。《左传》载：“书，奸也。”“奸”是否为奸淫之意仍待商榷。《左传·庄公四年》：“夫人姜氏享齐侯于祝丘。”杜预注：“两君相见之礼，非夫人所用，直书以见其失。”《左传·庄公五年》：“夏，夫人姜氏如齐师。”孔颖达称其：“奸，奸发夫人，

① 崔明德：《先秦政治婚姻史》，山东大学出版社 2004 年版，第 119 页。

当向纪地从之。不言会者，往其军内就齐侯耳。”《左传·庄公七年》：“文姜会齐侯于防。齐志也。”杜预称其为：“至齐地，则奸发夫人；至鲁地，则齐侯之志。”受杜预、孔颖达等儒者影响，传统观点认为“书奸”是讥刺文姜奸淫之行，是对齐侯兄妹通奸幽会行为的谴责。清人学者于鬯并不认同这里的“奸”是奸淫之意，他以《国语·晋语》“且不及而言奸也”及《淮南子·主术训》“各守其职，不得相奸”为例，从语境中分析“奸”的内涵，认为“奸”意应为“干涉”“干预”。古代，“干奸之可通”。① 庄公二年（前692）与齐侯相会的本应是鲁国国君。因为庄公年幼不成熟，故没能参与此会。文姜作为国君母亲代替儿子参与鲁国外交之事，说明文姜在干预鲁国政事，故《春秋》书之，而传明之曰“奸”，谓文姜干预此会，正得经、传本意。杜预注解作“奸发夫人”，解作奸淫之意，此后《左传》各家无不持夫人奸淫齐侯这种说法，使得《春秋》成了表淫之书。文姜所相通者乃齐襄公，齐襄公已被弑于鲁庄公八年（前686），此后庄公十五年（前679）文姜又如齐，十九（前675）、二十年（前674）又两次至莒国，《春秋》仍记之，这些显然已与奸淫无关。于鬯总结说：“桓公薨，庄公立，而夫人遂以国母之尊，乘其子之愚弱，无所顾忌。”到庄公二十一年（前673）文姜去世，她一直“干国”，“故《春秋》历历表之”②。

姜氏婚鲁在桓公三年（前709），与夫君鲁桓公一起至齐

① 〔清〕于鬯：《香草校书》卷三七，中华书局1984年版，第752～753页。

② 〔清〕于鬯：《香草校书》卷三七，中华书局1984年版，第753页。

已是桓公十八年（前694），十六年间未曾与齐襄公有过接触，故这期间两人私通的可能性不大。鲁桓公死后，姜氏因内心有愧，自知暂时摆脱不了鲁人的谴责，故先暂避锋芒，躲到其母国齐国，等到风波过后再回到鲁国。后在鲁庄公二年（前692）“会齐侯于禚”，又在庄公四年（前690）“享齐侯于祝丘”。此后愈加频繁地来往于鲁齐之间，与齐侯会面：庄公五年（前689），如齐师。庄公七年（前687）春，会齐侯于防；冬，会齐侯于谷。文姜与兄长频频会面，自然在后人尤其是严防男女之交的儒者看来是不合宗法礼制的，但是文姜并非完全以个人的名义与齐国国君会面，而是以鲁国外交使者的身份参与，这其中既掺杂了个人私情又包含了两国间共同的事务，并非如后世严格秉承伦理纲常的儒者所认为的只是偷情那样简单。齐襄公在位时，齐、鲁未有战事，自有文姜的周旋之功，文姜的外交也取得了一些成果，对鲁国政治也有一定助益。文姜频频与齐互动，其一是与母国有亲密关系，其二是为儿子庄公拉拢强有力的外援，使庄公的统治更加巩固，对于鲁国也是大有裨益。因为属于妇人干政，不符合鲁人的传统礼仪，故《春秋》经传记之。“奸”与“干”在古时有相通之意，故书“奸”是对文姜干政有微词，“奸”释为“干预”较之“奸淫”更为合理，更符史实。单纯视文姜为不守妇道的淫女而对其政治外交成就视而不见明显是有失公允。

二、齐桓公“妻姑姊妹”小议

除了文姜之外，也有不少研究古代婚礼者将齐桓公“妻姑姊妹”个人淫乱之行，列入“血缘婚”系列中的“兄妹婚”。学者多将齐桓公与其兄齐襄公并列来说明春秋时期齐地仍遗留着原始“血缘婚”。然齐襄公和其妹文姜私通史有明记，至于齐桓公，只是笼统说其有“污行”，导致姑姊妹不嫁。如《管子·小匡》所记：“（齐桓）公曰：‘寡人有污行，不幸而好色，而姑姊有不嫁者。’”又《荀子·仲尼》说：“齐桓，五伯之盛者也，前事则杀兄而争国；内行则姑姊妹之不嫁者七人。”《晏子春秋·问下》中也有相关记载，齐景公问晏婴说：“吾先君桓公淫女公子不嫁者九人，而得为贤君何?”至汉世儒者陆贾撰《新语·无为》载：“齐桓公好妇人之色，妻姑姊妹，而国中多淫于骨肉。”对于“齐桓公妻姑姊妹之说”，王充认为“齐桓公妻姑姊妹七人”不符史实，其从三方面论证齐桓公没有此淫行，一是此行违背伦理：“夫乱骨肉，犯亲戚，无上下之序者，禽兽之性，则乱不知伦理。”① 二是若齐桓公“妻姑姊妹”，则对自己声名不利，无法在诸侯中树立威信，故齐桓公不会有此淫行：“夫率诸侯朝事王室……外内不相副，则功无成而威不立矣。”② 三是若齐桓公真的犯此“兽行”，《春秋》及《春秋》三传不会对此讳言而不加记载：“《春秋》采毫毛之美，贬纤芥之恶……《春秋》何尤于襄公，而书其奸；何宥于桓公，隐而不讥? 如经失之，传家左丘明、《公羊》《穀梁》何讳不言?”③

王充“齐桓公妻姑姊妹”为虚言的看法是正确的，但其反驳的前两条理由未能抓住问题本质。王充用后世儒家的纲常伦理观

---

① 〔东汉〕王充著，黄晖撰：《论衡校释》，商务印书馆 1969 年版，第 180 页。

② 〔东汉〕王充著，黄晖撰：《论衡校释》，商务印书馆 1969 年版，第 181 页。

③ 〔东汉〕王充著，黄晖撰：《论衡校释》，商务印书馆 1969 年版，第 181 ~ 182 页。

念去评论春秋时期的齐地风俗，其过失在于未考虑到春秋之世的时代特色。王充认为，齐桓公率领诸侯奉事周王室，在诸侯中必定有威信，妻姑姊妹是禽兽之行，齐桓公若真如此，则其内外不相符，不会在诸侯中树立威信。在春秋时期，虽讲求守礼，但决定其地位的是诸侯国的综合实力，过于重视礼节而不注重发展军事和经济，必然落后于其他诸侯国，处于弱势地位。周天子式微，齐桓公之所以能够率领诸侯“尊王攘夷”，主要是因为齐国经济、军事实力强大，而不是齐桓公本人的德行操守良好。遵守礼节只是其笼络人心的手段之一，为其宏图霸业锦上添花。《左传》中也有明确记载“齐侯好内，多内宠”。在个人生活作风方面，齐桓公确是好色之徒，但并不影响齐国称霸诸侯。

根据以上分析，齐桓公“好内”无可争辩，然是否“妻姑姊妹”仍待商榷。据《左传》《史记》所记，齐桓公未曾“妻姑姊妹”，且其姑姊妹也大多外嫁。襄、桓时期，齐姜女子大多外嫁，如文姜、哀姜嫁到鲁国，还有嫁到卫国的卫宣姜，晋献公烝其庶母齐姜，晋文公娶齐姜。因此，最有可能的情况是襄公、桓公确与姑姊妹有近亲性关系，但并非婚姻关系。《管子》《荀子》《晏子春秋》等所记实质上只是说明齐桓公与其姑姊妹有私情，导致姑姊妹不嫁，但并未结成婚姻，没有组成血缘家庭。

王志民先生认为：“在齐人看来，不仅同姓相婚可行，同姓甚至近亲间的性关系也是比较随便的。齐人刺襄公、憎文姜，非为乱伦越礼，实是对他们婚外通奸、以至鲁桓丧命、两国交恶的谴责。”① 不少研究者与其观点相类。但王志民先生说齐人

① 王志民：《齐文化论稿》，山东大学出版社 1995 年版，第 178 页。

认可同姓相婚和近亲间性关系，还可商榷。上文已揭，对于同姓相婚，齐人是持否定态度的。齐国虽礼教淡薄，但依然遵守周礼。另齐桓公淫乎其姑姊妹是真，但“妻姑姊妹”说当是臆测。与姑姊妹相淫会是私下进行的个人行为，但若是“妻”姑姊妹，绝不会是秘密迎娶，因为秘密迎娶只会证明其不合礼制，不被主流社会认可。有很大篇幅记载齐国君臣事迹的《国语》与《左传》也只字未提齐桓公的这一“污行”。若有违礼现象，《左传》都会进行讽谏，时人也会对此“乱伦”行为感到羞耻和批判——由对“同姓婚”行为的不满和进行劝阻可知。若齐国真的“姑姊妹不婚”，此种乱伦行为之恶劣性要远远超过对“同姓不婚”原则的破坏。所以“妻姑姊妹”之说并不恰当，很可能是齐桓公与其姑姊妹有染，但是并没有与她们成婚，他们之间没有婚姻关系。齐桓公若娶姑姊妹，不仅是违背“同姓不婚”戒律，更是与直系亲属相婚，较之“同姓不婚”更为严重，这种黩敬违礼的行为必然会被时人指出，也应于史有载。

三、小结

春秋时期的齐国，经济、军事实力在列国中可谓先进，虽然礼制观念相比鲁国而言可能比较淡薄，却仍受伦理观念所节制。齐襄公必定已意识到兄妹相交是淫乱行为，但在情与欲的诱惑下，还是冲破了礼制。由于是私情，必定不会高调炫耀，否则事发后也不会暗杀妹夫鲁桓公以掩人耳目。若兄妹私通为当时所认可，则无法解释齐女大都外嫁的现象。从《诗经·陈风·衡门》“岂其食鱼，必河之鲂？岂其取妻，必齐之姜?”中可看出，外嫁的齐国贵族妇女有时候还被视为春秋列国认可的佳偶，则齐“国中多淫于骨肉”（《说苑·尊贤》）的说法显然有后人附会的成分。要之，春秋时期齐国已盛行聘娶婚，遵守“同姓不婚”之制，积极与各诸侯国结成姻亲之家，而襄公、桓公之事至多属于私德不端，不足以构成婚姻形态，春秋时期齐国也不存在所谓的兄妹“血缘婚”。